# 非公開中小会社の
# 会社機関の選び方・運営の仕方Q&A

卜部　忠史　著

セルバ出版

# まえがき

　現代社会で経済活動を担っているのは、株式会社を中核とした会社です。この会社の制度は、平成17年6月29日、第162回通常国会で成立した「会社法」(平成17年法律第86号)と「会社法の施行に伴う関係法律の整備に関する法律」(平成17年法律第87号)によって、全面的に改正されました。

　新しい会社法の全面改正の内容は、最近の社会経済情勢の変化への対応等の観点から、最低資本金制度、機関設計、合併等の組織再編行為等、会社が関わる各種の制度のあり方について、全体的かつ抜本的な見直しがされたものです。

　会社の制度は、新しい会社法と共に、形式も実質も、全く新しい制度として生まれ変わりました。この新しい制度と会社法を理解することは、大企業でも中小企業でも、会社に関わる方にとって、必要不可欠となっています。

　会社法の成立に伴い、その解説書が、数多く出版されました。いずれも示唆に富むものばかりですが、改正点や新しく導入された制度、新旧制度の違いを中心に述べられているため、改正前の制度の理解なしに、新しい会社法を理解することは困難なものが大半です。

　筆者が、平成17年9月に明哲綜合法律事務所の同僚弁護士3名とともに執筆した「新会社法の実務ポイントと対応策Q&A」(セルバ出版)も、改正点の周辺情報にも触れたものの、その点は、必ずしも十分ではありませんでした。

　そこで、現実に会社を運営する際に、必要となる会社法の問題について、改正点だけでなく、制度全体を解説することを目的として、本書を執筆することになりました。

　ところで、会社法は、平成18年5月に施行の予定ですが、この施行を前にして、株式会社がまず直面しているのが、①自社に適した会社機関をどのように選べばよいのかという会社機関の設計の問題であり、そして②日常の会社の運営をどのように進めればよいのかという会社運営の問題です。

　本書では、主に非公開中小会社(資本金5億円未満かつ負債総額200億円未満で株式譲渡制限のある会社)の視点から、この会社機関の選択と日常の会社運営の理解に必要な事項をとりあげ、実務の指針をまとめることを目指しました。

　本書は、特に次の事項に重点を置いて執筆しています。

(1)　非公開中小会社で問題になる点を中心に、会社機関の設計と会社運営に絞って、Q＆A形式で簡潔にわかりやすく解説しています。
(2)　解説は、設問の前提となる、その周辺の制度のしくみ、手続の流れなどについても触れ、一問一答の部分のみを読んでも、全体の内容がつかめるように記述しています。
(3)　初めて読む人をも意識して、理解を早めるために、図解や図表、チャートを多用して、読みやすさにも配慮しています。
(4)　会社の機関選択と会社運営に関係する主要改正点を一覧（条文付）で巻末にまとめています。
(5)　平成18年2月に公布された会社法施行規則、会計計算規則等の省令の内容も織り込んでいます。

本書が会社の機関設計や会社運営に携わる方をはじめ、会社法や会社制度に興味をお持ちの方々の理解のために、お役に立てれば幸いです。

平成18年2月

明哲綜合法律事務所<br>
弁護士　卜部　忠史

# 非公開中小会社の会社機関の選び方・運営の仕方Q&A 目次

はじめに

## 1 会社の機関設計・運営ってどういうこと

- Q1 株式会社の機関設計ってどういうこと ……… 10
- Q2 会社の機関運営ってどういうこと ……… 12
- Q3 会社法の施行前と施行後の会社機関の違いは ……… 13
- Q4 会社必須の機関・選択できる機関は ……… 15
- Q5 会社機関の設計ルールは ……… 17
- Q6 非公開中小会社で選択できる機関は ……… 19
- Q7 旧有限会社と同様の機関設置ができる非公開中小会社は ……… 21
- Q8 特例有限会社ってなに・機関設置や運営は ……… 23
- Q9 施行後に機関を変更すべきか否かの判断ポイントは ……… 25

## 2 非公開会社で選択できる機関設計は

- Q10 非公開会社の機関選択フローチャートは ……… 28
- Q11 取締役会設置会社の機関設計は ……… 30
- Q12 取締役会を置かない会社の機関設計は ……… 32
- Q13 監査役設置会社の機関設計は ……… 33
- Q14 監査役を置かない会社の機関設計は ……… 35
- Q15 監査役会設置会社の機関設計は ……… 36
- Q16 会計参与設置会社の機関設計は ……… 37
- Q17 会計監査人設置会社の機関設計は ……… 38
- Q18 委員会設置会社の機関設計は ……… 39
- Q19 非公開小規模会社で省機関に適した機関設計は ……… 41
- Q20 オーナー経営の非公開中小会社に適した機関設計は ……… 43
- Q21 経営を他人に任せるオーナー中小会社に適した機関設計は ……… 45

| | Q22 | 数社が出資して事業を行う中小会社に適した機関設計は | 47 |
|---|---|---|---|
| | Q23 | ベンチャー中小会社に適した機関設計は | 49 |
| | Q24 | 1人で設立する中小会社に適した機関設計は | 51 |
| | Q25 | 仲間数名で共同事業設立する中小会社に適した機関設計は | 53 |

## 3 会社機関を設置するか否かの検討ポイントは

| | Q26 | 取締役会を置くか置かないかの選択ポイントは | 56 |
|---|---|---|---|
| | Q27 | 監査役を置くか置かないかの選択ポイントは | 58 |
| | Q28 | 監査役会を置くか置かないかの選択ポイントは | 60 |
| | Q29 | 会計参与を置くか置かないかの選択ポイントは | 61 |
| | Q30 | 会計監査人を置くか置かないかの選択ポイントは | 63 |
| | Q31 | 委員会を置くか置かないかの選択ポイントは | 65 |
| | Q32 | 取締役会の有無による意思決定手続・業務執行機関・監督機関の違いは | 67 |

## 4 株主総会の運営ポイントは

| | Q33 | 株主総会の運営ルールは | 70 |
|---|---|---|---|
| | Q34 | 株主総会の決議事項・手続は | 74 |
| | Q35 | 株主総会の開催時期・招集地・書類の扱いは | 78 |
| | Q36 | 株主総会に出席できない株主の議決権の行使は | 83 |
| | Q37 | 株主が株主総会の議案を提出するときは | 89 |
| | Q38 | 取締役会を置かない会社の株主総会の運営は | 91 |
| | Q39 | 取締役会設置会社の株主総会の運営は | 93 |
| | Q40 | 株主総会が最高・万能の機関という意味は | 95 |
| | Q41 | 種類株主総会の運営は | 96 |
| | Q42 | 小規模会社の株主総会のやり方は | 98 |
| | Q43 | 特例有限会社の株主総会の運営は | 100 |

## 5 会社機関の権限・その職務は

| | Q44 | 施行前と施行後の株主総会権限の違いは | 102 |
|---|---|---|---|
| | Q45 | 特別取締役を置くメリット・デメリットは | 103 |

| Q46 | 取締役会設置会社の取締役と取締役会の権限は | 104 |
| Q47 | 取締役会を置かない会社の取締役の権限は | 107 |
| Q48 | 監査役会の権限・職務は | 109 |
| Q49 | 業務監査権限のある監査役の役割は | 111 |
| Q50 | 会計監査権限のみの監査役の役割は | 113 |
| Q51 | 会計参与の権限・職務は | 115 |
| Q52 | 会計監査人の権限・職務は | 117 |
| Q53 | 委員会設置会社機関の権限・職務は | 119 |
| Q54 | 内部統制システムの整備ってなぜ | 122 |

## 6 会社機関の選任・選定手続等のポイントは

| Q55 | 取締役の資格・選任・任期・員数・解任は | 124 |
| Q56 | 代表取締役の選定・解職は | 127 |
| Q57 | 社外取締役が必要なとき・その資格・選任・任期等の扱いは | 129 |
| Q58 | 監査役の資格・任期・員数は | 133 |
| Q59 | 監査役の選任・解任は | 136 |
| Q60 | 会計参与の資格・任期・員数は | 137 |
| Q61 | 会計参与の選任・解任は | 138 |
| Q62 | 会計監査人の資格は | 139 |
| Q63 | 会計監査人の選任・任期・員数・解任・登記は | 140 |
| Q64 | 補欠役員制度の活用ポイントは | 142 |
| Q65 | 役員の責任・免責の扱いは | 145 |
| Q66 | 1人取締役のときの権限・責任は | 149 |
| Q67 | 委員会設置会社機関の選任・選定は | 151 |

## 7 会社運営のポイントは

| Q68 | 非公開中小会社の会社運営のポイントは | 154 |
| Q69 | 小規模会社の会社運営のポイントは | 156 |
| Q70 | 会社の代表権の扱いは | 158 |
| Q71 | 取締役会の運営は | 160 |
| Q72 | 取締役会の決議ルールは | 166 |
| Q73 | 中小会社の取締役会のあり方は | 168 |

| | | |
|---|---|---|
| Q74 | 取締役会規則のつくり方は | 170 |
| Q75 | 監査役会の運営は | 172 |
| Q76 | 中小会社の監査役会のあり方は | 176 |
| Q77 | 取締役が利益相反取引をするときの手続は | 177 |
| Q78 | 取締役が自社と同じ事業をするときの手続は | 180 |
| Q79 | 役員等の報酬・賞与を決める手続は | 182 |
| Q80 | 剰余金の配当手続は | 185 |
| Q81 | 計算書類ってどういう書類のこと | 186 |
| Q82 | 決算公告のやり方と文例は | 189 |
| Q83 | 株式の譲渡制限ってどういう制度のこと | 191 |
| Q84 | 譲渡制限株式の譲渡承認手続は | 193 |
| Q85 | 譲渡制限株式の名義変更手続は | 201 |
| Q86 | 株主に相続・合併があったときの株式売渡請求権の請求手続は | 203 |
| Q87 | 株式の発行・不発行の手続は | 205 |
| Q88 | 株券を喪失したときの手続は | 209 |
| Q89 | 特例有限会社の運営は | 215 |

**巻末資料** 株式会社の機関選択・運営関係の主要改正点一覧 218

---

【凡例】本文中、次の略称を使っています。
　　　旧法＝会社法施行前の商法
　　　旧有法＝会社法施行前の有限会社法
　　　旧商特法＝会社法施行前の株式会社の監査等に関する商法の特例に関する法律（商法特例法）
　　　施行令＝会社法施行令
　　　施行規則＝会社法施行規則
　　　計算規則＝会社計算規則
　　　公告規則＝電子公告規則
　　　整備法＝会社法の施行に伴う関係法律の整備に関する法律
　　　民＝民法
　　　新商登法＝改正後の商業登記法
　　　旧商登法＝改正前の商業登記法
　　　111①一＝第111条第1項第1号
　　　＊なお、本文中で単に「旧法」という場合には、旧商法のほか、旧商法特例法を含む制度全般を指す場合があります。

# 会社の機関設計・運営ってどういうこと

- **Q1** 株式会社の機関設計ってどういうこと・10
- **Q2** 会社の機関運営ってどういうこと・12
- **Q3** 会社法の施行前と施行後の会社機関の違いは・13
- **Q4** 会社必須の機関・選択できる機関は・15
- **Q5** 会社機関の設計ルールは・17
- **Q6** 非公開中小会社で選択できる機関・19
- **Q7** 旧有限会社と同様の機関設置ができる非公開中小会社は・21
- **Q8** 特例有限会社ってなに・機関設置や運営は・23
- **Q9** 施行後に機関を変更すべきか否かの判断ポイントは・25

## Q1 株式会社の機関設計ってどういうこと

**A** 株式会社(以下、本書では単に会社といいます)の機関設計の機関とは、株主総会、取締役会、取締役、会計参与、監査役、監査役会、3委員会、会計監査人のことをいい、会社の機関設計とは、一定のルールの下に、会社の規模や実態に適した機関を選択して設置することをいいます。

★会社の機関というのは

会社の機関設計の対象となる機関とは、株主総会、取締役会、取締役、会計参与、監査役、監査役会、3委員会、会計監査人のことをいいます。

各機関の内容は、図表1のとおりです。

【図表1 会社の機関】

| 機関 | 内容 |
|---|---|
| ①株主総会 | 会社の最高意思決定機関。会社の所有者たる株主で構成される機関で、会社の基本的な意思決定(①定款変更・減資・解散・合併、②取締役・監査役等の選任・解任、③剰余金の分配など)を行う。 |
| ②取締役会 | 株主総会で選任された取締役から構成され、会社の業務執行(経営計画・組織変更など)の意思決定と、代表取締役の業務執行状況の監督を行う機関。 |
| ③取締役 | 会社の業務執行を行う機関 |
| ④会計参与 | 会社の業務執行者(取締役・執行役)と共同して計算書類を作成することを主たる職責とする機関。 |
| ⑤監査役 | 会計監査のほか、取締役の業務職務執行に関する業務監査を行う機関。 |
| ⑥監査役会 | 株主総会で選任された監査役で構成され、監査報告の作成等をする機関。 |
| ⑦3委員会 | 取締役の中から選任された委員で構成される指名委員会・監査委員会・報酬委員会。 |
| ⑧会計監査人 | 計算書類・附属明細書・臨時計算書類・連結計算書類等を監査する機関 |

なお、執行役は会社の機関ですが、3委員会がおかれ、委員会設置会社になった場合は、取締役会によって選任されなければならないものですから、一般に機関設計の対象とされていません。

また、代表取締役と代表執行役は、会社を代表する代表権をもつ取締役と

執行役のことで、取締役会等により代表権が付与されるため、これも機関設計の対象となりません。

★**会社の機関設計というのは**

会社の機関設計とは、一定のルールの下に、会社の規模や実態に適した機関を設置することをいいます。

一定のルールとは、図表2のとおり、①大会社か中小会社かの会社区分基準（会社の資本金・負債の額の大小）、②公開会社か非公開会社かの株式譲渡制限基準（株式の譲渡が目的）のほか、③会社の機関同士の関係等の機関設置義務による基準をいい、機関設計はこの基準により決められた機関構成で行う必要があります。

【図表2　施行後の会社区分基準と株式譲渡制限基準】

| 施行前の基準 | 会社の区分 | 資本金・負債総額基準 |
|---|---|---|
| | ❶大会社 | 資本金5億円以上または負債総額200億円以上の会社 |
| | ❷中会社 | 1億円超資本金5億円未満かつ負債総額200億円未満の会社 |
| | ❸小会社 | 資本金1億円以下かつ負債総額200億円未満の会社 |

| 施行後の基準 | 会社の区分 | | 株式譲渡制限基準 | | 機関設置義務 |
|---|---|---|---|---|---|
| | | 資本金・負債総額基準 | 公開会社 | 非公開会社 | 会社法326、327、328、329（図表10参照） |
| | ❶大会社 | 資本金5億円以上または負債総額200億円以上の会社 | 株式の全部または一部に譲渡制限のない会社 | 株式の全部に譲渡制限のある会社 | |
| | ❷中小会社 | 資本金5億円未満かつ負債総額200億円未満の会社 | 株式の全部または一部に譲渡制限のない会社 | 株式の全部に譲渡制限のある会社 | |

↓　機関設計　↓

★**会社の機関設計の手順は**

機関設計の流れをみると、図表3のとおりです。

【図表3　機関設計の流れ】

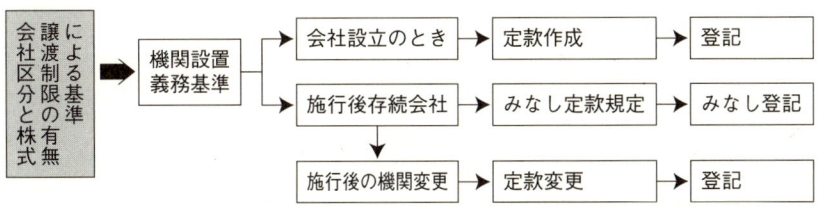

Q1　株式会社の機関設計ってどういうこと

# Q2 会社の機関運営ってどういうこと

 　会社の機関運営とは、設置した機関に与えられた権限のもとで、機関としての行為を行うことをいいます。

　会社法は、設置した機関の権限が濫用され、株主や会社債権者を害さないように規制を行っています。その規制の中で、設置した機関を動かし、会社を運営することになります。

### ★会社の機関運営というのは

　会社の機関運営とは、設置した機関に与えられた権限のもとで、機関としての行為を行うことをいいます。

　新しく株式会社を設立する場合や、すでにある会社が新しい機関設計により機関を変更する場合は、定款変更等の手続をして機関を設置します。

　設置された機関は、会社法による一定の権限を行使することにより運営することになります。例えば、株主総会が定款を変更したり、取締役会が株式の募集を決定したり、取締役や代表取締役が会社を代表して取引先と契約したりするなどがその例です。

### ★機関の行為を規制するわけは

　会社法では、①機関の権限、②権限行使のための手続と要件、③機関同士の監督、監視権限等の規制をしていますが、実際には、これらが複雑に関わり合っています。

　これは、前述のとおり、権限を与えられた機関がその権限を正当に行使しなければ、株主や会社債権者を害することにもなるからです。

　そこで、そうしたことが起こらないように、機関の権限の行使についての手続や、他の機関に監視や監督をさせる等の手続が設けられています。

　例えば、株主総会では、招集手続が定められ、決議事項と決議するための定足数や議決件数が決められています。

　取締役会では、招集や決議の方法や決議事項が規定されます。

　取締役や代表取締役の業務執行については、競業取引や自己取引が禁止され、監査役の監査を受けたり、取締役会の監視を受けます。

# Q3 会社法の施行前と施行後の会社機関の違いは

**A** 会社法施行前の機関構成は、資本金・負債総額による会社の大きさによって決められ、会社の機関は自動的に設置されるしくみでした。
　会社法施行後は、会社の大きさと株式譲渡制限の有無等により機関を選択する幅が増やされましたので、この点が大きく違います。

## ★会社法施行前の会社機関は
　会社法施行前の旧法の機関設計は、図表4のとおり、資本金と負債総額により自動的に決定されていました。

【図表4　会社法施行前の機関設計】

| |
|---|
| ❶大会社（資本金5億円以上または負債総額200億円以上の会社） |
| ①株主総会＋取締役会＋監査役会＋会計監査人<br>②株主総会＋取締役会＋委員会＋会計監査人　のいずれかを強制設置。 |
| ❷中会社（1億円超資本金5億円未満かつ負債総額200億円未満の会社） |
| 株主総会＋取締役会＋監査役 |
| ❸小会社（資本金1億円以下かつ負債総額200億円未満の会社） |
| 株主総会＋取締役会＋監査役（会計監査権限のみ） |
| ❹有限会社　社員総会＋取締役（監査役の設置は任意）。 |

## ★会社法施行後の機関設計は
　会社法施行後は、資本金・負債総額の大きさと株式譲渡制限の有無等によって自由に機関設計が可能で、図表5のとおり、43（会計参与を置く場合と置く場合を区別した場合）の中から選択できるようになりました。
　大会社とは、資本金5億円以上または負債総額200億円以上の会社をいいます。
　中小会社とは、資本金5億円未満かつ負債総額200億円未満の会社をいいます。
　公開会社とは、株式譲渡制限のない株式を発行している会社をいいます。一部分の株式について譲渡制限のない会社も、公開会社になります。
　非公開会社とは、すべての株式について株式譲渡制限のある会社をいいます。

| 施行前の小・中・大会社の区別 | | 施行後の中小・大会社の区別 |
|---|---|---|
| ・資本金と負債の額<br>・会計年度の途中で変更あり |  | ・直前事業年度の貸借対照表上の資本金と負債の額<br>・事業年度の途中で変更なし |

【図表5　会社法施行後の機関設計】
○　設置する　　×　設置しない　　△　設置するか否かは任意　　★は会計監査権限のみの監査役
※は委員会設置会社

| | | | 株主総会（必須） | 取締役の員数 | 取締役会 | 3委員会・執行役 | 監査役 | 監査役会 | 会計参与 | 会計監査人 |
|---|---|---|---|---|---|---|---|---|---|---|
| 中小会社 | 非公開会社 | (a) | 万能的 | 1人以上 | × | × | × | × | △ | × |
| | | (b) ① | 万能的 | 1人以上 | × | × | ○★ | × | △ | × |
| | | (b) ② | | | | | ○ | | | |
| | | (c) | 万能的 | 1人以上 | × | × | ○ | × | △ | ○ |
| | | (d) ① | 制限的 | 3人以上 | ○ | × | ○★ | × | △ | × |
| | | (d) ② | | | | | ○ | | | |
| | | (e) | 制限的 | 3人以上 | ○ | × | ○(3人以上) | ○ | △ | × |
| | | (f) | 制限的 | 3人以上 | ○ | × | × | × | ○ | × |
| | | (g) | 制限的 | 3人以上 | ○ | × | ○ | × | △ | ○ |
| | | (h) | 制限的 | 3人以上 | ○ | × | ○(3人以上) | ○ | △ | ○ |
| | | (i) | 制限的 | 3人以上 | ○ | ○※ | × | × | △ | ○ |
| | 公開会社 | (j) | 制限的 | 3人以上 | ○ | × | ○ | × | △ | × |
| | | (k) | 制限的 | 3人以上 | ○ | × | ○(3人以上) | ○ | △ | × |
| | | (l) | 制限的 | 3人以上 | ○ | × | ○ | × | △ | ○ |
| | | (m) | 制限的 | 3人以上 | ○ | × | ○(3人以上) | ○ | △ | ○ |
| | | (n) | 制限的 | 3人以上 | ○ | ○※ | × | × | △ | ○ |
| 大会社 | 非公開会社 | (o) | 万能的 | 1人以上 | × | × | ○ | × | △ | ○ |
| | | (p) | 制限的 | 3人以上 | ○ | × | ○ | × | △ | ○ |
| | | (q) | 制限的 | 3人以上 | ○ | × | ○(3人以上) | ○ | △ | ○ |
| | | (r) | 制限的 | 3人以上 | ○ | ○※ | × | × | △ | ○ |
| | 公開会社 | (s) | 制限的 | 3人以上 | ○ | × | ○(3人以上) | ○ | △ | ○ |
| | | (t) | 制限的 | 3人以上 | ○ | ○※ | × | × | △ | ○ |

## Q4 会社必須の機関・選択できる機関は

**A** 会社は、「株主総会＋取締役」の2つの機関は、必ず設置しなければなりません。
　会社が選択できる機関とは、定款の定めにより株主総会で選任できる機関のことを指します。

### ★必須の機関というのは
　会社は、株主総会と取締役の2つの機関を必ず設置しなければなりません。
　図表6の株主総会と取締役は、必ず設置しなければならない機関ですが、その設置のために、定款の規定や特別の手続をする必要はありません。

【図表6　必須の機関】

　　　株主総会　　＋　　取締役

### ★選択ができる機関は
　施行後の機関設計で選択できる機関を示すと、図表7のとおりです。

【図表7　施行後に選択可能な機関設計】

| 会社の区分 | 公開会社 | 非公開会社 |
|---|---|---|
| ❶大会社 | ①会計参与<br>②委員会 | ①取締役会<br>②監査役会<br>③会計参与<br>④委員会 |
| ❷中小会社 | ①監査役会<br>②委員会<br>③会計監査人<br>④会計参与 | ①取締役会<br>②監査役会<br>③委員会<br>④会計監査人<br>⑤会計参与<br>⑥監査役 |

### ★株主総会で選任できる機関というのは
　会社が選択できる機関とは、定款の定めにより株主総会で選任できる機関のことをいいます。
　定款の定めによってその機関を置くことを定めたうえ、株主総会が、取締役会、会計参与、監査役、監査役会、会計監査人または委員会を、一定の制

限ルールのもとで、任意に選任し、設置します（会社法326②）。

例えば、会計参与を置きたいときは、定款に会計参与設置会社であることを記載し、株主総会で会計参与を選任します。そのうえで、会計参与設置会社であることと、選任された会計参与の氏名等を登記することにより、会計参与を会社機関として設置できます。

【図表8　機関設置したときの定款の定め例】

> 第○条（機関）
> 　当会社には、取締役会、監査役及び会計参与を置く。
> 第○条（役員の員数）
> 　当会社の取締役は、3名以上6名以下とし、監査役及び会計参与は1名とする。

★取締役会が選ぶ機関は

取締役会設置会社では、取締役会は、代表取締役を取締役の中から選定しなければなりません（会社法362③）。

取締役会を置かない株式会社では、定款で直接代表取締役を指名するか、定款の定めに基づく取締役の互選または株主総会の決議によって、取締役の中から代表取締役を定めることができます（会社法349③）。

取締役会を置かない会社で、代表取締役を選ぶか否かは、会社の自由です。しかし、代表取締役は、取締役会を置かない会社において当然に選ぶことができる機関となりますから、定款に定めて設置する会社の機関設計には含めません。

委員会設置会社では、取締役会は、執行役を選任し（会社法402①）、執行役の中から代表執行役を選定しなければなりません（会社法420①）。

この2つは、機関として選任または選定されますが、委員会設置会社になることによって、当然に選ばれる機関ですから、定款に定めて会社が選択できる機関ではありません。

【図表9　機関選択と取締役会が選ぶ機関】

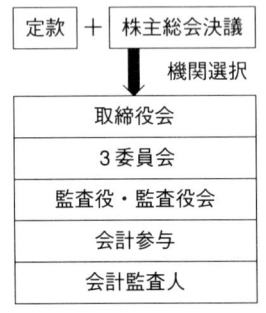
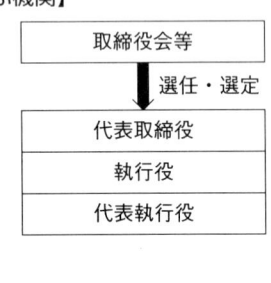

# Q5 会社機関の設計ルールは

**A** 機関設計の第一のルールは、Q1で述べたとおり、会社区分（大会社に該当するか、中小会社に該当するか）と、株式譲渡制限の有無（公開会社に該当するか、非公開会社に該当するか）による機関設計の基準があります。

そして、第二のルールは、必須の機関のほかに、会社機関の関係により、設置が義務づけられている機関と、任意に選択できる機関の基準があります。

★機関設計の原則は

必須の機関は、株主総会と取締役の2つの機関です。これが機関設計の原則です。

必ず設置しなければならないのは、株主総会と取締役の2つの機関で、取締役会を置かない会社では、1人または2人以上の取締役を（会社法326①）、取締役会設置会社では、3人以上の取締役を、それぞれ設置しなくてはなりません（会社法331④）。

★会社機関の設計ルールは

会社は、定款の定めによって、取締役会、会計参与、監査役、監査役会、会計監査人または委員会を、図表10のルールのもとで、任意に設置することができます（会社法326②）。

★機関選択のルールの特徴は

有限会社が廃止され、有限会社が設立できなくなったことから、株式会社として、従前の有限会社で採用することができた簡素な機関設計、例えば取締役会や監査役を置かない機関設計の採用が認められています。

このような会社の機関設計の特徴は、法律による強制を最小限にし、広く自由な選択が認められていることです。

例えば、「株主総会＋取締役1人＋監査役＋会計監査人」という機関構成が中小会社でも大会社でも認められているなど、様々な社会的ニーズに応えられるように、特に禁止すべき理由のない限り、可能性のある組合せが認められています。

【図表10　機関設置の義務】

| 義務のある会社 | 機関設置 |
|---|---|
| ❶①公開会社<br>　②監査役会設置会社<br>　③委員会設置会社 | 取締役会の設置（会社法327①） |
| ❷大会社 | 会計監査人の設置（会社法328①②） |
| ❸委員会設置会社を除く公開会社の大会社 | 監査役会の設置（会社法328①） |
| ❹取締役会非設置会社 | 取締役1人または2人以上の設置（会社法326①） |
| ❺取締役会設置会社 | 取締役3人以上の設置 |
| ❻委員会設置会社 | 監査役の非設置（会社法327④） |
| ❼委員会設置会社 | 会計監査人の設置（会社法327⑤） |
| ❽委員会設置会社を除く取締役会設置会社 | 監査役の設置<br>　ただし、非公開会社で会計参与設置会社は、監査役の設置は不要（会社法327②） |
| ❾委員会設置会社を除く会計監査人設置会社 | 監査役の設置（会社法327③） |
| ❿監査役会設置会社・会計監査人設置会社を除く非公開会社 | 監査役の監査範囲を会計監査に限定できる（会社法389） |

**★機関選択に定款変更が必要とされるわけは**

　機関設計の自由を大幅に認めることは、どの機関をとるかによって会社に重大な影響を与えます。

　そこで、機関設計を定めたり、変更したりするためには、会社の所有者である株主の意思によるべきであるとして、定款に規定することが必要とされています。

　株主は、定款変更のための株主総会決議を通じて、機関設計をコントロールすることができるようになります。

　機関設計の変更に定款変更が必要なのは、①自由に機関を選べる場合（例：非公開中小会社が会計参与を選ぶとき）だけでなく、②会社法で機関設置を義務づけている場合（例：公開会社の取締役会設置の義務）もです。

　なお、機関設計に株主の意思を反映させるために定款変更が必要とされたことから、例えば、株主総会で会計参与をおくことに定款変更（「当会社は、会計参与をおくことができる。」という定款の定め）したにもかかわらず、直ちに会計参与を選任しないときは定款違反になります。

　通常、定款変更と選任の株主総会は、同時に行われることになります。

## Q6 非公開中小会社で選択できる機関は

 非公開中小会社では、取締役会の設置会社と非設置会社によって、設置できる機関設計パターンが違います。

### ★非公開中小会社で設置できる機関は

非公開中小会社で設置できる機関は、取締役会の設置・非設置の別によって図表11のとおりになります。

【図表11　非公開中小会社で設置できる機関】

| 会社区分 | 非公開中小会社で設置できる機関 | | | | | |
|---|---|---|---|---|---|---|
| (1) 取締役会を置かない会社 | ① | 株主総会 | 取締役 | | | |
| | ② | 株主総会 | 取締役 | | 監査役（会計監査権限のみ） | |
| | ③ | 株主総会 | 取締役 | | 監査役 | |
| | ④ | 株主総会 | 取締役 | | 監査役 | 会計監査人 |
| (2) 取締役会設置会社 | ⑤ | 株主総会 | 取締役 | 取締役会 | 監査役（会計監査権限のみ） | |
| | ⑥ | 株主総会 | 取締役 | 取締役会 | 監査役 | |
| | ⑦ | 株主総会 | 取締役 | 取締役会 | 監査役 | 監査役会 |
| | ⑧ | 株主総会 | 取締役 | 取締役会 | | 会計参与 |
| | ⑨ | 株主総会 | 取締役 | 取締役会 | 監査役 | 会計監査人 |
| | ⑩ | 株主総会 | 取締役 | 取締役会 | 監査役 | 監査役会 | 会計監査人 |
| | ⑪ | 株主総会 | 取締役 | 取締役会 | | 3委員会 | 会計監査人 |

注　会計参与は、⑧を除くいずれの場合も、設置することも設置しないこともできます。

### ★取締役会を置かない非公開中小会社の機関設計の特徴は

図表11の取締役会を置かない会社の機関は、いずれも旧有限会社に類似の

設計グループです。

①②は、旧有限会社と同様の機関構成で、①が監査役を置かない設計、②が会計監査に権限が限定された監査役を置く設計です。③は旧有限会社の監査役の権限を業務監査にまで拡大したものです。④は、中小会社にも、会計監査人を設置できることによる機関設計です。

このような非公開会社で取締役会を置かない会社は、取締役の業務執行を監視する取締役会を置かないため、株主総会の権限が万能（Q40参照）のものとされ、どのような事項についても決議することができます。

例えば、取締役に対して、特定の取引をしてはならない等の具体的な経営事項に関する決定も、株主総会の決議で行うことができます。

このように具体的な事項について、株主総会が決議をした場合には、取締役はその決議にそって業務執行を行わなければなりません。

そのため、これらの機関の設計は、株主総会による会社の業務執行についての関与が行われ、株主による会社経営への積極的な参加がなされる株主式構成をもつ（例えば、株式の譲渡制限や利益相反行為の承認も、原則として株主総会が行う必要があります）会社で選択できるよう用意されています。

通常、小規模の同族的会社に合った機関設計といえます。

### ★取締役会設置の非公開中小会社の機関設計の特徴は

図表11の取締役設置会社の機関は、旧法の中会社類似の設計です。

⑥が、旧法の中会社と同様の機関設計です。旧法上の非公開の小会社と中会社は、会社法施行と同時に、この機関設計の株式会社へ移行します。このバリエーションとして、⑤が監査役の権限を会計監査権限に限定した設計、⑦が監査役会の設置を認めた設計、⑧は会計参与の設置で監査役を置かなくてもよい設計、⑨⑩は中小会社にも会計監査人を設置できることによる設計です。

⑪は、中小会社にも、委員会設置会社が認められたことによる設計です。

このような非公開の取締役設置会社では、会社業務の執行や業務執行取締役の監視等の多くを取締役会が行うことになります。

したがって、株主が多く、株主自身が会社の経営に関する事項について関与することができないような株主構成をもっているため、株主が業務執行だけでなく、業務執行取締役の監視も取締役会や他の機関に委ねることが合理的な会社が、この設計を選択できるよう用意され、やや規模の大きい株式譲渡制限会社に合った機関設計といえます。

# Q7 旧有限会社と同様の機関設置ができる非公開中小会社は

**A** 旧有限会社と同様の機関設置ができる非公開中小会社の機関は、「株主総会＋取締役」と「株主総会＋取締役＋監査役（会計監査権限のみ）」の２つです。

★旧有限会社の機関の特徴は

旧有限会社の機関は、次の特徴をもっていました。
(1) 株主総会に相当する社員総会と取締役が必須の機関であり、監査役を置くときは会計監査権限のみの監査役の設置に限られていました。
　　取締役会、監査役会に相当する制度はなく、会計監査人制度もありませんでした。
(2) 社員券の譲渡を社員以外の者に行うときは、社員総会の承認が必要とされていました。
(3) 社員総会は、最高の万能の機関であり、強行法規に反しない限り、法令・定款に定められた以外の事項についても決議できるとされていました。

★旧有限会社型の株式会社は

旧有限会社と同様の機関設置ができる非公開中小会社の機関は、図表12のとおり、２つあります。

【図表12　旧有限会社と同様の機関設置ができる非公開中小会社の機関】

| | | | |
|---|---|---|---|
| ❶ | 株主総会 | 取締役 | |
| ❷ | 株主総会 | 取締役 | 監査役（会計監査権限のみ） |

❶は、株主総会と取締役以外の機関を一切設置しないものです。これは、旧有限会社に監査役を選任しない、「社員総会と取締役」のみを設置する機関構成と類似するものです。

❷は、監査役の権限を会計監査権限に限ることにより（会社法389①）、旧有限会社で監査役を選任する、「社員総会と取締役と監査役」を設置する機関構成と類似するものとなります。

両者とも、非公開会社で採用可能な機関設計ですが、株式譲渡制限がなされているため、株式の譲渡については株主総会の承認が必要となります。こ

の点も、旧有限会社と類似します。

　また、両者とも取締役会を置かない会社であるため、株主総会は、法定事項や会社の組織・運営・管理その他一切の事項について決議することができます（295①）。

　株主総会の権限の点でも、旧有限会社の社員総会と類似します。

**★旧有限会社と施行後の株式会社の違いは**

　図表12のような２つの機関設計は、有限会社制度の廃止に伴い、旧有限会社と同様な形態の機関を選択できるように用意されたものです。

　もっとも、この有限会社型株式会社は、あくまで会社法下の株式会社ですから、すべての面が旧有限会社と同じであるわけではありません。

　商号や株主総会の決議要件、決算公告、特別清算等に関する差異も多くありますので、注意が必要です。

　施行後の株式会社と旧有限会社との違いは、図表13のとおりです。

【図表13　施行後株式会社と旧有限会社との違い】

|  |  | 株式会社 | 旧有限会社 |
|---|---|---|---|
| 1 | 商号 | 株式会社の表示（会社法6②）。 | 有限会社の表示（旧有法3①）。 |
| 2 | 株式譲渡制限 | ①株式の譲渡制限は選択、株式の一部譲渡制限も自由（会社法108①四）、②株主による他の株式の取得を承認しないことができる（会社法136、137）。 | 社員持分の社員以外への譲渡には社員総会の承認を要する（旧有法19②）。 |
| 3 | 株券、社員券 | 株券発行可能（会社法214）。 | 発行できない（旧有法21）。 |
| 4 | 機関設置 | 株主総会、取締役は必須。取締役会、会計参与、監査役、監査役会、会計監査人、委員会の設置は任意（会社法326②）。 | 株主総会、取締役は必須。監査役は任意（旧有法35、25、33）。 |
| 5 | 取締役・監査役の任期 | 任期の制限あり（会社法332、336）。 | 取締役・監査役の任期に限定はない。 |
| 6 | 監査役の権限 | 業務監査権と会計監査権をもつのが原則(会社法381ただし書、389①)。 | 監査役の権限は会計に関するものに限る（旧有法33の2）。 |
| 7 | 資本の総額 | 定款記載事項ではない。授権資本制度。 | 定款記載事項（旧有法6①三）。 |
| 8 | 社債 | 発行が認められる（会社法676）。 | 発行が認められない（旧有法59④等）。 |
| 9 | 決算公告 | 有価証券報告書提出会社以外は必要（会社法440）。 | 不要。 |
| 10 | 休眠会社の規定 | 休眠会社のみなし解散（会社法472）。 | 規定なし。 |
| 11 | 特別清算 | 特別清算（会社法510〜574）。 | 規定なし。 |

## Q8 特例有限会社ってなに・機関設置や運営は

**A** 会社法施行前の有限会社は、会社法施行と同時に、そのまま株式会社として存続します。存続するときは「株式会社」という名称は使えず、「有限会社」という文字を商号中に使用しなければなりません。この会社を「特例有限会社」といいます。

旧有限会社が株式会社として存続するためには、原則として、定款や登記の変更を行う必要はありません。

特例有限会社の機関は、「株主総会＋取締役」か「株主総会＋取締役＋監査役（会計監査権限のみ）」のどちらかで設置します。

★会社法施行前の有限会社は特例有限会社として存続

会社法の施行に伴い、有限会社法が廃止されますので、施行後は有限会社の設立ができなくなります。

会社法施行前から存在する有限会社（以下、旧有限会社といいます）は、会社法施行と同時に、株式会社として存続します。

このような株式会社を「特例有限会社」と呼びます。株式会社となるといっても、「株式会社」という名称は使えず、「有限会社」という文字を商号中に使用しなければならないからです（整備法3）。

★有限会社が特例有限会社になるための手続は

旧有限会社の定款・社員・持分および出資1口は、株式会社の定款・株主・株式および1株とみなされます（整備法2、5）。

また、旧有限会社の登記は、株式会社の登記とみなされます（整備法42）。

さらに、特例有限会社では、定款に株式の譲渡制限がある旨と株主からの譲渡承認請求については会社が承認したものとみなす旨の記載があるものとみなされ、またその旨の登記がなされているものとみなされます（整備法9、42④）。

したがって、旧有限会社が株式会社として存続するためには、原則として、定款や登記の変更を行う必要はありません。

特例有限会社は、定款に株式の譲渡制限の記載があるとみなされ、その旨の登記がなされているものとみなされます（整備法9、42④）。そのため、

特例有限会社は非公開会社となります。

### ★特例有限会社が会計参与や取締役会等を置きたいときは

特例有限会社は、旧有限会社の組織のまま、会社法の施行と同時に、特例有限会社になりますので、その機関は「株主総会＋取締役」と「株主総会＋取締役＋監査役（会計監査権限のみ）」のどちらかの機関設計となります。

例えば、取締役会を置いたり、会計参与を置きたいのであれば、Q9で述べたようにいったん正規の株式会社に移行した後、株式会社の機関の選択・変更を行う必要があります。

### ★特例有限会社の運営は

特例有限会社は、会社法の株式会社として適用されるのが原則ですが、株式会社の規制は、旧有限会社法の規制と異なる点も多くあるため、従来の有限会社と同様の運営ができるように特別の経過措置が規定されています。

そのうち、株主総会の運営についての経過措置はQ43、会社運営に関する経過措置はQ89を参照してください。

なお、経過措置が置かれていない点での特例有限会社と旧有限会社の違いをまとめると、図表14のとおりです。

【図表14　特例有限会社の運営に関する経過措置】

|  | 特例有限会社 | 旧有限会社 |
|---|---|---|
| ①資本の確定 | 定款記載事項でない<br>授権資本制度 | 資本の額が定款記載事項<br>（旧有法6三） |
| ②資本金 | 最低資本金の制度なし | 最低資本金300万円（旧有法9） |
| ③株券・社員券 | 株券発行可能（会社法214） | 社員券の発行禁止（旧有法21） |
| ④株主・社員の人数 | 1人以上<br>上限に限りはない（会社法471） | 1人以上50人以下であることを要する（旧有法8、69） |
| ⑤社債 | 発行が認められる（会社法676） | 発行が認められない（旧有法59④等） |

### ★特例有限会社が普通の株式会社になるには

特例有限会社は、株式会社の文字を使用する商号に変更することにより、普通の株式会社になることができます（整備法45）。

# Q9 施行後に機関を変更すべきか否かの判断ポイントは

既存の株式会社は、会社法施行前の機関構成のまま、会社法施行後もそのまま株式会社として存続します。

会社法施行後に、機関設置を変更したいときは、新しく機関を設置する旨の定款変更と、登記が必要となります。

★施行後に存続する会社の機関は

会社法施行前に設立された株式会社（旧株式会社といいます）は、会社法施行後も、株式会社（新株式会社といいます）として、そのまま存続します（整備法66①）。

前述のとおり、定款で定めれば、株主総会と取締役以外の機関を設置できます（会社法326②）が、旧株式会社は、施行と同時に、所定の定款規定と登記がなされたものとみなされ、図表15のとおり、旧会社機関のまま、会社法上の株式会社として存続します。

【図表15　施行後に存続する会社の機関】

| 旧法上の会社 | 施行後に存続する会社機関 |
|---|---|
| ①小会社 | 株主総会＋取締役＋取締役会＋監査役（非公開会社では会計監査権限のみ。なお、公開会社では、新たに監査役の選任が必要） |
| ②中会社 | 株主総会＋取締役＋取締役会＋監査役 |
| ③大会社 | 株主総会＋取締役＋取締役会＋監査役＋監査役会＋会計監査人 |
| ④委員会等設置会社 | 株主総会＋取締役＋取締役会＋執行役＋3委員会＋会計監査人 |

注　旧法上の株式譲渡制限会社は、そのまま非公開会社になります。

★施行後の機関変更の手続は

図表15のみなし定款等によって存続が認められる機関でない機関設計を設置したい旧株式会社は、機関変更のため、新しく設置する機関構成を定款に定め（会社法326②）、それに応じた内容で、①取締役会設置会社、②会計参与設置会社、③監査役設置会社、④監査役会設置会社、⑤会計監査人設置会社、⑥委員会設置会社である旨の登記をしなくてはなりません（会社法911③）。

例えば、次の(1)(2)ような機関を設置したいときは、その旨の定款変更と登記が必要です。

(1) 会計参与を設置したいとき

定款を変更して、会計参与を選任する旨の定款の定めを置くとともに、会計参与設置会社である旨を登記する必要があります。

(2) 取締役会を廃止し「株式会社＋取締役＋監査役」の機関にしたいとき

取締役会を設置する旨のみなし定款の規定を変更する定款変更を行い、取締役会設置会社である旨の職権登記を抹消します。

既存の会社は、取締役会設置会社や監査役設置会社であること等のみなし定款変更（整備法76②）や登記（整備法113②③）について、定款変更や登記が必要だからです。

**★施行後に直ちに機関変更するときの手続は**

前述のように、旧株式会社は、存続が認められた機関以外の機関に変更したいときは、いったん、みなし定款変更による新株式会社に移行した後に、機関変更の手続をとらなければならないのが原則です。

すなわち、会社法施行日以後に臨時株主総会を開催して、機関変更の定款変更と新しい機関を選任することができます（図表17）。

一方、会社法施行前に、あらかじめ会社法施行を条件として、施行と同時に定款の変更の効力が生じる旨の機関変更の定款変更をして、会社機関の変更をすることも可能です（図表16）。

例えば、旧法上の中会社で、「株主総会＋取締役＋取締役会＋監査役」の機関に移行する場合、施行日前の株主総会で、施行を条件として、取締役会を廃止する旨の定款変更をしておき、施行と同時に、取締役会設置会社である旨のみなし登記の抹消をするという手続が考えられます。

ただ、このように会社法施行直後またはその施行と同時に定款の変更をして、機関変更をしても、会社法施行後の機関変更をその施行直後またはその施行と同時に行うだけであり、手続や費用の節約にはなりません。

機関を変更するときは、定款変更が必要になりますので、施行後開催する定時株主総会まで待つのも、一つの選択肢であると思われます。

【図表16 施行前の機関変更の手続】

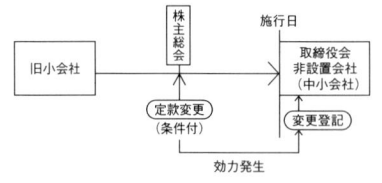

【図表17 施行後の機関変更の手続】

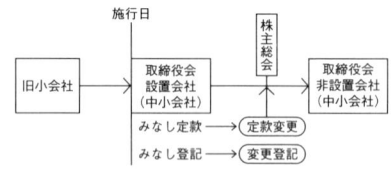

# 非公開会社で選択できる機関設計は

- Q10 非公開会社の機関選択フローチャートは・28
- Q11 取締役会設置会社の機関設計は・30
- Q12 取締役会を置かない会社の機関設計は・32
- Q13 監査役設置会社の機関設計は・33
- Q14 監査役を置かない会社の機関設計は・35
- Q15 監査役会設置会社の機関設計は・36
- Q16 会計参与設置会社の機関設計は・37
- Q17 会計監査人設置会社の機関設計は・38
- Q18 委員会設置会社の機関設計は・39
- Q19 非公開小規模会社で省機関に適した機関設計は・41
- Q20 オーナー経営の非公開中小会社に適した機関設計は・43
- Q21 経営を他人に任せるオーナー中小会社に適した機関設計は・45
- Q22 数社が出資して事業を行う中小会社に適した機関設計は・47
- Q23 ベンチャー中小会社に適した機関設計は・49
- Q24 1人で設立する中小会社に適した機関設計は・51
- Q25 仲間数名で共同事業を設立する中小会社に適した機関設計は・53

# Q10 非公開会社の機関選択フローチャートは

 非公開中小会社では、取締役会、監査役、監査役会、会計監査人、3委員会、会計参与を機関として選択できます。
　非公開大会社では、取締役会、監査役会、3委員会、会計参与を機関として選択できます。

★非公開中小会社の機関選択フローチャートは

　非公開中小会社では、取締役会、監査役、監査役会、会計監査人、3委員会、会計参与を機関として選択できます（図表18）。

　その機関選択フローチャートは、図表19のとおりです。

　なお、①取締役会設置会社でも、非公開会社で会計参与設置会社については、監査役の設置は必要がなく（会社法327②）、②非公開会社（監査役会設

【図表18　非公開会社が選択できる機関設計】

| | | | | | | |
|---|---|---|---|---|---|---|
| ❶ 非公開中小会社 | ① | 株主総会 | 取締役 | | | |
| | ② | 株主総会 | 取締役 | | 監査役（会計監査権限のみ） | |
| | ③ | 株主総会 | 取締役 | | 監査役 | |
| | ④ | 株主総会 | 取締役 | | 監査役 | 会計監査人 |
| | ⑤ | 株主総会 | 取締役 | 取締役会 | 監査役（会計監査権限のみ） | |
| | ⑥ | 株主総会 | 取締役 | 取締役会 | 監査役 | |
| | ⑦ | 株主総会 | 取締役 | 取締役会 | 監査役 | 監査役会 |
| | ⑧ | 株主総会 | 取締役 | 取締役会 | | 会計参与 |
| | ⑨ | 株主総会 | 取締役 | 取締役会 | 監査役 | 会計監査人 |
| | ⑩ | 株主総会 | 取締役 | 取締役会 | 監査役 | 監査役会 | 会計監査人 |
| | ⑪ | 株主総会 | 取締役 | 取締役会 | | 3委員会 | 会計監査人 |
| ❷ 非公開大会社 | ⑫ | 株主総会 | 取締役 | | 監査役 | | 会計監査人 |
| | ⑬ | 株主総会 | 取締役 | 取締役会 | 監査役 | | 会計監査人 |
| | ⑭ | 株主総会 | 取締役 | 取締役会 | 監査役 | 監査役会 | 会計監査人 |
| | ⑮ | 株主総会 | 取締役 | 取締役会 | | 3委員会 | 会計監査人 |

置会社及び会計監査人設置会社を除きます）は、監査役の監査範囲を会計監査に限定できる（会社法389）ルールがあります。

**★非公開大会社の機関選択フローチャートは**

　非公開大会社では、取締役会、監査役会、3委員会、会計参与を機関として選択できます。
　その機関選択フローチャートは、図表20のとおりです。

【図表19　非公開中小会社の機関選択フローチャート】

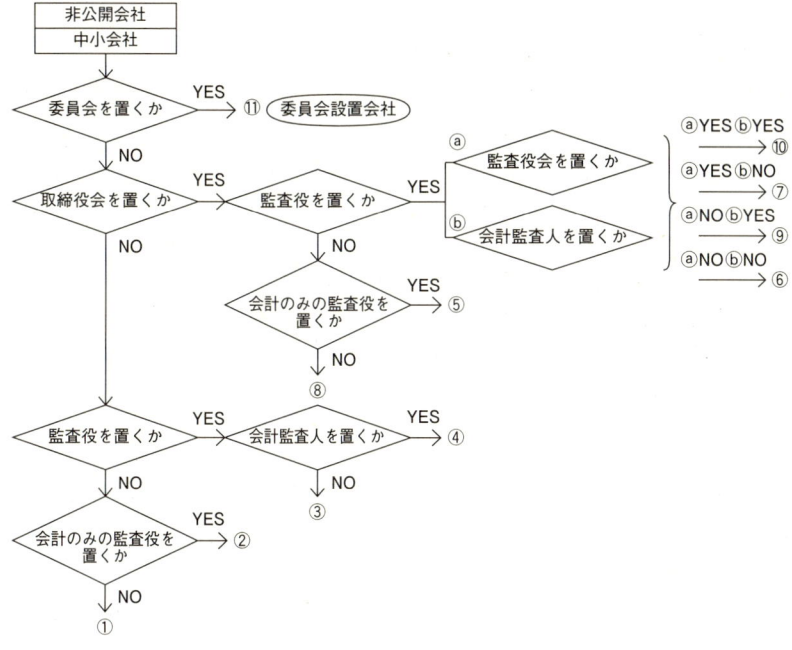

【図表20　非公開大会社の機関選択フローチャート】

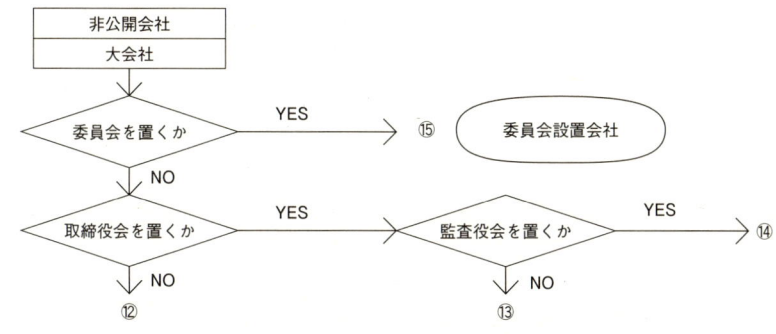

Q10 非公開会社の機関選択フローチャートは

## Q11 取締役会設置会社の機関設計は

**A** 公開会社は、取締役会を設置しなれればなりません。
非公開会社でも、監査役会設置会社と委員会設置会社は、取締役会を設置しなければなりません。
それ以外の会社でも、任意に取締役会を置くことができます。

★取締役会設置会社の機関設置と運営は

①公開会社、②監査役会設置会社、③委員会設置会社は、取締役会を設置しなければなりません（会社法327①）。

①②③の会社は、会社法上、取締役会の設置が義務づけられています。

それ以外の株式会社でも、定款で定めることにより、任意に取締役会を置くことができます（会社法326②）。これは、会社法上の義務によるものではなく、任意に取締役会を置くことができるというものです。

取締役会の設置が義務づけられている会社でも、任意に設置する会社でも、ともに取締役会設置会社になります。

取締役会を置くには、取締役会を設置する旨の定款の定めと登記が必要となりますが、取締役会設置義務のある会社も、その旨の定款の定めと登記をする必要があります。

取締役会設置会社では、業務執行は取締役会の選任する代表取締役が行います。株主総会は、法定・定款記載事項しか決議する権限がなく、所有と経営の分離が進んでいる点が特徴です。

なお、取締役会設置会社では、取締役は3名以上必要です（会社法331④）。

★取締役会設置会社で選択できる機関設計は

取締役会設置会社で選択できる機関設計は、図表21のとおりです。

★公開会社で取締役会を設置しなければならない理由は

公開会社については、発行株式の全部または一部が自由に譲渡できることになっているため、株主が頻繁に変動する可能性があります。

このため、株主と会社の関係が希薄になり、取締役会を置かない会社のように、株主総会の決議により株主が会社経営に積極的に参加することは期待できません。

そこで、公開会社では取締役会の設置が義務づけられ、会社業務の意思決

2 非公開会社で選択できる機関設計は

## 【図表21 取締役会設置会社で選択できる機関設計】

| 会社の区分 | | | 取締役会設置会社が選択できる機関設計 | | | | | |
|---|---|---|---|---|---|---|---|---|
| ❶中小会社 | (1)非公開会社 | ① | 株主総会 | 取締役 | 取締役会 | 監査役 | （会計監査権限のみ） | |
| | | ② | 株主総会 | 取締役 | 取締役会 | 監査役 | | |
| | | ③ | 株主総会 | 取締役 | 取締役会 | 監査役 | 監査役会 | |
| | | ④ | 株主総会 | 取締役 | 取締役会 | | 会計参与 | |
| | | ⑤ | 株主総会 | 取締役 | 取締役会 | 監査役 | | 会計監査人 |
| | | ⑥ | 株主総会 | 取締役 | 取締役会 | 監査役 | 監査役会 | 会計監査人 |
| | | ⑦ | 株主総会 | 取締役 | 取締役会 | | 3委員会 | 会計監査人 |
| | (2)公開会社 | ⑧ | 株主総会 | 取締役 | 取締役会 | 監査役 | | |
| | | ⑨ | 株主総会 | 取締役 | 取締役会 | 監査役 | 監査役会 | |
| | | ⑩ | 株主総会 | 取締役 | 取締役会 | 監査役 | | 会計監査人 |
| | | ⑪ | 株主総会 | 取締役 | 取締役会 | 監査役 | 監査役会 | 会計監査人 |
| | | ⑫ | 株主総会 | 取締役 | 取締役会 | | 3委員会 | 会計監査人 |
| ❷大会社 | (1)非公開会社 | ⑬ | 株主総会 | 取締役 | 取締役会 | 監査役 | | 会計監査人 |
| | | ⑭ | 株主総会 | 取締役 | 取締役会 | 監査役 | 監査役会 | 会計監査人 |
| | | ⑮ | 株主総会 | 取締役 | 取締役会 | | 3委員会 | 会計監査人 |
| | (2)公開会社 | ⑯ | 株主総会 | 取締役 | 取締役会 | 監査役 | 監査役会 | 会計監査人 |
| | | ⑰ | 株主総会 | 取締役 | 取締役会 | | 3委員会 | 会計監査人 |

注 会計参与は、いずれのパターンの場合も、設置することも設置しないことも可能です。
　なお、⑦、⑫、⑮、⑰は、委員会設置会社です。

定や、業務執行取締役の監視を取締役会に委ねることになっています。

### ★監査役会設置会社で取締役会を設置しなければならない理由は

　取締役会を置かない会社は、簡素な会社組織であるのが普通ですが、監査役会を置くとすると、最低監査役3名（うち社外監査役2名）＋監査役会という組織が必要で、取締役の人数とバランスを欠くことになります。

　そこで、そうした機関設計を選択する必要性がないという考えから、監査役設置会社では取締役会の設置が義務づけられ、取締役を置かないことは認められていません。

### ★委員会設置会社で取締役会を設置しなければならない理由は

　委員会設置会社は、3委員会（指名委員会、監査委員会、報酬委員会）、執行役、代表執行役を機関として設置することになります。

　3委員会の委員は、取締役の中から取締役会が選定し、その権限も取締役会の権限と密接に関係していること、執行役・代表執行役も取締役会が選定・選任すること等、委員会設置会社は取締役会の存在を前提としています。

　そこで、取締役会の設置が義務づけられています。

# Q12 取締役会を置かない会社の機関設計は

　　取締役会を置かなくてよいのは、①非公開会社で、②監査役会設置会社でなく、③委員会設置会社でもない会社です。
　取締役会を置かない会社は、取締役は1人でもよいことになります。

★取締役会を置かなければならない会社と置かなくてもよい会社は

　①公開会社、②監査役会設置会社、③委員会設置会社は、取締役会を置かなければなりません（会社法327①）。

　非公開会社で、監査役会設置会社でなく、委員会設置会社でもない会社は、取締役会を置かないことができます。

　取締役会を置く場合は、取締役は最低3名必要ですが、取締役会を置かない会社の場合は、取締役は1人でもよいことになります。

　取締役会を置かない会社では、取締役が原則として業務執行権と代表権をもちます。業務執行の基本的事項の意思決定をし、取締役の業務執行を監視する権限は株主総会がもつことになります。

　株主総会は、法定事項や定款で定めた事項だけでなく、すべての業務執行について、株主総会の決議という方法で、株主の意思を示すことができます。

　この株主総会の決議事項に、下部機関である取締役会は拘束されます。

★取締役会を置かない会社の機関設計は

　取締役会を置かない会社では、図表22の機関設計を選択することができます。

【図表22　取締役会を置かない会社で選択できる機関設計】

| 会社区分 | | 取締役会を置かない会社で選択できる機関設計 | | | | | |
|---|---|---|---|---|---|---|---|
| 中小会社 | ❶非公開会社 | ① | 株主総会 | 取締役 | | | （会計参与） |
| | | ② | 株主総会 | 取締役 | 監査役 | | （会計参与） |
| | | ③ | 株主総会 | 取締役 | 監査役（会計監査権限のみ） | | （会計参与） |
| | | ④ | 株主総会 | 取締役 | 監査役 | 会計監査人 | （会計参与） |
| | ❷公開会社 | 取締役会を置かない会社を選択できません。 | | | | | |
| 大会社 | ❶非公開会社 | ⑤ | 株主総会 | 取締役 | 監査役 | 会計監査人 | （会計参与） |
| | ❷公開会社 | 取締役会を置かない会社を選択できません。 | | | | | |

注　会計参与は、いずれのパターンの場合も、設置することも設置しないこともできます。

# Q13 監査役設置会社の機関設計は

**A** 大会社、公開会社、取締役会設置会社、監査役会設置会社、会計監査人設置会社は、いずれも、監査役を設置しなければなりません。逆に、委員会設置会社は、監査役を置くことができません。

会計監査に権限が限定された監査役を置く場合は、その会社は監査役設置会社とはなりませんので、注意が必要です。

### ★監査役設置会社というのは

監査役設置会社とは、①監査役を置いた会社（監査役の監査範囲を会計監査に限定する旨の定款の定めがあるものを除きます）、②監査役の設置を義務づけられた会社をいいます（会社法２九）。

会社法施行前は、監査役は、委員会等設置会社を除く株式会社に必須の機関でしたが、会社法施行後は、委員会を置かない会社でも監査役を設置しない設計が認められています。そのため、監査役は、取締役会・会計参与・監査役会・会計監査人・委員会と同様に、任意に選択できる機関となります（図表24）。

### ★監査役の設置が義務づけられている会社は

監査役の設置が義務づけられている会社は、図表23のとおりです。

委員会設置会社は、監査役を置くことはできません（会社法327④）。監査役に代わる監査委員会があるからです。

なお、監査役の監査範囲を会計監査に限定した監査役を置いても、業務執行への監視権のある監査役が置かれていなければ、監査役設置会社となりませんので、注意が必要です。

【図表23　監査役の設置が義務づけられている会社】

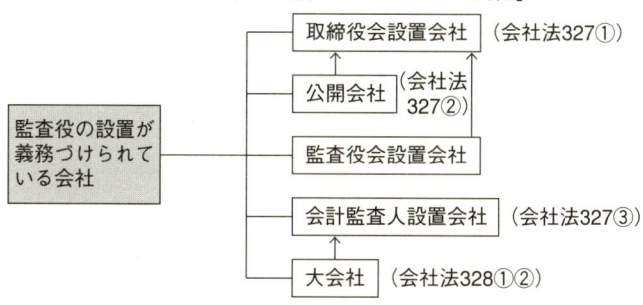

【図表24 監査役設置会社が選択できる機関設計】

| 会社区分 | | 監査役設置会社で選択できる機関設計 | | | | | |
|---|---|---|---|---|---|---|---|
| 中小会社 | ❶非公開会社 | ①株主総会 | 取締役 | | 監査役 | | |
| | | ②株主総会 | 取締役 | | 監査役 | | 会計監査人 |
| | | ③株主総会 | 取締役 | 取締役会 | 監査役 | | |
| | | ④株主総会 | 取締役 | 取締役会 | 監査役 | 監査役会 | |
| | | ⑤株主総会 | 取締役 | 取締役会 | 監査役 | | 会計監査人 |
| | | ⑥株主総会 | 取締役 | 取締役会 | 監査役 | 監査役会 | 会計監査人 |
| | ❷公開会社 | ⑦株主総会 | 取締役 | 取締役会 | 監査役 | | |
| | | ⑧株主総会 | 取締役 | 取締役会 | 監査役 | 監査役会 | |
| | | ⑨株主総会 | 取締役 | 取締役会 | 監査役 | | 会計監査人 |
| | | ⑩株主総会 | 取締役 | 取締役会 | 監査役 | 監査役会 | 会計監査人 |
| 大会社 | ❶非公開会社 | ⑪株主総会 | 取締役 | | 監査役 | | 会計監査人 |
| | | ⑫株主総会 | 取締役 | 取締役会 | 監査役 | | 会計監査人 |
| | | ⑬株主総会 | 取締役 | 取締役会 | 監査役 | 監査役会 | 会計監査人 |
| | ❷公開会社 | ⑭株主総会 | 取締役 | 取締役会 | 監査役 | 監査役会 | 会計監査人 |

注　会計参与は、いずれのパターンの場合も、設置することも設置しないことも可能です。

## ★取締役会設置会社で監査役が必要とされる理由は

取締役会設置会社では、会社業務の意思決定や業務執行取締役の業務執行に対する監視機能の大半が取締役会に委ねられます。

しかし、同じ取締役会のメンバーである取締役だけに、業務執行の監視を期待するのは十分ではありません。

そこで、株主に代わって、業務執行・会計の双方から業務執行取締役を監督する専門の機関として監査役が必要とされるわけです（会社法327②）。

## ★取締役会を置かない非公開会社の特則は

取締役会を置かない会社では、株主総会が万能の機関であり、その株主総会の権限を通じて、一方で株主権が強化されること（会社法367等）により、株主が業務執行取締役の業務執行をコントロールすることが可能です。

特に、非公開会社では、株主が固定化され、株主が長期的・継続的に会社と関わり合い、また株主と会社が強い利害関係をもつことが少なくありません。

したがって、株主による会社の業務執行に対する監督を実際に期待できるものと考えられます。

そこで、このような取締役会を置かない非公開会社で、株主による監督が期待できる会社では、会計の適正さを担保する制度（①会計参与を置くこと、②会計監査権限をもつ監査役を置くこと）が採用されることを条件に、業務執行権の監査権限をもつ監査役を置かなくてもよいとされています（会社法327②、389）。

## Q14 監査役を置かない会社の機関設計は

**A** 委員会設置会社以外の非公開中小会社では、①「株主総会＋取締役＋（会計参与の設置は任意）」、②「株主総会＋取締役＋取締役会＋会計参与」の機関構成を選択した場合は、監査役を置かないことができます。

### ★監査役を置かないことを選択できるのは

　大会社、公開会社、取締役会設置会社、監査役会設置会社、会計監査人設置会社は、いずれも監査役を設置しなければなりません。逆に、委員会設置会社は監査役を置くことができません。

　したがって、①中小会社、②非公開会社、③取締役会を置かない会社、④監査役会を置かない会社、⑤会計監査人を置かない会社という条件をいずれも満たす会社では、監査役を置くか否かを任意に決めることができます。

　ただし、取締役会設置会社でも、公開会社でない会計参与設置会社については、監査役を置かないことができます（会社法327②ただし書）。

　なお、委員会設置会社は、監査役を置くことはできません（会社法327④）。

### ★監査役を置かない会社の機関設計は

　監査役を置かなくてもよい機関設計は、委員会設置会社を除くと、非公開中小会社では、図表25の2つになります。

【図表25　非公開中小会社の機関設計】

| | | | | |
|---|---|---|---|---|
| ❶ | 株主総会 | 取締役 | | （会計参与を置くかは任意） |
| ❷ | 株主総会 | 取締役 | 取締役会 | 会計参与 |

### ★会計監査権限に限られた監査役を置くときは

　会計監査権限に限られた監査役を置く場合は、図表26の2つです。

【図表26　会計監査権限に限られた監査役を置く場合】

| | | | | | |
|---|---|---|---|---|---|
| ❸ | 株主総会 | 取締役 | | 監査役（会計監査権限のみ） | （会計参与を置くか否かは任意） |
| ❹ | 株主総会 | 取締役 | 取締役会 | 監査役（会計監査権限のみ） | |

　❸と❹の機関設計の場合は、監査役の権限が会計監査に限られますから、その会社は、監査役設置会社とはなりません。

## Q15 監査役会設置会社の機関設計は

**A** 監査役会を置くためには、取締役会と監査役を置く会社である必要があります。
委員会設置会社でない公開大会社では、監査役会を置かなくてはなりません。なお、委員会設置会社は監査役会を置くことはできません。

★監査役会を置く目的は

監査役会を置くことを第一条件に機関設計を行うのは、剰余金の配当等を取締役会の権限にする定款を置くために監査役設置会社であることが必要な場合（会社法459）等、特殊な場合と思われます。

監査役会を置くためには、取締役会（会社法327①）と、監査役を置く会社である必要があります。

なお、監査役会設置会社は、委員会設置会社となることはできません（会社法327④）。

★監査役会設置会社で選択できる機関設計は

監査役会設置会社で選択できる機関設計は、図表27のとおりです。

【図表27　監査役会設置会社の機関設計】

| 会社区分 | | 監査役会設置会社で選択できる機関設計 | | | | | |
|---|---|---|---|---|---|---|---|
| 中小会社 | 公開会社 非公開会社 とも | ①株主総会 | 取締役 | 取締役会 | 監査役 | 監査役会 | |
| | | ②株主総会 | 取締役 | 取締役会 | 監査役 | 監査役会 | 会計監査人 |
| 大会社 | 公開会社 非公開会社 とも | ③株主総会 | 取締役 | 取締役会 | 監査役 | 監査役会 | 会計監査人 |

公開会社の大会社で委員会設置会社でない会社は、監査役会を置かなくてはなりません（会社法328①）。

公開会社では、株主が多数になり、株主の変動も多くなるため、株主による会社への監視が及びにくいため、業務執行と会計に対する専門的機関である監査役の監査が重要となります。

特に、大会社では、会社規模が大きいことから、複数の監査役で構成される監査役会を置かなければならないとされるわけです。

## Q16 会計参与設置会社の機関設計は

**A** 会計参与は、すべての機関設計でも置くことも置かないこともできます。

　会計参与は、監査役や、会計監査人と同時に設置することも可能で、委員会設置会社でも、設置することができます。

### ★会計参与というのは

　会計参与は、取締役（委員会設置会社では執行役）と共同して、計算書類、附属明細書、臨時計算書類、連結計算書類（これらを計算書類等といいます）を作成する機関です（会社法374①）。

　計算書類等を共同して作成するということは、取締役と会計参与の意見が一致しない限り、計算書類等が法律上作成できないということですから、会計参与は大きな権限をもつことになります。

### ★会計参与を設置できる機関設計は

　会計参与は、すべての機関設計でも自由に置くことができます。設置するときは、定款で会計参与を置く旨を定め（図表28）、株主総会で選任します。

　取締役会設置会社で、公開会社でない会社では、会計参与を置くことによって、監査役を置かないことができます（会社法327②ただし書）。

　しかし、監査役を置かないときは、会計参与を必ず置かなければなりません。

　会計参与は、計算書類等の作成に直接関わり、その適正を確保するもので、監査機関である監査役や、計算書類等を外部からチェックする会計監査人とは、その役割が異なりますので、監査役や会計監査人と同時に設置することもできます。

　なお、委員会設置会社でも、会計参与を置くことはできます。

【図表28　会計参与を置く定款の定め例】

> 第○条（機関）
> 　当社は、会計参与を置く。
> 第○条（役員等の人数）
> 　当社の会計参与の人員は、1名以上とする。

## Q17 会計監査人設置会社の機関設計は

**A** 大会社や委員会設置会社は、会計監査人を置かなければなりません。委員会設置会社ではない会計監査人設置会社は、監査役設置会社である必要があります。

★**会計監査人設置会社**というのは

会計監査人設置会社(委員会設置会社を除きます)は、監査役設置会社である必要があります(会社法327③)。

大会社は、会計監査人を置かなければなりません(会社法328①②)。また、委員会設置会社は、会計監査人を置かなければなりません(会社法327⑤)。

会社法では、中小会社でも会計監査人を置くことができることになっています。

★**会計監査人設置会社で選択できる機関設計**は

会計監査人設置会社で選択できる機関設計は、図表29のとおりです。

【図表29　会計監査人設置会社で選択できる機関設計】

| 会社区分 | | | 会計監査人設置会社で選択できる機関設計 | | | | | |
|---|---|---|---|---|---|---|---|---|
| 中小会社 | ❶非公開会社 | ① | 株主総会 | 取締役 | 監査役 | | | 会計監査人 |
| | | ② | 株主総会 | 取締役 | 取締役会 | 監査役 | | 会計監査人 |
| | | ③ | 株主総会 | 取締役 | 取締役会 | 監査役 | 監査役会 | 会計監査人 |
| | | ④ | 株主総会 | 取締役 | 取締役会 | | 3委員会 | 会計監査人 |
| | ❷公開会社 | ⑤ | 株主総会 | 取締役 | 取締役会 | 監査役 | | 会計監査人 |
| | | ⑥ | 株主総会 | 取締役 | 取締役会 | 監査役 | 監査役会 | 会計監査人 |
| | | ⑦ | 株主総会 | 取締役 | 取締役会 | | 3委員会 | 会計監査人 |
| 大会社 | ❶非公開会社 | ⑧ | 株主総会 | 取締役 | 監査役 | | | 会計監査人 |
| | | ⑨ | 株主総会 | 取締役 | 取締役会 | 監査役 | | 会計監査人 |
| | | ⑩ | 株主総会 | 取締役 | 取締役会 | 監査役 | 監査役会 | 会計監査人 |
| | | ⑪ | 株主総会 | 取締役 | 取締役会 | | 3委員会 | 会計監査人 |
| | ❷公開会社 | ⑫ | 株主総会 | 取締役 | 取締役会 | 監査役 | 監査役会 | 会計監査人 |
| | | ⑬ | 株主総会 | 取締役 | 取締役会 | | 3委員会 | 会計監査人 |

注　会計参与は、いずれのパターンの場合も、設置することも設置しないことも可能です。なお、④、⑦、⑪、⑬は、委員会設置会社です。

## Q18 委員会設置会社の機関設計は

**A** 　委員会設置会社とは、指名委員会、監査委員会、報酬委員会（以下、3委員会といいます）を置く会社をいいます。
　3委員会の委員は、取締役の中から取締役会が選定します。

### ★委員会設置会社というのは
　委員会設置会社とは、指名委員会、監査委員会、報酬委員会（以下、3委員会といいます）を置く会社をいいます（会社法二十二）。
　会社法施行前は、委員会等設置会社と呼んでいましたが、委員会設置会社に名称が変更されています。

### ★中小会社でも委員会設置会社になれる
　委員会設置制度は、会社法施行前までは、大会社でないと採用することができませんでしたが、施行後は、中小会社でも採用することができます。
　また公開会社と非公開会社のどちらでも、採用ができます。
　ただし、委員会設置会社は、取締役会と会計監査人を置く会社でなくてはなりません（会社法327①⑤）。

### ★委員会設置会社で選択できる機関設計は
　委員会設置会社の機関設計は、中小会社、大会社、非公開会社、公開会社、いずれの場合も、図表30の機関設計となります。

【図表30　委員会設置会社で選択できる機関設計】

| 株主総会 | 取締役 | 取締役会 | 3委員会 | 会計監査人 | （会計参与） |
|---|---|---|---|---|---|

　監査役は置くことはできません（会社法327④）。同様の機能を果たす監査委員会があるからです。
　会計参与は、設置することも設置しないこともできます。
　3委員会とは、指名委員会、監査委員会、報酬委員会のことであり、おのおのの取締役の中から、取締役会の決議によって選定された委員3人以上で組織します（会社法400①②）。
　なお、委員会設置会社の取締役と使用人の兼務は禁止されています。

## ★委員会設置会社が取締役会と会計監査人を置くことを要求する理由は

　委員会設置会社が取締役会設置会社でなければならないのは、委員会設置会社の重要な機関である3委員会が委員の選任や権限の面で、取締役会と密接な関係があり、また取締役会の地位も通常の会社と異なった役割を与えられる等、取締役会の存在を前提にした制度となっているためです。

　また、会計監査人設置会社でなければならないのは、委員会設置会社の場合、株主総会ではなく、取締役会が選任する執行役に広範な業務執行権限が与えられることになりますので、会計監査人になる厳格な会計上の監査が不可欠であると考えられているからです。

## ★中小企業には委員会設置会社は負担が大きい

　上述のように、中小会社でも委員会設置会社を選択することができます。しかし、委員会設置会社は、会社の機関構成が大きくなり、組織運営や経営の面で、中小会社に適した機関設計ではありません。

　委員会設置会社では、取締役会のほか、3名以上の委員（そのうち過半数は社外取締役である必要があります）で構成する委員会を3つ置く必要があり、さらに執行役を選任し、代表執行役を選定する必要があるからです。

　ただ、取締役と執行役との兼任、3委員会の各委員をすべて兼任することにすれば（監査委員会委員と執行役は兼任できません）、社外取締役2名と取締役2名ですべての役員を兼任できないわけではありませんが、それは、委員会設置会社の目的に適合するものであるか疑問です。

　また、会計監査人を選任しなければならない点は、その運用や経営面の問題から、中小会社にとってはかなりの負担となります。

　結局、中小企業が委員会設置会社を選択することは、役員の選任や機関運営の面での負担が多いため、特別な理由がない限り困難であると思われます。

## ★社外取締役の権限が大きくなる

　また、①指名委員会には、役員人事の権限が、②報酬委員会には役員の報酬の決定権限が、③監査委員会には取締役の業務執行等への監査権限が与えられ、会社の重要な権限の多くが委員会に委ねられますが、さらに各委員会の過半数の委員が社外取締役でなければならないため、会社にとって重要なこれらの事項の決定について社外取締役の意向が強く働きます。

　会社の使用人業務執行者に携わる取締役等は社外取締役にはなれませんので、そのような社外取締役の要件を満たし、上記のような重要な権限を与えることができる社外取締役の候補者を捜せるかが、この機関設計を選ぶ場合に重要な要素になります。

## Q19 非公開小規模会社で省機関に適した機関設計は

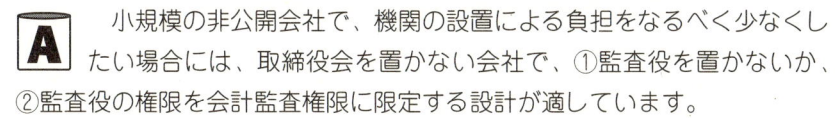

**A** 小規模の非公開会社で、機関の設置による負担をなるべく少なくしたい場合には、取締役会を置かない会社で、①監査役を置かないか、②監査役の権限を会計監査権限に限定する設計が適しています。

また、取締役会設置会社を選択する場合は、①会計参与を置き、監査役を置かないか、②監査役の権限を会計監査権限に限る設計が適しています。

いずれにしても、実際には、その会社の実態に適したものを個別的に判断していくことになります。

### ★小規模企業に適した機関設計は

小規模で、同族的な会社の場合は、第三者が株主として参入できないような非公開会社が適しています。

株式に譲渡制限がしてあれば、経営者にとって都合の悪い者が株式を譲り受けても、その株式を会社が買い取ったり経営者にとって都合のよい者に買い取らせることができるからです。

また小規模なオーナー会社で、役員になる人材を見つけにくく、経費も抑えたいというときは、機関の設置による負担をなるべく少なくすることが要請されますから、非公開中小会社で取締役会を置かないで、図表31のように取締役が1人でも済むパターンが適していると考えられます。

【図表31 小規模なオーナー会社に適した機関設計】

| ❶ | 株主総会 | 取締役 | |
|---|---|---|---|
| ❷ | 株主総会 | 取締役 | 監査役（会計監査権限のみ） |

図表31の❶と❷は、旧有限会社の機関設計と同じものです。また、会計監査権限のみの監査役は、業務執行監査までとする通常の監査役より、権限や責任が軽く、候補者をさがしやすいと考えられます。

### ★少数株主対策には取締役会設置会社にする方法も

しかし、取締役会を置かない場合は、株主総会が万能の機関（Q40参照）となり、株主による取締役に対する監視権限が認められます。

そこで、同族会社等で少数株主からの取締役に対する影響を最小限にした

ければ、あえて、取締役を3人以上選任し、取締役会を設置することを選択する方法もあります。

取締役選任の累積投票を定款で排除しておけば、支配株主が取締全員を選任でき、取締役会で会社経営の意思決定をすることができるからです。

取締役会設置会社の中では、機関の設置負担をなるべく少なくするという見地からみると、図表32のとおり非公開中小会社で、取締役会を設置し、監査役の権限を会計監査権限に限定する機関設計が適しています。

なお、旧法の株式譲渡制限のある小会社が、会社法施行により、会社法上の株式会社に移行するときは、この機関設計のまま会社法の株式会社に移行することになります（Q9参照）。

【図表32　少数株主対策に適した機関設計】

| ❸ | 株主総会 | 取締役 | 取締役会 | 監査役（会計監査権限のみ） |

### ★会計参与を設置して監査役を廃止する

また、税理士等に会計参与への就任を依頼できるのであれば、非公開中小会社の取締役会設置会社で、監査役の選任の必要がなくなる図表33の機関設計も、機関設置をなるべく少なくするという見地から、小規模の会社に適しています。

会計参与は、会計の専門家ですから、会計参与を置くことで対外信用が増すというメリットがあります。

【図表33　取締役設置会社で機関をなるべく少なくする機関設計】

| ❹ | 株主総会 | 取締役 | 取締役会 | 会計参与 |

### ★取締役会の運営を合理化する

図表34の機関設計は、旧法の中会社と同様の機関構成です。旧法の中会社が、会社法施行により、会社法上の株式会社に移行するときは、この機関構成のまま移行することになります（Q9参照）。

この機関設計の非公開中小会社では、取締役を非常勤にしたり、取締役会の書面決議を利用する等、取締役会の運営を合理化し、その運営の負担を軽くすることによって、小規模に適した運用をすることができます。

【図表34　旧法の中会社が会社法施行により移行する機関設計】

| ❺ | 株主総会 | 取締役 | 取締役会 | 監査役 |

## Q20 オーナー経営の非公開中小会社に適した機関設計は

**A** 　小規模で、オーナー経営者が株式のほぼすべてを支配している場合には、「株主総会＋取締役1人」の機関設計が適しています。

★オーナー経営者が株式支配をしているときは取締役会を設置しない

　会社の株式を実質上1人の株主が所有し、その株主が自ら取締役になって、会社経営を行っているようなオーナー経営会社では、株主とオーナーである取締役の利害が一致しますから、取締役の権限を監督する機関をあえて設置する必要はありません。

　規模が小さな会社では、オーナーが自ら業務執行を判断すればよいのであり、取締役会を置く必要もありません。

　非公開中小会社で、機関設置の負担をなるべく少なくしたいという要請があれば、図表35の機関設計が適しています。役員がオーナー取締役1人の会社として機関設計します。

　ある程度の規模の会社でも、大会社でなければ、取締役会を置く必要はありません。役員はオーナー1人で、経営に必要な幹部は、すべて使用人（いわゆる執行役員）という形態も可能です。

　このような会社では、取締役はオーナー経営者1人ですから、他に相談することなく、経営の意思決定をし、直ちに執行することができます。株式もオーナー経営者が握っていれば、株主から文句が出ることもないでしょう。

　ただ、取締役会や監査役も置かない会社の場合、このように、唯一の取締役の行為を牽制する機関がないため、対外的な信用が低くなるおそれがあります。

　そのため、会計上の公正な処理が行われていることを明らかにするため、会計監査権限に限定された監査役を置いたり、監査役の替わりに会計参与を置いて、対外的信用を高めることも選択肢の一つです。

【図表35　オーナー1人が役員の機関設計】

| ❶ | 株主総会 | 取締役1名 |
|---|---|---|

★株主総会の権限の強化等を図る

　このような「株主総会＋取締役1名」の会社では、取締役会がないため、

株主総会の権限が強化されて万能の機関となり、会社の組織・運営・管理その他会社に関する一切の事項について決議をすることができます（会社法295①）。

また、監査役が置かれていないため、株主に取締役の違法行為の差止請求権等の権限が付与されます。

会社の規模やその他の見地から、オーナー経営者の他にも取締役を置いて、取締役を3人以上選任する場合でも、あえて取締役会を置かず、オーナーである株主に、以上のような株主としての強化された権限を残し、他の取締役を牽制する権限を残す方法も考えられます。

また、監査役を設置する場合には、図表36の機関設計も考えられます。

【図表36　オーナー会社で取締役を複数選任する場合】

| 株主総会 | 取締役（複数） | 監査役（会計監査権限のみ） |
| --- | --- | --- |

### ★オーナー会社で少数株主がいるときは

オーナー経営者が株式の大半を支配しているものの、必ずしもオーナーと利害関係が一致しない少数株主がいるときは、オーナー経営者の立場からいえば、取締役会を設置する機関設計を選択するほうが望ましい場合があります。

取締役会を置かない場合には、前述のように、株主の権限が強化されることから、少数株主がそのような権利を行使する可能性があります。

逆に、取締役会を設置すれば、株主や株主総会が、前述のような強化された権限を持たず、オーナー側の選出した取締役だけで（取締役選任の累積投票を定款で排除している場合）、経営を決定し執行できるからです。

このような立場から、取締役会を選択した場合に、他の機関設置の負担を少なくするためには、図表37の機関設計が望ましいと考えられます。

❶は、旧法の中会社と同じ機関設計で、旧法上の中会社は会社法施行と同時に、この機関設計の株式会社に移行します。❷は、監査役の代わりに会計参与を置くことが認められる設計であり、❸は、監査役の権限を会計監査権限に限定した旧法の中会社と同様の機関設計にする場合です。

【図表37　取締役会を選択するときの機関設計】

| | | | | | |
| --- | --- | --- | --- | --- | --- |
| ❶ | 株主総会 | 取締役 | 取締役会 | 監査役（業務執行監査権のある通常の監査役） | |
| ❷ | 株主総会 | 取締役 | 取締役会 | | 会計参与 |
| ❸ | 株主総会 | 取締役 | 取締役会 | 監査役（会計監査権限のみ） | |

## Q21 経営を他人に任せるオーナー中小会社に適した機関設計は

**A** 　経営を他人に任せるオーナー会社の場合は、経営を委ねた業務執行取締役の業務執行を監視し、株主であるオーナーの利益を守るため、取締役会を設置し、業務監査権限ある監査役や会計参与を置く設計が望ましいと考えられます。

### ★経営を他人に任せるオーナー会社は取締役会を設置する

　会社の支配権を確保できる株式をもつオーナーが、自らは会社経営にタッチせず、他人の取締役を選任して経営を委ねる場合、信頼できる人物に経営を委ねることが第一ですが、オーナーの権利を保護する見地からいえば、取締役会を設置し、経営を委ね業務執行取締役の業務執行を監視できる機関設計をするべきです。

　まず、取締役会を置かず、株主総会を万能の機関とし、株主総会で業務執行に関する決議をすることにより、取締役の業務執行を監督する方法もありますが、株主総会を頻繁に開いて、経営事項を常に決議して実行することは実務上困難で、また他の者に経営を委ねた意味がありません。

　経営を委ねた業務執行取締役のほかに、オーナー側で信頼できる他の取締役を選任し、取締役会を設置して、取締役会として経営を委ねた業務執行取締役の業務執行を監視させる設計のほうが機動性があります。

　さらに、経営を委ねた業務執行取締役よりも監視役の取締役の人数を多く選任すれば、取締役会の決議は、監視役の取締役の賛成なしには成立しません。会社にとって重要な事項や経営の意思決定が、監査役の取締役の同意なしにできないため、経営を委ねた取締役に対する大きな牽制要素となると考えられます。

　もっとも、この場合は、監視役の取締役が業務執行取締役と結託してしまうと取締役会の監視機能は意味がないことになりますので、監視役の取締役に適切な人材を用意できるか否かも問題となります。

### ★業務監査権限ある監査役を設置する

　取締役だけでなく、業務執行に対しても監査権限がある監査役を設置する設計も考えられます。

通常の監査役は、会計監査権限のほかに、取締役の業務執行の監査も行います。監査役は、業務執行監査のため、取締役会に出席し意見を述べる義務がありますので、取締役の日常業務を把握できる立場にありますから、経営を委ねた業務執行取締役の監督機関として設置する意味があります。
　監査役の業務執行の監査については、業務執行権をもたない他の取締役の業務監視と重なる部分がありますので、二重にチェックできるメリットもあります。

**★会計参与を設置する**
　会計帳簿等を取締役と共同して作成する会計参与を選任し、会計の点についても業務執行取締役の行為を牽制するという設計も望ましいと考えられます。ただし、会計参与の場合は、税理士や公認会計士に資格が限られますので、適切な人材を確保できるかが問題となります。
　会計参与の権限は、監査役の会計監査権限と対象が同じですが、会計参与は、会計帳簿等を共同作成するのに対し、監査役は事後的に監査する点で、異なる関与がなされるため、監査役と会計参与を両者ともに設置する意味があります。
　オーナーの信頼できる会計参与が選任された場合、会計上のチェックはその会計参与で十分であり、また業務執行取締役に対する業務監査についても、取締役会で十分で、取締役の業務執行に対する監査が二重にいらないとすれば、監査役は設置しないという選択肢も考えられます。
　なお、中小企業の場合は、機関の規模と経費の関係から、監査役会を設置したり、会計監査人を設置することは、現実的ではありません。
　委員会設置会社も、中小オーナー会社に適した機関とはいえません。

**★経営を他人に任せるオーナー会社に適した機関設計は**
　以上の見地から経営を他人に任せる中小会社のオーナー会社に適した機関設計は、中小会社として機関設置の負担をなるべく少なくするとの見地とのバランスから、図表38の機関設計が適しています。

【図表38　経営を他人に任せるオーナー会社に適した機関設計】

| ① | 株主総会 | 取締役 | 取締役会 | 監査役 | 会計参与 |
|---|---|---|---|---|---|
| ② | 株主総会 | 取締役 | 取締役会 |  | 会計参与 |
| ③ | 株主総会 | 取締役 | 取締役会 | 監査役 |  |

## Q22 数社が出資して事業を行う中小会社に適した機関設計は

**A** 数社が出資して事業を行う中小会社の場合は、取締役会を置いて、取締役や監査役を各出資者が分け合い、会社の業務執行の内容を監視できる形態が適しています。

また、会計処理の合理化を図るため、中立的な会計士等を会計参与に選任する方法が望ましいと考えられます。

・・・・・・・・・・・・・・・・・・・・・・・・・・・・・・・・・・・・・・・・・・・・・・・・

### ★数社が出資して事業を行う中小会社には取締役会を置く

複数の出資者が共同して事業を行う中小会社に適した機関設計は、まず取締役会設置会社が望ましいと考えられます。

例えば、業務執行取締役に最大の出資者側から派遣された者がなったときは、他の出資者は、少なくとも、取締役を出して、取締役会を通じ、業務執行取締役の業務執行の内容の報告を受け、業務執行の監視ができる立場を確保すべきだからです。

出資者が少数の場合は、業務執行取締役を複数選任して、各出資者がその人数を分け合うことも考えられます。

例えば、出資者Aから代表取締役、出資者Bから代表取締役専務取締役、出資者Cから代表権のない専務取締役を選任するような形態です。

逆に、一部の出資者が派遣した者が業務執行権のある取締役となり、他の出資者は取締役を派遣しない形態をとった場合に、取締役会を置かなければ、個々の出資者である株主の権限は強化され、株主総会も業務執行についての決議ができる権限をもちますが、一方で、業務執行取締役の業務執行を間近にいて牽制する取締役会がなくなるため、業務執行取締役の権限濫用のおそれがあり、それを事前に抑制することが難しくなります。

### ★監査役・監査役会の設置は

監査役についても、出資者ごとに、監査役を分け合う形態も考えられます。

監査役は、会計監査と取締役の業務執行の監査も行います。取締役をしている出資者にとっては、監査役の業務執行監査権は取締役の監視権と重なりますが、会社の経理状況を十分に理解するためには、監査役の会計についての監査権限は重要です。

その意味で、やや組織は重くなりますが、出資者の数だけ監査役を選任す

ることも選択肢の一つです。

　出資者が多い場合、取締役を出さない出資者は監査役を出すという方法もあります。監査役も取締役会に出席し、業務執行取締役の業務執行の内容を知り、その業務執行の監査権限をもてるからです。

　出資者ごとに監査役を出し、監査役が複数になるのであれば、監査役の監査を合理化するため、監査役会を設置するのが望ましいと考えられます。

★会計参与の設置は
　会計処理の合理化を図るため、各出資者にとって中立な税理士・公認会計士等を会計参与に選任することも考えられます。

　会計の専門家である会計参与が会計処理を責任をもって行うことは、各出資者にとっても安心であり、対外的な信用を増大させることにもつながるからです。

　ただ、費用の見地から、各出資者から複数の会計参与を選任することは、現実的ではありません。

　なお、会計監査人設置会社と委員会設置会社は、特別の理由がない限り、中小会社の組織としては適していません。

　このように、複数の出資者が共同して事業を行うためには、出資者が会社の業務執行の内容が判断できるように、各役員を合理的に分配すべきであると考えられます。

★数社が出資して事業を行う中小会社に適した機関設計は
　以上から、数社が出資して事業を行う中小会社に適した機関設計は、図表39のとおりとなります。

【図表39　数社の出資事業を行う中小会社に適した機関設計】

| ① | 株主総会 | 取締役 | 取締役会 | 監査役 | 監査役会 |

次善の方法としては、次のパターンの機関設計が望ましいと考えられます。

| ② | 株主総会 | 取締役 | 取締役会 | 監査役 |

また、同様に、合理的に役員を割り振って、委員会設置会社を採用し、次の機関設計を選択することも考えられます。

| ③ | 株主総会 | 取締役 | 取締役会 | 3委員会 | 会計監査人 |

　委員会設置会社を選択した場合は、特に重要な権限が与えられている3委員会の委員や、業務執行機関である執行役（取締役会が選任）に各出資者から派遣される者を選任する必要があります。

## Q23 ベンチャー中小会社に適した機関設計は

**A** 出資者1人でベンチャー中小会社を起業する際には、事業が軌道に乗るまでは、取締役会を置かないで、最小限の機関設計を選択するのが適しています。

複数の出資者により起業する場合は、取締役会を設置して、出資者が業務執行取締役の業務執行を監視できる形態の機関設計が適しています。

### ★出資者1人で起業するときは

将来性を見込める新しい市場や、新しい製品の商品化とその利益を目指し、設立されるベンチャー企業には、大きな利益が期待できるとともに、事業が成功しない場合のリスクも伴います。

ベンチャー企業を起こすため、会社の新事業の一部を独立させたり、個人が新たに企業を立ち上げるような場合に、出資者が1人であるときは、事業が軌道に乗るまでは経費面から設置負担が軽い機関設計が要請されます。

これは、事業設立当初から多額の経費をかけて起業した場合に、事業が失敗したときに大きなリスクを抱える可能性があるからです。特に、個人が起業するベンチャー企業には、その事業失敗のリスクの面から、役員候補者を探すのが困難な場合も考えられます。

また、会社にとって好ましくない株主が入ってくることを防ぐため、非公開会社であることが前提となります。

### ★最小限の組織での起業に適した機関設計は

このような会社の機関設計としては、非公開会社で取締役会を置かない、図表40の機関設計が適しています。これらは、組織が簡素であり、また経営者である取締役の意思だけで、業務執行が決定できる点で、迅速な経営判断ができるメリットがあるからです。

特に、個人が起業する場合には、取締役は1名で足りますので、個人起業家が自ら取締役になり、他の役員は置かないという選択（図表40①）が可能となります。

会計上の信用性を少しでも高めるということであれば、会計監査権限のみに限定された監査役を置くこともできます（図表40②）。

小規模の企業の場合でも、権限が会計に限定された監査役であれば、その責任も会計上のものに限られるため、監査役に就任する候補者を探すことは、他の役員に比べると容易でしょう。

【図表40　出資者1人での起業に適した非公開中小会社の機関設計】

| ① | 株主総会 | 取締役 | |
|---|---|---|---|
| ② | 株主総会 | 取締役 | 監査役（会計監査権限のみ） |

★対外的信用を考慮した機関設計は

　もっとも、図表40の機関設計は、旧有限会社型の零細企業の形態ですので、対外的に信用力が問題となります。

　そこで、新規事業のために融資を受ける必要がある等の事情があるときは、初めから一定の資本金を用意し、図表41のとおり、会社機関の選択も取締役会を設けたり、会計参与を設けて会計面の信用強化を図る等通常の規模の会社として設立する必要がある場合も考えられます。

【図表41　対外的信用を考慮した非公開中小会社の機関設計】

| ③ | 株主総会 | 取締役 | | | 会計参与 |
|---|---|---|---|---|---|
| ④ | 株主総会 | 取締役 | 取締役会 | 監査役 | |
| ⑤ | 株主総会 | 取締役 | 取締役会 | | 会計参与 |

★複数の出資者により起業するときは

　一方、出資者が1人ではなく、複数の出資者がいる場合は、その出資者の利益を守るための見地を機関設計に取り入れなければなりません。

　このような場合は、前述のＱ22「数社が出資して事業を行う中小会社に適した機関設計は」や後述のＱ25「仲間数名で共同事業を設立する中小会社に適した機関設計は」の場合と同様で、出資者の利益を守るため、取締役会を置き、業務執行取締役の業務執行を監視させるほか、他の機関も出資者間で分け、互いに会社運営を監視し合うという見地からの検討も必要となります。

　その中では、先述の事業の失敗によるリスク面からの機関の設置負担をなるべく少なくするという見地と取締役の業務執行を監視するという見地、会社の対外的信用という見地のバランスから、図表42の機関設計を選ぶ方法も考えられます。

【図表42　設置負担軽減・対外的信用という見地での非公開中小会社の機関設計】

| ⑥ | 株主総会 | 取締役 | 取締役会 | 監査役 | （会計参与） |
|---|---|---|---|---|---|

## Q24 1人で設立する中小会社に適した機関設計は

**A** 零細な個人事業が株式会社に法人成りする場合や、法人が経費をかけず規模の小さな100％の子会社をつくる場合は、株主総会と取締役1人の機関設計が適しています。

また、株式の譲渡制限の面では、非公開会社を選択することになります。

### ★株主が1人または1社の会社は

会社法では、出資者（株主）が1人または1社で、新規に会社を設立できます。

株式会社を設立するときは、発起人は1名でよく、法人も発起人になることができます。

また、会社法では、株主が1人になったことを株式会社の解散事由とせず（会社法471）、1人株主の株式会社が認められています。

したがって、1人または1社が発起人として、新しく設立する会社の出資をすべて引き受けて株主となり、会社設立当初から株主1人または1社の株式会社を設立することができます。設立手続も、発起人として1人で行うことができます。

このような株主が1人または1社の会社を、一般に1人会社と呼びます。1人会社は、個人事業の法人成りや、会社が100％子会社をつくる場合などに、よく利用されます。

### ★1人会社で取締役も1人の会社

1人会社を設立するとき、機関構成を最小限にし、会社経費の発生を押さえたいときは、図表43のような機関設計を選択することができます。

出資者が1人で、図表43の機関設計の会社を設立し、その出資者たる株主が唯一の取締役に就任し、自らが会社を経営すれば、株主と会社の利益は一致し、取締役の権限を監視したり、監査する機関を置く必要性は少なくなります。

唯一の取締役の行為が第三者や会社債権者を害しない限り、取締役の行為責任を事実上追及する者がいない形態となります。

【図表43 取締役が1人会社のときの機関設計】

| 株主総会 | 取締役 |

★個人事業の法人成りのときの機関設計は

　零細な個人事業で、経営者のほかには使用人もほとんどいないような事業を、株式会社に法人成りするような場合は、非公開の中小会社で、取締役会を置かない会社で、最も機関の負担が少ない、図表43の「株主総会＋取締役」を選ぶのが一つの選択肢となります。この機関設計では、取締役会は設置されませんので、取締役は1名で足ります。

　このような会社で、経営者である株主自らが唯一の取締役になれば、唯一の取締役は、1人で会社の業務執行を決定し、自ら執行することができます。取締役の業務執行を監督する他の役員は存在せず、株主は自分1人ですから、株主が株主総会の決議により業務執行に干渉することはありません。

　法人成りの前の個人事業のときと同じように、すべてを1人で処理することができます。

　また、このような機関設計をすれば、法人成りに際し、旧法下の株式会社のように名目上の役員を置かなくてもすみます。

★100％の完全子会社をつくるときの機関設計は

　法人が唯一の株主となり、100％の小規模な完全子会社を設立する場合にも、経費を節減し、機関の負担を少なくすることを優先するのであれば、最小限の機関構成である、図表43の「株主総会＋取締役」の機関設計が適しています。

　株主である親会社から派遣された取締役が、親会社の意向に沿って会社経営をしていれば、他の監督機関は必要ありません。

　親会社が、派遣する取締役の業務執行を監視する必要があれば、取締役会を設置したり、取締役会を置かずに取締役を複数選任し、業務執行取締役以外の取締役に監視業務をさせることもできます。

　その場合、親会社から派遣する監視役の取締役を、非常勤取締役にすることにより、監視役の取締役を設置する費用負担を少なくすることもできます。

【図表44　100％の子会社をつくるときに適した機関設計】

| ① | 株主総会 | 取締役 | | |
|---|---|---|---|---|
| ② | 株主総会 | 取締役 | 取締役会 | 監査役 |

　費用の点が問題とならなければ、取締役会を置いたうえに、会計参与を置くことができれば、子会社の経営が透明化され、親会社としてもより安心であるといえます。

## Q25 仲間数名で共同事業を設立する中小会社に適した機関設計は

**A** 仲間数名で共同事業のため、非公開中小会社を設立する場合には、原則として出資者全員またはその指定する者が取締役に就任し、取締役会を設置する機関設計が適しています。

★共同事業の参加者全員が出資者となるときの視点は

仲間数名で共同事業会社を設立するときに、共同事業者の全員が出資者として共同事業に参加する場合の機関設計は、基本的には、前述のQ22の場合とほぼ同じです。

ただし、出資者が個人である場合は、会社が小規模になり、機関設計も最低限の費用でできることが望まれます。

そうした見地から考えると、図表45の機関設計が適しています。

【図表45　出資者全員が経営に参加するときの機関設計】

| | | | | | |
|---|---|---|---|---|---|
| ① | 株主総会 | 取締役 | 取締役会 | | 会計参与 |
| ② | 株主総会 | 取締役 | 取締役会 | 監査役（会計監査権限のみ） | |
| ③ | 株主総会 | 取締役 | 取締役会 | 監査役（業務監査権も） | |

★出資者全員が経営に参加するときの機関設計は

出資者全員が経営に参加する場合は、出資者全員が取締役となり、取締役会で経営事項を決定する形態が適しています（図表45）。

取締役会では、業務執行についての報告が行われるため、他の取締役の業務執行の内容さらには会社全体の状況を把握することができ、また会社経営の決定にあたり取締役の協業ができる点で、共同事業を行う場合に適した機関であるといえます。

また一部の取締役を業務執行社員に選任し、他の取締役が監視する体制を選ぶこともできます。

★取締役全員（取締役は複数）が代表権と業務執行権をもつ機関設計は

取締役会を置かないで、出資者である取締役全員（取締役は複数）が代表権と業務執行権（原則として過半数の決定による）をもつ、図表46の機関設計も考えられます。

この場合は、共同経営者全員が業務執行権と代表権を分け合い、話合いをしながら経営を進めることになります。

なお、業務執行の決定は、取締役の過半数で決することになります。

ただし、この場合は、取締役会という他の取締役の業務執行の内容が報告される会議体がないため、他の取締役の行為の監視が十分にできない可能性もあります。

【図表46　取締役会を置かず全員が代表権と業務執行権をもつ機関設計】

| ① | 株主総会 | 取締役 | | |
|---|---|---|---|---|
| ② | 株主総会 | 取締役 | | 会計参与 |
| ③ | 株主総会 | 取締役 | 監査役（会計監査権限のみ） | |
| ④ | 株主総会 | 取締役 | 監査役（業務監査権も） | |

★特定の出資者が経営者で他の出資者は経営に参加しないときの機関設計は

特定の出資者が取締役に就任して経営者となり、他の出資者は取締役にならず、経営に参加しない場合は、Q21と22の中間的な形となります。取締役に就任した共同事業者の業務執行を監督する必要があるため、出資のみを行う共同事業者が、自己のため経営者の監視役として別の取締役を選任し、取締役会を置く機関設計が適しています。このときの機関設計は、図表47のとおりです。

この場合は、共同事業者である取締役の業務執行を、他の共同事業が選んだ監視役の取締役が監視します。

また、監視役の取締役を含めた取締役会で、会社の業務執行の意思決定をするため、共同事業者である取締役の業務執行を制約することができます。

【図表47　特定の出資者のみが経営者のときの機関設計】

| ① | 株主総会 | 取締役 | 取締役会 | 監査役（会計監査権限のみ） | 会計参与 |
|---|---|---|---|---|---|
| ② | 株主総会 | 取締役 | 取締役会 | 監査役（業務監査権をももつ） | |

この場合、図表48の取締役会を置かない機関設計をすると、他の共同事業者は、株主として株主総会の決議経営に関する事項を決定できる権利を与えられますが、その権限の行使は機動的な方法ではなく、逆に株主のほかに業務執行取締役の業務執行を直接監視する機関がなくなることになり、共同事業者である取締役の権限の乱用を防止できない可能性があり、危険です。

【図表48　業務執行取締役の業務執行を監視する機関がなくなる機関設計】

| 株主総会 | 取締役 | 監査役（業務監査権をももつ） |
|---|---|---|

# 3 会社機関を設置するか否かの検討ポイントは

- **Q26** 取締役会を置くか置かないかの選択ポイントは・56
- **Q27** 監査役を置くか置かないかの選択ポイントは・58
- **Q28** 監査役会を置くか置かないかの選択ポイントは・60
- **Q29** 会計参与を置くか置かないかの選択ポイントは・61
- **Q30** 会計監査人を置くか置かないかの選択ポイントは・63
- **Q31** 委員会を置くか置かないかの選択ポイントは・65
- **Q32** 取締役会の有無による意思決定手続・業務執行機関・監督機関の違いは・67

## Q26 取締役会を置くか置かないかの選択ポイントは

**A** 　　取締役会を置く最大のポイントは、業務執行取締役を監視する機関としての取締役会が必要か否かです。

　また、取締役会を置かない会社では、取締役が1人でもよく、取締役会運営の手間もいらないため、会社の規模が小さく会社機関の設置の負担を少なくするためには有利です。

　しかし、取締役会を置かない会社では、業務執行取締役を監視する取締役会がない代わりに、株主総会の権限が強化され、万能の機関として取締役の業務執行に関与することになりますので、その点の考慮も必要です。

### ★取締役会を置くか置かないかを選択できるのは

　①公開会社、②監査役会設置会社、③委員会設置会社は、取締役会を置かなければなりません（会社法327）。

　非公開中小会社で、監査役会を置かない会社であり、委員会設置会社でもない会社は、取締役会を置かないこともできます。大会社でも、非公開会社の場合は取締役会を置かないことができます。

### ★取締役会を置くか置かないかの選択ポイントは

　取締役会は、①会社の業務執行の決定、②代表取締役の選定や解職を行う権限をもち、業務執行取締役の業務執行を監視します。

　このような取締役会を置いて、業務執行取締役の業務執行を監視させる必要があるかが、選択の第一ポイントです。

　取締役会は、業務執行に関する重要事項を決定し、業務執行取締役から、その業務執行についての報告を受けます。

　取締役会の構成員である取締役は、業務執行取締役の業務執行の内容を認識できる地位にあるため、その取締役会に、業務執行取締役の業務執行を監視する役割を与えることが、もっとも効果的なチェック方法となります。

　これに加え、選択の第二のポイントとして、後述の取締役会を置く会社のメリットと置かないことのメリットを比較考慮し、取締役会を置くか置かないかを判断することになります。

### ★取締役会を置かない会社のメリットは

　取締役会を置かない会社では、取締役は1人でもよいため、規模の小さい中小企業の形態として適しているといえます。

　逆にいえば、取締役会設置会社では、最低3名の取締役が必要なため、より多くの報酬が必要で、取締役会運営の労力も必要になります。

　例えば、オーナー企業では、取締役会を置かない会社を選択し、オーナーが唯一の取締役に就任すれば、取締役会を通じた他の取締役の監視機能がなくなるため、オーナー1人で業務執行の判断を行うことができます。

　この場合、取締役の業務執行を監視するのは、監査役の監査しかありません。中小会社の非公開会社では監査役すら置かないこともでき、経費を節約できます。

　反対に、取締役会設置会社では、取締役会が業務執行の重要事項を決定しますので、オーナー取締役が1人ですべてを決定することはできません。

### ★取締役会を置かない会社では株主総会の権限が強化され万能の機関となる

　取締役会を置かない会社では、上述のように取締役の業務執行に対する監視が薄くなることから、株主総会の権限が強化され、万能の機関（Q40参照）として株主総会が会社の組織・運営・管理その他株式会社に関する一切の事項について決議をすることができます（会社法295①）。

　株主は、この株主総会の機能を通じて、取締役の業務執行に直接関与することが可能となります。

　また、各株主が単独株主権として総会における議題提案権をもつ等、株主総会の取締役に対するコントロールが強化されることになります。

### ★取締役会設置会社のメリットは

　一方、取締役会設置会社では、株主総会の決議事項は法定の事項と定款に定めた事項に限られ、取締役会を置かない会社とは異なり、株主が取締役の経営に直接関与することはできません。

　中小企業でも、経営者と意見を異にする大株主や敵対的少数株主が存在するような場合には、このような権限が強化された株主と株主総会を抱えるより、取締役会設置会社であるほうが、経営者としては、会社運営に都合がよい場合もあります。

　また、取締役会設置会社であれば、取締役会を通じた他の取締役の監視機能が働くため、特定の取締役の専断を防止することを期待でき、対外的にも企業としての信用が高まると考えられます。

## Q27 監査役を置くか置かないかの選択ポイントは

**A** 監査役を置くか否かのポイントは、会社の経理処理に対する会計監査と、取締役の業務執行についての監査役の監査が必要か否かによります。

非公開会社で、監査役会または会計監査人を置かない会社は、前者の会計監査のみの権限の監査役を置くことができます。

業務執行の監査権限をもつ監査役を置かない会社では、代わりに、株主に一定の監査権限が付与されることも考慮しなければなりません。

・・・・・・・・・・・・・・・・・・・・・・・・・・・・・・・・・・・・・・・・・・・・・・・・・・・・・・

### ★監査役を置くか置かないかの選択は

①中小会社で、②非公開会社で、③取締役会を置かない会社で、④監査役会を置かない会社で、しかも、⑤会計監査人を置かない会社の条件を満たす会社では、監査役を置くか置かないかを任意に決めることができます。

### ★監査役による業務執行監査が必要か

まず、会計監査と、取締役の業務執行を監査する必要があるかが、監査役を置くか否かの選択の最大のポイントです。

### ★取締役の業務執行を監査する監査役がいない会社の株主の権限は

次に、業務執行の監査権限をもつ監査役がいない場合は、株主の権限が強化されるため、この点についても考慮する必要があります。

監査役を置かない会社では、取締役の業務執行を監査する監査役がいないため、監査役に代わり、株主に、図表49の一定の業務監査に関する権限が付与されるからです。

### ★監査役の権限を会計監査権限のみに限ることができるときは

非公開会社で、監査役会や会計監査人を置かない会社では、定款に定めることにより、監査役の監査の範囲を会計監査権限に限定することができます（会社法389①）。

この場合は、監査役が業務執行監査権をもたないため、その会社は監査役設置会社にならず、株主の権限が強化されますので、注意が必要です。

【図表49　業務執行の監査権限をもつ監査役がいないときの株主の権限強化】

| 項目 | 説明 |
|---|---|
| ❶取締役会に対する請求（取締役会設置会社の場合） | ①取締役会議事録の閲覧・謄写の請求<br>　株主は、権利を行使するため必要があるときは、会社の営業時間内は、いつでも、取締役会議事録または電磁的記録の閲覧・謄写の請求ができます（会社法371②）。<br>②取締役会招集の請求<br>　株主は、取締役が株式会社の目的の範囲外の行為、その他法令・定款に違反する行為を行い、または、これらの行為を行うおそれがあると認められるときには、取締役会の招集を請求することができます（会社法367①）。その請求があってから一定の期間に招集通知が発せられない場合には、自ら取締役会を招集することができます（会社法367③、366③）。<br>③取締役会に出席し意見を述べる<br>　株主は、自己の請求または招集により開催された取締役会については、これに出席し、意見を述べることができます（会社法367④）。 |
| ❷その他の請求 | ①　定款に基づく取締役の過半数の同意（取締役会設置会社の場合には、取締役会の決議）による取締役等の責任の一部免除制度は、適用されません（会社法426）。<br>②　取締役は、株式会社に著しい損害を及ぼすおそれのある事実を発見した場合には、株主にこれを報告しなければなりません（会社法357）。<br>③　株主は、取締役が会社の目的の範囲外の行為その他法令や定款に違反する行為をし、または、これらの行為をするおそれがある場合に、その行為によって会社に著しい損害が生ずるおそれがあるときは、当該取締役に対し、行為をやめることを請求できます（会社法360①②）。<br>　監査役設置会社の株主の取締役の違法行為差止請求権の行使要件（「回復することのできない損害」会社法360③）を、監査役が同一の請求権を行使する場合の行使要件（「著しい損害」会社法385）と同様の要件に緩和し、取締役の違法行為差止請求権の行使を容易にしたものです。 |

【図表50　監査役設置会社になるもの・ならないもの】

監査役設置会社 ← 監査役（業務監査権限／会計監査権限）

監査役設置会社にならない ×― 監査役（会計監査権限のみ）

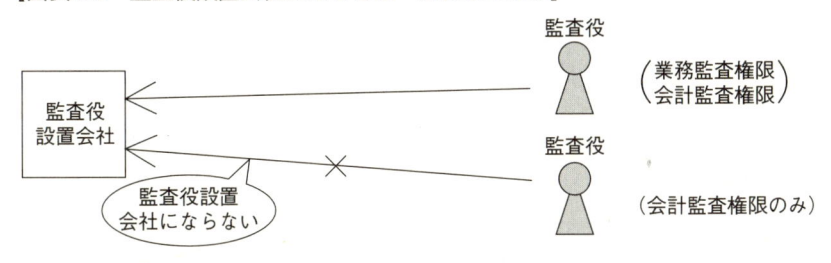

【図表51　監査役監査の範囲を会計監査権限に限定する定款の定め例】

第○条（監査役の権限）
　当会社の監査役の監査の範囲は、会計に関するものに限定する。

## Q28 監査役会を置くか置かないかの選択ポイントは

**A** 3名以上の監査役を選任して監査を行う必要性があるか、過半数の社外監査役を選任できるかという点を、監査役会を設置する目的と比較して選択すべきです。

★監査役会を置くデメリットは

　監査役会設置会社では、監査役を3名以上置く必要があり、監査役のうち社外監査役が過半数でなければなりません。

　委員会設置会社以外の大会社では、監査役会を置く必要があります。一方、中小会社の場合は、監査役会を置く義務はありませんが、中小会社でも、任意に監査役会を置くことができます。

　中小会社が、監査役会を置くか置かないかを検討する際、もっとも、重要なのは、会社の監査のために、3名以上の監査役が必要かという点です。

　あまり規模の大きくない会社の場合、費用をかけて、会計の専門家でない監査役を3名以上使って監査を行う必要があるか否かをよく検討すべきです。

　複数の大株主が、それぞれ監査役を出し合って、監査を行う必要がある等、特殊な要請がなければ、中小会社にとって監査役会の設置は、財政的にも、機関運営の面でも、負担が大きすぎるかもしれません。

　また、監査役のうち過半数の社外監査役を用意する必要があることも、中小会社にとって負担となるものと思われます。監査役も、役員として重い責任を負いますので、信用が十分でない中小会社の監査役に、社外から適任者を探しだすのは、大変です。

★監査役会を置くメリットは

　監査役会を置くメリットとしては、会社の信用が高まることが考えられます。社外監査役による適正な監査が期待できるからです。

　また、監査役会、取締役会、会計監査人を置く会社では取締役の任期を1年とし、定款の定めで会計監査人等の適正意見があるときは、剰余金の配当を株主総会の決議を得ずに（特別決議が必要な場合を除きます。会社法309②二）取締役会の決議で行うことができます（会社法459）。

## Q29 会計参与を置くか置かないかの選択ポイントは

**A** ①会計参与は、取締役と共同して、計算書類等を作成するため、会計の専門家を直接計算書類等の作成に活用できること、②非公開中小会社の取締役会設置会社でも、会計参与を置くことにより、監査役を設置しないことができること、③会計監査人と異なり、税理士や税理士法人も会計参与に選任できること、が設置のメリットです。

### ★会計参与制度の創設理由は

　もともと、中小規模の会社では、税理士等が会社の経理関係を指導しながら、計算書類等を作成することが多いところから、こうした税理士等が関わっている実態を会社の機関として制度化したものが会計参与です。

　会計の専門家である会計参与を、業務執行機関と共同して計算書類等の作成過程に関わらせることによって、計算書類等の適正を確保しようとする目的をもっています。

　会計参与が監査役や会計監査人と一緒に設置された場合は、事後的外部的に計算書類等をチェックする監査役や会計監査人の監査と、二重のチェックを受ける点で、株主や会社債権者の保護が図られます。

　その意味で、会社外部からみると、会計の専門家であり、会社法上の責任を負担する会計参与が計算書類等の作成に関わっていることは、その会社の信用を高めることになります。

　これらに加え、図表52のようなメリット・デメリットを考慮して、その設置を決めることになります。

### ★会計参与を置くメリットは

　税理士等を監査役に選任する場合もありますが、監査役の会計監査権限は外部的事後的なものであり、会計参与のほうが税理士等の会計の専門家を直接、計算書類等の作成に活用できる点で、会計参与の制度は中小企業の会計処理に適している点もメリットと考えられます。

### ★会計監査人と違って税理士や税理士法人が会計参与になれる

　会計監査人は、資格が公認会計士または監査法人に限られていますが、会

計参与には、そのほかに、税理士や税理士法人もなることができ、監査法人による厳格な会計監査を受けなくても、会計参与によって、専門家の関与を受けることができる点もメリットといえます。

★会計参与を置くと監査役を置かないことができる

　取締役会設置会社は、監査役を置かなければならないのが原則ですが、非公開の中小会社の取締役会設置会社でも、会計参与を置くことにより、監査役を置かないことが可能となります（会社法327②）。

★会計参与の候補者とコスト面が問題

　会計参与は、公認会計士（監査法人を含みます）か税理士（税理士法人を含みます）でなければならず、また会計参与に就任すると役員として重い責任を負うため、経営基盤が十分でない中小の企業の場合、会計参与の候補者をさがすのが困難な面があります。

　また、顧問税理士等に会計参与就任を依頼できたとしても、会計処理のほかに責任を伴った機関への就任を依頼するとなれば、相応の費用がかかり、コスト面の問題も生じます。

【図表52　会計参与を置くメリット・デメリット】

| メリット | デメリット |
| --- | --- |
| 会計参与と取締役の計算書類等の共同作成 | 資格が限られるため候補者選任が困難 |
| 専門家の助力が受けられる | 専門家としての相応の費用 |
| 専門家の関与による信用の増大 | |
| 税理士等の選任可 | |
| 監査役を置かないことが認められる（非公開中小会社の取締役会設置会社） | |

## Q30 会計監査人を置くか置かないかの選択ポイントは

**A** 大会社は、必ず会計監査人を設置しなければなりませんが、中小会社は、会計監査人を置くか否かを選択できます。

中小会社の場合、会計監査人を置くことにより、対外的信用が増大しますが、監査のための事務負担や費用が必要な点を考慮する必要があります。

また、会計監査人を置くと、株主総会での計算書類等の承認を報告事項とすることができます。

### ★中小会社でも会計監査人を置くことができる

会計監査人は、計算書類等（計算書類、附属明細書、臨時計算書類、連結計算書類）を監査し、会計監査報告を作成します（会社法396①）。大会社は、必ず会計監査人を置く必要があります。

大会社は規模が大きく、計算関係が複雑となり、一方で株主・債権者等の利害関係人も多数となります。そのため、計算書類等に対して独立した会計の専門家の監査を受けさせ、会計処理の適正さを担保する必要があります。

中小会社でも会計監査人は、定款の定めによって、自由に設置できます（会社法326②）。中小会社も、会計監査人の厳格な監査を受けることにより対外的に信用を増したいとの要望がある場合は、会計監査人の設置を考慮することになります。

例えば、上場準備をしている中小会社では、会計監査人の設置を検討すべきです。

【図表53 会計監査人を置く定款の定め例】

```
第○条（機関）
    当会社は、会計監査人を置く。
第○条（役員等の人数）
    当会社の会計監査人は、1名または1社とする。
```

### ★会計監査人を置くメリットは

会計監査人による監査は、厳格であり、仮に計算書類等について会計監査人の適正意見の会計監査報告書が提出されない場合には、決算ができない状態になりますので、会計監査人は重大な権限をもっています。

逆に、会計監査人による会計監査が行われていることは、公正な会計処理

が行われていることが推定され、信用性が高くなります。

　特に、会計監査人の設置は登記されることになったため、会計監査人設置会社として、監査法人等の厳格な監査を受けていることが公示されます。このため、中小会社で会計監査人を設置した場合は、対外的信用が増すメリットがあります。

### ★会計監査人を置くデメリットは

　会計監査人の資格は、公認会計士または監査法人に限られ、その監査も厳格に行われるため、会計監査人の費用が中小会社にとって負担となるデメリットがあります。

　また、会計監査人の監査は、厳格に行われるため、監査のための経理事務の負担が増大します。この点もデメリットとなります。

### ★会計監査人設置の効果は

　会計監査人設置会社で、取締役会設置会社では、会計監査人の適正意見の会計監査報告書が提出された場合は、計算書類等についての株主総会での決議が不要になり、取締役は、その計算書類等を定時株主総会に報告すれば足りることになります（会社法439、計算規則163）。

　これは、会計の専門家である会計監査人の厳重な会計監査が行われますので、報告事由で足りるとされたためです。ただし、取締役会を置かない会社では、原則どおり、株主総会での決議が必要です。

　また、①会計監査人を設置した会社で、②取締役会設置会社で、③監査役会設置会社である場合に、④取締役の任期が選任後1年以内に終了する最終の事業年度の定時株主総会の終結の時までとした会社では、定款で定めることにより、剰余金の分配を株主総会の決議によらず、取締役会の決議をもって決定することができます（会社法459①）。

　この定款の定めは、最終事業年度の計算書類等について会計監査人の適正意見の会計監査報告書が提出された場合に有効となります（会社法459②、監査省令28）

　なお、会計監査人設置会社（委員会設置会社を除きます）では、会計監査人の独立性を担保するため業務監査権限と会計監査権限をもつ監査役を置くことが必要となります（会社法327③、389）。

　監査役は、会計監査人の選任・補佐・不再任提案の決定等についての同意権をもつ制度になっているからです。

## Q31 委員会を置くか置かないかの選択ポイントは

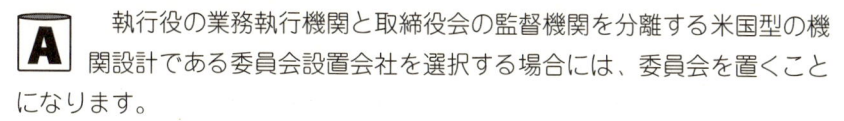

**A** 執行役の業務執行機関と取締役会の監督機関を分離する米国型の機関設計である委員会設置会社を選択する場合には、委員会を置くことになります。

委員会設置会社では、役員人事、報酬の決定と監査の権限をもつ３委員会の各委員の過半数が社外取締役である必要があるため、社外取締役の権限が大きくなります。

また、機関の規模が大きくなることも考慮する必要があります。

### ★委員会設置会社の特徴は

委員会設置会社では、株主が選任した取締役自らは業務執行を行わず、取締役会が選任した執行役に業務執行をさせ、取締役会は執行役の監視機関となります。

このように委員会設置会社は、執行役の業務執行機関と取締役会の監督機関を分離しようとする米国型の機関形態であり、従来型の取締役ないし取締役会が業務の執行機関であるとともに監視機関を兼ね、それとは別に監査役による監査をさせる機関形態と全く異なるものです。

特に、委員会設置会社の場合は、業務執行権が執行役と代表執行役に委ねられ、取締役は、その他の株式会社と異なり、業務執行権をもたず、執行役の監視機関に過ぎない点に注意すべきです。

ただ、執行役の業務執行の選任解任権をもつ取締役会の構成員としての取締役の監視権限は、執行役の業務執行の妥当性まで及ぶ点で、違法性があるかの判断をする、その他の会社の監査役の監査権とは異なります。

### ★複数の社外取締役を選任する必要がある

委員会設置会社となった場合は、最低２名以上の社外取締役を選任しなければなりません。

委員会には、会社にとって重要な役員人事、報酬の決定と監査の権限が与えられますが、過半数の委員が社外取締役でなければならないため、社外取締役の意向が強く働きます。

これは、経営の透明性を高めるためです。

★委員会を置くことは委員会設置会社となることを選択すること

　委員会を置くことは、単に、会社の機関を選択するのではなく、このような委員会設置会社となることを選択することになります。

　委員会を選択して委員会設置会社となる場合には、取締役会は業務執行機関として執行役を選任し（会社法402②）、その執行役の中から代表執行役を選任しなければなりません（会社法420①）。

　業務執行権は、執行役がもち、取締役は監視権をもつだけになります。

　このように、委員会を設置することは、取締役の地位に大きな変化を及ぼすことを考慮する必要があります。

　さらに、最低2名以上の社外取締役を選任し、その社外取締役の大きな権限を与えることになることを考慮して、委員会を置くか置かないかを考えなければなりません。

　また、役員の人事や報酬、会計監査と業務監査について、経営者である執行役や社内取締役により決定することができず、社外取締役の同意を得なければならない会社組織になることや、具体的に誰をそのような強い権限をもった社外取締役に選任し、どの社外取締役をどの権限をもつ委員会の委員に選任するかが、会社の業務執行や運営に強く影響することも、検討すべきです。

★委員会設置会社は機関の規模が大きくなる

　委員会設置会社は、中小会社でも選択できますが、以上のように委員会と取締役会のほか、会計監査人や執行役を設置しなくてはならず、機関の規模が大きくなるため、その運営や費用の負担が大きくなる点も考慮しなくてはなりません。

　さらに、最低2名以上の社外取締役を選任しなければならないこともあり、委員会設置会社は小規模の中小会社に適した機関構成とはいえません。

　一方、委員会設置会社は、社外取締役の権限が大きくなっているため、必ずしも経営者である代表執行役の意向が強く影響することはなく、執行機関と監視機関が分離されている等経営の透明性を高める制度となっているため、社会的信用が高くなるメリットがあります。

【図表54　委員会を置く定款の定め例】

```
第○条（機関）
　　当会社は、委員会を置く。
第○条（役員等の員数）
　　当会社の取締役は、3名以上8名とする。そのうち、社外取締役は2名以上とする。
```

## Q32 取締役会の有無による意思決定手続・業務執行機関・監督機関の違いは

**A** 取締役会を置かない会社では、会社の業務執行の決定は取締役の過半数で行い、株主総会は法定事項や会社の組織・運営・管理その他会社運営に関する一切の事項について決議ができます。

一方、取締役会設置会社では、株主総会は、会社法が規定する事項及び定款で定めた事項しか、決議をすることができません。

重要な業務執行に関する意思決定は取締役会が決定し、その他の業務執行に関する意思決定は、代表取締役が決定します。取締役会は、代表取締役の業務執行を監視する役割も担います。

取締役会の監視とは別に、監査役の業務執行監査も行われます。

・・・・・・・・・・・・・・・・・・・・・・・・・・・・・・・・・・・・・・

### ★取締役会設置会社の意思決定手続・業務執行機関・監督機関は

取締役会設置会社では、株主総会は法定事項や定款で定めた事項に限り、決議をすることができます（会社法295②）。

株主自らは、会社の基本的事項についてのみ決定し、それ以外の決定執行は、会社経営の専門家である取締役と取締役会に経営を委託しているため、決議事項が限定的なものとされています。その意味で、株主総会は最高の機関ですが、万能の機関ではありません。

### ★取締役会は業務執行の重要事項を意思決定する

このような取締役会設置会社では、業務執行についての重要事項の意思決定は取締役会が行い、その他の業務執行に関する意思決定は、代表取締役が行います。一方で取締役会は、代表取締役の業務執行を監視する役割も担います。

取締役会の監視とは別に、監査役の業務執行監査も行われますが、監査役の監査は、代表取締役の業務執行に違法な点はないかという違法性監査に限られます。

一方、取締役会の構成員としての取締役の監視権は、代表取締役の職務執行についての妥当性の点まで及ぶものと考えられています。

業務執行が妥当であったか否かは、法的な責任が問えるものではなく、人事で決着をつけるべき事項となります。取締役会は、代表取締役の選定・解

任権があり、取締役の妥当でない行為の責任を問うことができますが、監査役にはその権限がないためです。

**★取締役会を置かない会社の意思決定手続・業務執行機関・監督機関は**

　取締役会を置かない会社では、株主総会は、法定事項や会社の組織・運営・管理その他一切の事項について決議をすることができます（会社法295①）。株主総会が、最高かつ万能の機関（Q40参照）となります。

　取締役は業務執行に関する意思決定をすることができ、取締役が複数のときは、その過半数で意思決定します。上位機関である株主総会の決議がある場合には拘束されます。このように、意思決定権は両機関がもつことになりますが、株主総会の決議が優先します。

　一方、代表取締役が定められた場合は、代表取締役が業務執行権をもちます。監査役は、その取締役の業務執行を監査します。

　取締役会を置かない会社は、取締役の業務執行を監視する取締役会がないため、株主総会の権限を拡大し、取締役会に代わって、株主が、株主総会を通して、取締役の業務の決定や執行を直接制約することができるようになっています。

**★取締役会の設置会社と非設置会社の運営の違いは**

　このように、取締役会設置会社と取締役を置かない会社では、会社の意思決定手続・業務執行機関・監督機関の内容が違っています。これらの権限の違いは、図表55のとおりです。

　取締役会を置くか否かの判断にあたっては、これら点を考慮してすべきことになります。

【図表55　取締役会の設置会社・非設置会社の運営の違い】

| | | 取締役会設置会社 | 取締役会を置かない会社 | |
|---|---|---|---|---|
| 意思決定 | 法定・定款事項 | 株主総会 | 株主総会 | |
| | 重要事項 | 取締役会 | 取締役 | |
| | 日常業務 | 代表取締役 | | |
| 業務執行権 | | 代表取締役 | 代表取締役（選任したとき） | 取締役（代表取締役を選任しないとき） |
| 監査 | 妥当監査 | 取締役会 | 一部分が株主・株主総会 | |
| | 違法監査 | 監査役 | 監査役 | |

# 4 株主総会の運営ポイントは

**Q33** 株主総会の運営ルールは・70

**Q34** 株主総会の決議事項・手続は・74

**Q35** 株主総会の開催時期・招集地・書類の扱いは・78

**Q36** 株主総会に出席できない株主の議決権の行使は・83

**Q37** 株主が株主総会の議案を提出するときは・89

**Q38** 取締役会を置かない会社の株主総会の運営は・91

**Q39** 取締役会設置会社の株主総会の運営は・93

**Q40** 株主総会が最高・万能の機関という意味は・95

**Q41** 種類株主総会の運営は・96

**Q42** 小規模会社の株主総会のやり方は・98

**Q43** 特例有限会社の株主総会の運営は・100

# Q33 株主総会の運営ルールは

**A** 株主総会では、報告事項の報告と決議事項の決議が行われ、議事の運営は、株主総会の議長が行います。

取締役会設置会社の株主総会は、招集通知に記載された議題についてのみ、決議することができますが、取締役会を置かない会社では、このような制約はありません。

取締役等の役員は、株主総会で説明を求められた事項について、説明義務があります。

・・・・・・・・・・・・・・・・・・・・・・・・・・・・・・・・・・・・・・・・・・・・・・・・・・

### ★株主総会の議事運営のルールは

株主総会では、報告事項の報告（会社法438③）と決議事項の決議（会社法309）がなされます。

株主総会の議事の運営は、株主総会の議長が行います。

株主総会の議長は、株主総会の秩序を維持し、議事を整理する権限をもちます（会社法315①）。株主総会の議長は、その命令に従わない者その他株主総会の秩序を乱す者を退場させることもできます（会社法315②）。

株主総会の議長は代表取締役が行うとの定款の定めが置かれていることが普通です。一方で、議長は会社の機関である代表取締役として、議案を提出し、必要な説明を行う権利と義務をもちます。

このように、株主総会の議事の運営は、議長である代表取締役を中心として行われることになります。

### ★招集通知に記載する議題は

取締役会設置会社の株主総会は、招集通知に記載された議題についてのみ、決議することができます（会社法309⑤）。あらかじめ、株主総会の議題を招集通知に記載しなければならないからです。

しかし、図表56のような決議事項は、招集通知に記載がなくても行うことができます。

取締役会を置かない会社では、招集通知に、会議の目的事項を記載する必要がありませんので、決議事項に関するこのような制約はありません。

### ★取締役等の説明義務は

取締役、会計参与、監査役及び執行役は、株主総会で株主から特定事項について説明を求められたときは、説明を求められた事項について必要な説明をしなければなりません。

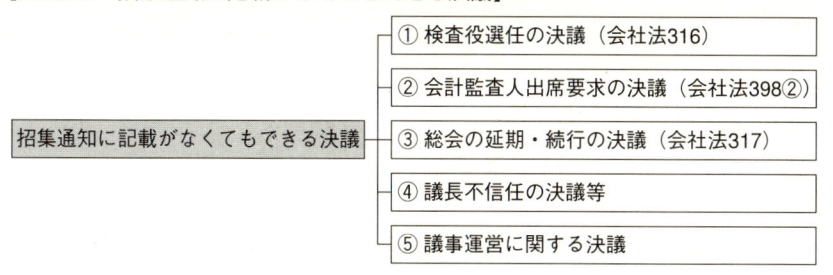

**【図表56　招集通知に記載がなくてもできる決議】**

招集通知に記載がなくてもできる決議
- ① 検査役選任の決議（会社法316）
- ② 会計監査人出席要求の決議（会社法398②）
- ③ 総会の延期・続行の決議（会社法317）
- ④ 議長不信任の決議等
- ⑤ 議事運営に関する決議

　ただし、その事項が①株主総会の目的である事項に関しないものである場合、②その説明をすることにより株主の共同の利益を著しく害する場合、③説明するために調査をすることが必要とされる場合、④説明することにより株式会社その他の者の権利を侵害する場合、⑤株主が実質的に同一の事項について繰り返し説明を求める場合、⑥その他正当な理由がある場合は、説明を拒むことができます（会社法314、施行規則71）。

★株主総会議事録の記載事項
　株主総会の議事録は、書面や電磁的記録をもって作成する必要があります。
　また、議事録には、図表57の事項を記載しなければなりません（施行規則72③）。

★議事録の作成と閲覧は
　株主総会の議事については、議事録（図表58）を作成し、本店では、株主総会の日から10年間、支店では株主総会の日から原則5年間、その議事録を本店に備え置かなければなりません（会社法318①②③）。
　株主や債権者は、会社の営業時間内に、いつでも、①議事録が書面をもって作成されているときは、その書面または写しを、②議事録が電磁的記録をもって作成されているときは、電磁的記録に記録された事項を表示したものを、それぞれ閲覧・謄写の請求することができます（会社法318④）。
　なお、親会社の社員は、その権利を行使するため必要があるときは、裁判所の許可を得て、同様の請求ができます（会社法318⑤）。

★株主総会のみなし決議の議事録は
　全株主の同意によるみなし株主総会決議が認められる場合（会社法319①）の株主総会の議事録の記載事項は、図表59のとおりです（施行規則72④）。

★株主総会のみなし報告の議事録の記載事項は
　全株主の同意によるみなし株主総会の報告が認められる場合（会社法320）の株主総会の議事録の記載事項は、図表60のとおりです（施行規則72④二）。

## 【図表57　議事録の記載事項】

議事録の記載事項
- ①開催日時、場所（テレビ会議システム等で参加した者がいる場合はその方法）
- ②議事の経過の要領、結果
- ③役員等の選任の陳述権（会社法345①、377①等）による陳述があった場合の意見または発言
- ④出席取締役・執行役・会計参与・監査役・会計監査人の氏名、名称
- ⑤議長を置くときは議長の氏名
- ⑥議事録の作成を行った取締役の氏名

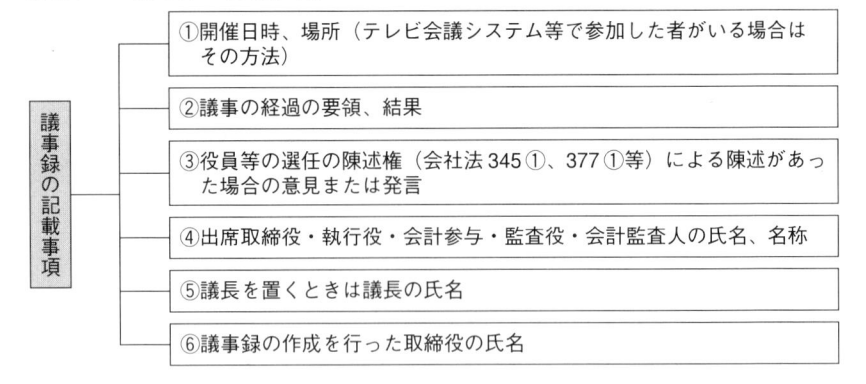

## 【図表58　定時株主総会の議事録例】

第○回定時株主総会議事録

　平成○○年○月○○日（○曜日）午前10時、東京都○○区○○○○丁目○番○号当社本店会議室（○○○ビル○階）において、当社第○回定時株主総会を開催した。
　定刻、代表取締役社長○○○○が定款第○条の規定に基づき議長となり、出席株主数及びその有する議決権ある株式数を下記のとおりであり、本総会の議案の議決に必要な定足数を満した旨を宣言して開会を宣した。

記

　　期 末 現 在 株 主 総 数　　　　　　○○○名
　　総 株 主 の 議 決 権 数　　　　　　○○○○個
　　本 日 の 議 決 権 数　　　　　　　○○○○個
　　本 日 の 出 席 株 主 数　　　　　　○○○名

報告事項
　代表取締役は第○事業年度の営業報告書の内容報告の件
　議長は上記書類につきその内容を報告した。

決議事項
　第1号議案　第○事業年度（平成○年4月1日から平成○年3月31日まで）
　　　貸借対照表及び損益計算書、株主資本等変動計算書承認の件
　　　議長は上記書類につきそれぞれ内容の概略を説明し、本議案の承認を議場に諮ったところ、賛成多数で承認可決された。

　第2号議案　第○事業年度剰余金処分案承認の件
　　　議長は上記議案を上程し、剰余金処分の内容を説明し、配当金については1株につき○○円となる旨を議場に諮ったところ、賛成多数で承認可決された。

　第3号議案　定款一部変更の件
　　　議長は上記議案を上程し、今後の事業拡大と多角化のために、「○○○○、○○」を加えること、さらに今後の資金調達に備え、発行する株式の総数を○○○○○株にしたい旨述べ、本議案の承認を議場に諮ったところ、3分の2以上の多数をもって承認可決された。

4　株主総会の運営ポイントは

第4号議案　取締役3名選任の件
　　議長は上記議案を上程し、取締役3名が任期満了となるので、新たに下記の取締役合計3名の選任を諮ったところ、賛成多数で承認可決された。
　　　取締役　〇〇〇〇
　　　取締役　〇〇〇〇
　　　取締役　〇〇〇〇
　　なお、被選任者はいずれも就任を承諾した。

第5号議案　監査役1名選任の件
　　議長は上記議案を上程し、監査役1名が任期満了となるため、下記の監査役1名の選任を諮ったところ、賛成多数で承認可決された。
　　　監査役　〇〇〇〇
　　なお、被選任者は就任を承諾した。

第6号議案　退任取締役及び退任監査役に対し退職慰労金贈呈の件
　　議長は上記議案を上程し、本総会終結の時をもって任期満了により退任する取締役〇〇〇〇氏及び監査役〇〇〇氏に対し、在任中の労に報いるため、当社所定の基準により、相当額の範囲内で慰労金を贈呈したい旨説明し、具体的金額、時期、方法については退任取締役については取締役会に、退任監査役については監査役の協議に一任されたい旨議場に諮ったところ、賛成多数で承認可決された。

　　議長は以上をもって全議案の審議を終了を宣言し、午前11時閉会を宣した。

　　以上の議事の経過及びその結果を明確にするため、本議事録を作成し、議長及び出席取締役が次に記名捺印する。
　　　平成〇年〇月〇日
　　　　　　　　　　　　　　　　　　　議長取締役　〇〇〇〇
　　　　　　　　　　　　　　　　　　　　　取締役　〇〇〇〇
　　　　　　　　　　　　　　　　　　　　　取締役　〇〇〇〇

【図表59　株主総会みなし決議の議事録の記載事項】

株主総会みなし決議の議事録の記載事項
- ①みなし決議された事項の内容
- ②①の提案をした者の氏名・名称
- ③決議があるとみなされる日
- ④議事録を作成した取締役の氏名

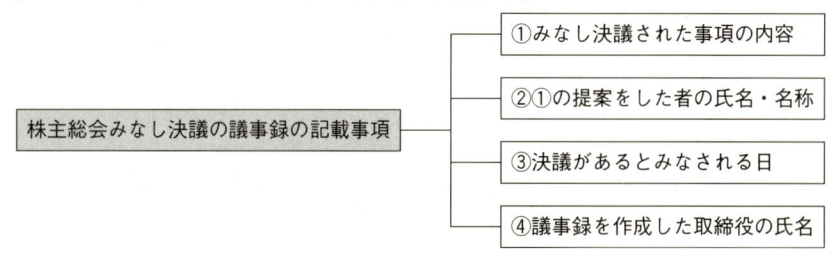

【図表60　株主総会のみなし報告の議事録の記載事項】

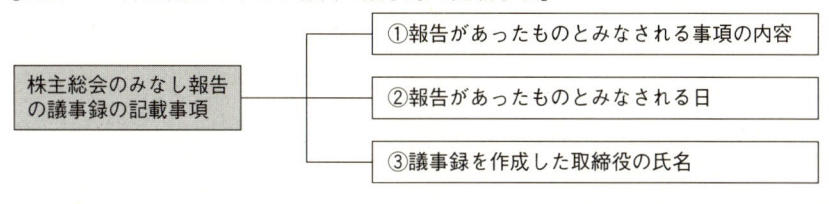

株主総会のみなし報告の議事録の記載事項
- ①報告があったものとみなされる事項の内容
- ②報告があったものとみなされる日
- ③議事録を作成した取締役の氏名

# Q34 株主総会の決議事項・手続は

**A** 取締役会を置かない会社の株主総会は、法定事項や会社の組織・運営・管理その他会社に関する一切の事項について決議をすることができます。

一方、取締役会設置会社の株主総会は、法定事項や定款で定めた事項しか、決議をすることができません。

株主総会の決議には、普通決議、特別決議、特殊決議があります。

### ★株主総会の決議事項は

取締役会設置会社の株主総会は、法定事項や定款で定めた事項に限り、決議をすることができます（会社法295②）。

取締役会設置会社では、会社の所有と経営が完全に分離しており、株主自らは、会社の基本的事項についてのみ決定し、それ以外の決定と執行は会社経営の専門家である取締役と取締役会に委託しているため、決議事項が限定的なものとされています（図表61）。

一方、取締役会を置かない会社の株主総会は、法定事項や会社の組織・運営・管理その他に関する一切の事項について決議をすることができます（会社法295①）。

取締役会を置かない会社は、取締役の業務執行等を監視する取締役会が存在しないため、株主総会の権限を拡大し、少人数の株主が株主総会を通して、取締役の業務の決定や執行を直接制約することができるようにされています。会社の業務執行について株主総会の関与が多く行われることが可能で、株主による会社経営への積極的な関与の期待できる会社で、採用することが望まれているといえます。

図表61のとおり、取締役会設置会社とそれ以外の会社では、株主総会のあり方が根本的に違っています。

### ★株主総会の決議方法は

株主総会は、意思決定機関であり、決議という形でその意思を決定します。
決議には、図表62のとおり、①普通決議（会社法309①）、②特別決議（会社法309②）、③特殊決議（会社法309③）事項があります。

【図表61　取締役会設置会社と取締役会非設置会社の株主総会決議事項の違い】

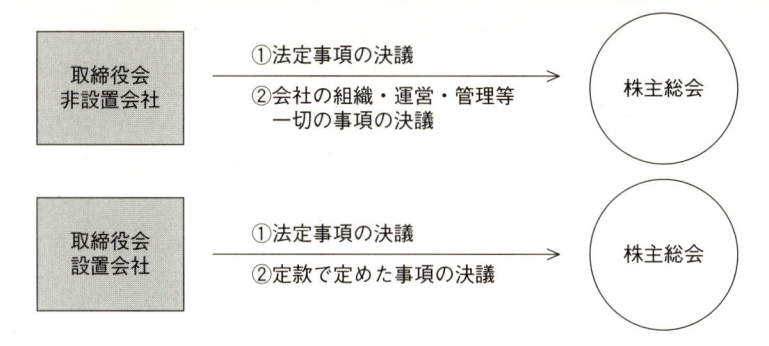

```
取締役会       ①法定事項の決議
非設置会社  ───────────────→  株主総会
              ②会社の組織・運営・管理等
                一切の事項の決議


取締役会       ①法定事項の決議
設置会社   ───────────────→  株主総会
              ②定款で定めた事項の決議
```

【図表62　株主総会の決議方法】

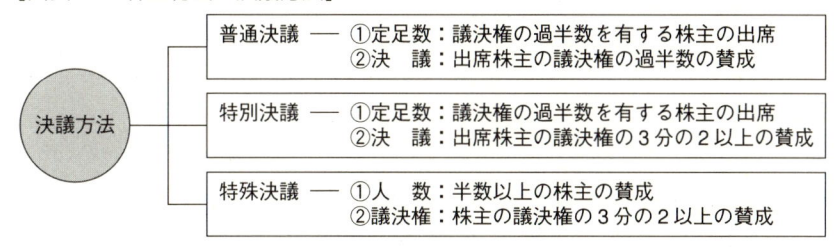

```
            ┌─ 普通決議 ── ①定足数：議決権の過半数を有する株主の出席
            │              ②決　議：出席株主の議決権の過半数の賛成
            │
決議方法 ───┼─ 特別決議 ── ①定足数：議決権の過半数を有する株主の出席
            │              ②決　議：出席株主の議決権の3分の2以上の賛成
            │
            └─ 特殊決議 ── ①人　数：半数以上の株主の賛成
                           ②議決権：株主の議決権の3分の2以上の賛成
```

★普通決議事項は

　株主総会の普通決議は、定款に別段の定めがある場合を除き、①議決権を行使することができる株主の議決権の過半数を有する株主が出席し（定足数）、②出席した当該株主の議決権の過半数をもって行います（会社法309①）。

　後述の特別決議、特殊決議事項にあたらない事項の決議は、普通決議で行われます。

　多くの会社では、株主総会の決議を容易に成立させることができるように、定款で定足数を定めず、「出席株主の過半数で決議が成立する」と定めています。

★特別決議事項は

　株主総会の特別決議は、①株主総会で議決権を行使できる株主の議決権の過半数（3分の1以上の割合を定款で定めた場合にあっては、その割合以上）を有する株主が出席し（定足数）、②出席株主の議決権の3分の2（これを上回る割合を定款で定めた場合にあっては、その割合）以上の多数をもって行います（会社法309②）。

Q34　株主総会の決議事項・手続は

この場合、決議の要件に加えて、一定の数以上の株主の賛成を要する等、その他の要件を定款で定めることもできます。

特別決議事項は、図表63のとおりです（会社法309②）。

**【図表62　株主総会の特別決議事項】**

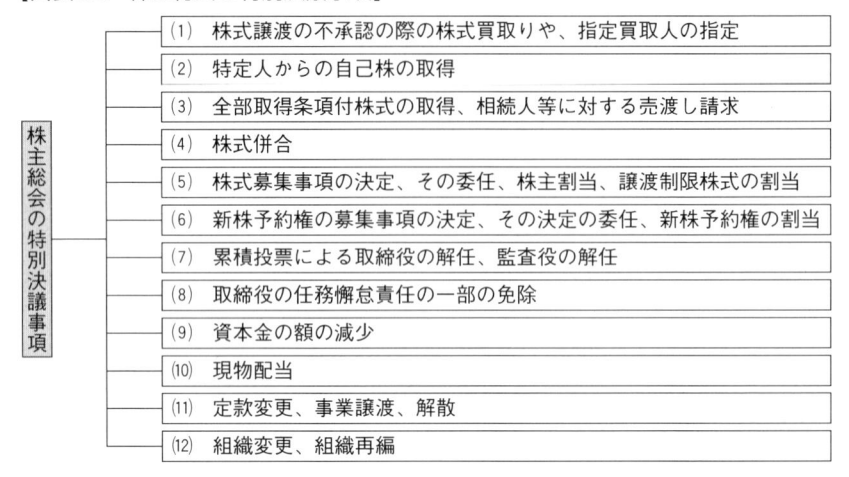

株主総会の特別決議事項
- (1) 株式譲渡の不承認の際の株式買取りや、指定買取人の指定
- (2) 特定人からの自己株の取得
- (3) 全部取得条項付株式の取得、相続人等に対する売渡し請求
- (4) 株式併合
- (5) 株式募集事項の決定、その委任、株主割当、譲渡制限株式の割当
- (6) 新株予約権の募集事項の決定、その決定の委任、新株予約権の割当
- (7) 累積投票による取締役の解任、監査役の解任
- (8) 取締役の任務懈怠責任の一部の免除
- (9) 資本金の額の減少
- (10) 現物配当
- (11) 定款変更、事業譲渡、解散
- (12) 組織変更、組織再編

### ★特殊決議事項は

株主総会の特殊決議は、①株主総会で議決権を行使できる株主の半数以上（これを上回る割合を定款で定めた場合は、その割合以上）であって、②株主の議決権の3分の2（これを上回る割合を定款で定めた場合は、その割合）以上の多数をもって行わなければなりません（会社法309③）。

特殊決議は、図表64の事項に必要です。

**【図表64　株主総会の特殊決議事項】**

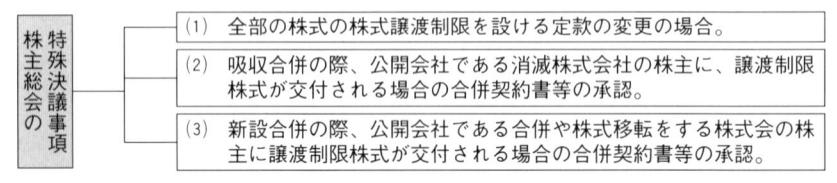

株主総会の特殊決議事項
- (1) 全部の株式の株式譲渡制限を設ける定款の変更の場合。
- (2) 吸収合併の際、公開会社である消滅株式会社の株主に、譲渡制限株式が交付される場合の合併契約書等の承認。
- (3) 新設合併の際、公開会社である合併や株式移転をする株式会社の株主に譲渡制限株式が交付される場合の合併契約書等の承認。

なお、株主の属性により株主の権利の内容につき異なる定めをする旨の定款の変更を行う株主総会の決議は、①総株主の半数以上（これを上回る割合を定款で定めた場合にあっては、その割合以上）であって、②総株主の議決権の4分の3（これを上回る割合を定款で定めた場合にあっては、その割合）以上の多数をもって行わなければなりません（会社法309④）。これも特殊決議にあたります。

★議決権の代理行使は

　株主は、代理人によってその議決権を行使することができます。代理人による議決権行使の場合は、株主または代理人が代理権を証明する書面（または電磁的記録）を会社に提出しなければなりません（会社法310①③）。

　前述の代理権の授与は、株主総会ごとにしなければならず（会社法310②）、また、株主総会に出席することができる代理人の数を制限することができます（会社法310⑤）。

　代理権を証明する書面（その電磁的記録）は、株主総会の日から3か月間、本店に備え置き、株主の閲覧・謄写に供します（会社法310⑥⑦）。

　多くの会社では、定款で、株主総会における株主の議決権行使のための代理人の資格を、会社の株主に限っています。

　このような定款による制限の規定について判例は、株主総会が株主以外の第三者によって攪乱されることを防止して会社の利益を保護する意味をもつものとして有効であるとしています。

　ただし、判例では、このような定款の規定があっても、株主が会社である場合に、その代表者が株主総会に出席できず、従業員を代表として株主総会に出席させるときは、その従業員は会社の株主である必要はないとしています。

　さらに、弁護士や弁理士等の専門家が株主の代理人として株主総会に出席しようとするときに、会社が定款の規定により、その弁護士等が株主でないことを理由として代理出席を拒めるかについては、争いがあります。

★議決権の不統一行使をするときは

　株主は、所有する議決権を統一しないで行使することができます（会社法313①）。

　取締役会設置会社の株主は、株主総会の日の3日前までに、会社に対して、その有する議決権を統一しないで行使する旨及びその理由を通知しなければなりません（会社法313②）。

　取締役会を置かない会社では、この通知は不要です。

【図表65　議決権の不統一行使するとき】

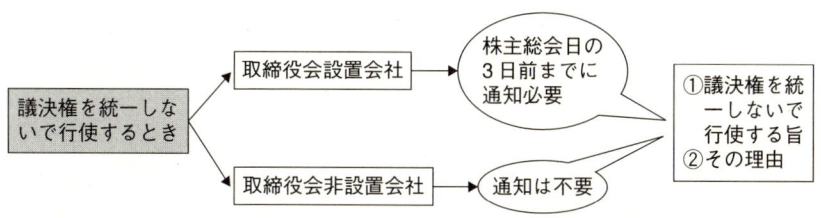

```
                    ┌─取締役会設置会社─→ 株主総会日の
                    │                      3日前までに      ┐ ①議決権を統
議決権を統一しな ───┤                      通知必要          ├─一しないで
いで行使するとき    │                                        │  行使する旨
                    └─取締役会非設置会社─→ 通知は不要       ┘ ②その理由
```

Q34　株主総会の決議事項・手続は

## Q35 株主総会の開催時期・招集地・書類の扱いは

**A** 定時総会は、毎年その事業年度の終了後3か月以内に開かれます。取締役会設置会社の株主総会招集は、招集通知が必要です。また、取締役は、書面や電磁的方法による議決権の行使を認めることを定めたときは株主総会参考書類、議決権行使書面を交付する必要があります。

なお、招集地は、定款に記載がなくても、自由に決めることができます。

### ★定時株主総会と臨時株主総会の違いは

株主総会は、必要があるときには、いつでも、招集することができます（会社法396②）が、そのうち毎事業年度の一定の時期に、計算書類の承認決議と事業報告のために開かれるものを、定時株主総会といいます。

一方、必要に応じて招集される株主総会は、臨時株主総会といいます。

### ★定時株主総会の開催時期は

定時株主総会は、毎事業年度の終了後一定の時期に招集しなければなりません（会社法296①）。

前年の定時株主総会の開催日と著しく離れた日に定時株主総会を招集する場合には、その日時を決定した理由を定め、招集通知に記載または記録する必要があります（施行規則63一イ）。

株主総会を開催するためには、株主総会で議決権を行使すべき株主を確定が必要ですが、そのためには、基準日を定めます。基準日の定めがないと、株主総会当日の株主に議決権行使を認めなければならず、煩雑だからです。その基準日に株主名簿に記載されている株主に議決権の行使を認めています（会社法124①）。

定時株主総会では、事業年度の計算書類の承認決議と事業報告を行いますので、議決権を行使できる株主は、その事業年度における現実の株主であることが合理的ですから、基準日を事業年度の末日に定めるのが普通です。

ところが、基準日は、その基準日から3か月以内に権利が行使される日でなければなりません（会社法124②）から、定時株主総会は、事業年度の終了後3か月以内に開く必要があります。

会社は、その3か月間に、決算、監査、株主総会招集手続をすることにな

ります。例えば、多くの会社が採用している3月末日決算の場合では、3か月後の6月末までに定時株主総会を開く必要があります。

　3月決算の上場企業の株主総会の集中日が、毎年6月の最終週になるのは、このためです（図表66）。

【図表66　3月末日が事業年度の末日となる会社の定時株主総会】

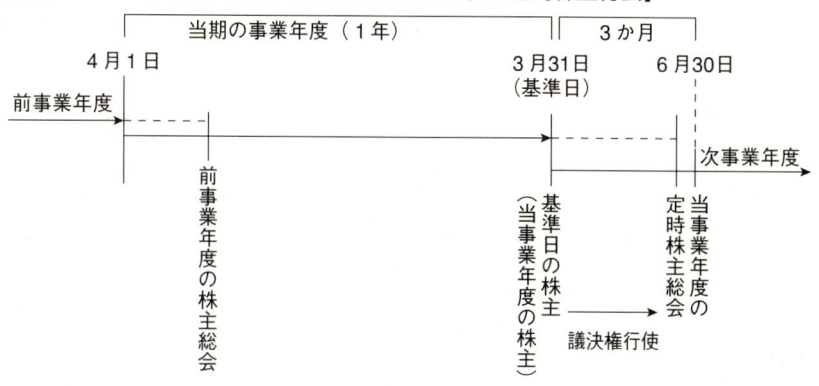

```
         当期の事業年度（1年）          3か月
  4月1日                    3月31日   6月30日
前事業年度 ┈┈┈                (基準日)
                                            次事業年度
         前         基         当
         事         準         事
         業         日         業
         年         の         年
         度         株         度
         の         主         の
         株        （         定
         主         当         時
         総         事         株
         会         業         主
                   年         総
                   度         会
                   の
                   株         議決権行使
                   主
                   ）
```

★株主総会招集の決定は

　株主総会は、取締役が招集します（会社法296③）。取締役が複数いる場合は、その過半数で招集を決定します（会社法348②）。

　取締役は、株主総会を招集する場合には、図表67に掲げる事項を定める必要があります（会社法298①）。

【図表67　株主総会を招集するときに定める事項】

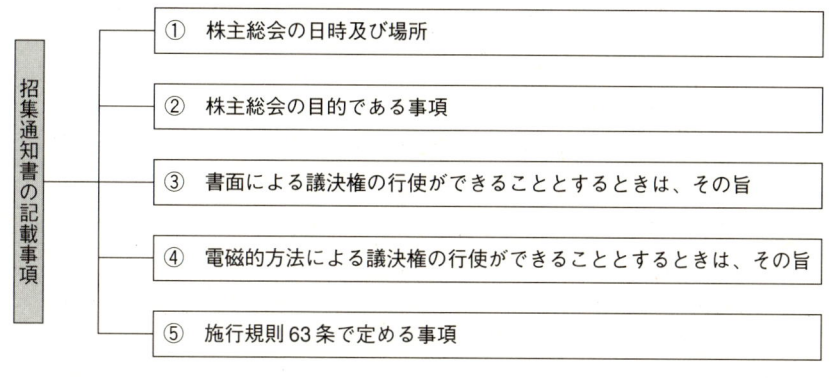

招集通知書の記載事項
- ①　株主総会の日時及び場所
- ②　株主総会の目的である事項
- ③　書面による議決権の行使ができることとするときは、その旨
- ④　電磁的方法による議決権の行使ができることとするときは、その旨
- ⑤　施行規則63条で定める事項

★招集通知の手続は

　株主総会を招集するには、取締役は株主総会の日の2週間前までに株主に対し招集通知をしなければなりません。

非公開会社で、書面決議や電磁的方法による決議を利用しないときは、2週間を1週間に短縮できます。取締役会を置かない会社では、1週間を下回る期間を定款で定めることができます（会社法299①）。

招集通知は、①取締役会設置会社である場合、または②書面決議や電磁的方法による決議ができることを定めた場合は、書面または電磁的方法でしなければなりません（会社法299②③）が、このうち書面によるものを招集通知書といいます（図表68）。

招集通知書には、前述の株主総会を招集するため取締役会で定めた事項を記載します。

取締役会を置かない会社では、取締役会設置会社と違って、旧有限会社で認められていたように、通知を書面や電磁的方法でする必要はなく、口頭や電話での通知も認められます（会社法299②）。

なお、取締役会設置会社では、株主総会招集通知に、①会議の目的事項の記載・記録と、②計算書類及び事業報告（監査報告書を含みます）の添付を、それぞれ要します（会社法299④、437）が、取締役会を置かない会社では、①②ともに不要です。

### ★株主総会の招集手続が省略できるのは

株主総会は、株主の全員の同意があるときは、招集の手続をしなくても開催することができます。

ただし、書面または電磁的方法による議決権の行使を認めることを定めた場合は、招集通知を省略することができません（会社法300）。

### ★株主総会の招集地は

会社法施行前は、定款に特別の規定がなければ、招集地は本店の所在地か、その隣接地に招集する必要がありました。

施行後は、定款に記載がなくても、自由に招集地を決めることができます。

例えば、東京に進出した企業が、東京と創業した地元とで株主総会を1年ごとに開催するようなことも、定款の規定なしに取締役や取締役会の判断でできることになります。

また、株主が創業した地元と本社のある東京に分散している場合に、株主総会への出席の便宜を図るため、離れた2か所以上の場所で株主総会を開くことも、可能と考えられます。例えば、双方向のテレビ会議システム等で、双方向の情報伝達方法が確保され、会議の一体性が確保できれば、離れた2

【図表68　株主総会の招集通知例】

```
                                        平成○年○月○日
株 主 各 位
                          東京都○○区○○○丁目○番○号
                          株式会社　　○○○○
                          代表取締役社長　○○○○

            第○回定時株主総会招集ご通知

謹啓　ますますご清祥のこととお慶び申しあげます。
　さて、当社第○回定時株主総会を下記のとおり開催いたしますので、ご出席く
ださいますようご通知申しあげます。
                                           敬　具
　なお、当日ご出席願えない場合は、書面または電磁的方法（インターネット）
によって議決権を行使することができますので、お手数ながら後記の参考書類を
ご検討くださいまして、次頁のご案内に従って、議決権をご行使くださいますよ
うお願い申しあげます。
                    記
1. 日　　時　平成○年○月○日（○曜日）午前○時
2. 場　　所　東京都○○区○○○丁目○番○号

3. 会議の目的事項
   報告事項
              第○期（平成○年○月○日から平成○年○月○日まで）事
              業報告、貸借対照表および損益計算書、株主資本等変動計
              算書、個別注記表報告の件

   決議事項
      第1号議案　剰余金配当承認の件
      第2号議案　定款一部変更の件
              議案の要領は後記の「議決権の行使についての参考書類」
              （○頁）に記載のとおりであります。
      第3号議案　取締役○名選任の件
      第4号議案　監査役○名選任の件
      第5号議案　取締役に対する賞与支給承認の件
                                           以　上
◎当日ご出席の際は、お手数ながら同封の議決権行使書用紙を会場受付にご提出ください
　ますようお願い申しあげます。
```

か所以上の場所・会場があっても、一つの株主総会と考えることができるから
です。
　なお、株主総会の場所が過去に開催した株主総会のいずれかの場所とも著
しく離れた場所である場合で、定款にその場所での開催が規定されていない

ときは、株主総会の招集の決定の際に取締役または取締役会はその場所に決定した理由を定め、招集通知に記載または記録する必要があります（施行規則63二）。

**★少数株主による招集請求は**

　①総株主の議決権の100分の3以上の議決権を、②6か月前から引き続き有する株主は、取締役に対し、株主総会の目的である事項と招集の理由を示して、株主総会の招集を請求することができます（会社法297①）。これは、少数株主に株主総会の招集権を認めたものです。

　非公開会社には、上記の適用は、②の「6か月」という要件は不要で、①の総株主の議決権の100分の3以上の議決権を有する株主は、その請求ができます（会社法297②）。

　なお、上記の①、②の要件は、定款でその内容を緩和することができます。

**★総会検査役の選任の請求は**

　一定の株式を有する少数株主または会社は、株主総会の招集手続や決議方法を調査させるため、株主総会に先立ち、裁判所に総会検査役の選任の申立をすることができます（会社法306①②）。

　検査役の選任の申立があった場合には、裁判所は、これを不適法として却下する場合を除き、総会検査役を選任します（会社法306③）。

　選任された総会検査役は、株主総会の招集手続と決議方法について必要な調査を行い、調査結果を記載・記録した書面（または電磁的記録）を、裁判所に提供して報告をします（会社法306⑤）。

　総会検査役は、株式会社や検査役の選任の申立をした株主に対し、裁判所への書面の写しを交付するか電磁的記録を提供します（会社法306⑦）。

　裁判所は、総会検査役の報告があった場合に、必要があると認めるときは、取締役に対し、①一定の期間内に株主総会を招集すること、②総会検査役の調査の結果を株主に通知することの全部または一部を、命じなければなりません（会社法307①）。

　裁判所が株主総会の招集を命じた場合には、取締役は、総会検査役の裁判所への報告の内容を株主総会で開示し、取締役と監査役は、総会検査役の報告の内容を調査し、その結果を株主総会で報告しなければなりません（会社法307②③）。

## Q36 株主総会に出席できない株主の議決権の行使は

**A** 取締役は、株主総会の招集の際、株主総会に出席できない株主が議決権行使書面により、議決権を行使することができる旨を定めることができます。

また、インターネットを使用した電磁的方法により議決権を行使することができる旨を定めることもできます。

### ★株主総会に出席できない株主の書面投票は

取締役は、株主総会を招集する場合には、株主が株主総会に出席しないで書面によって議決権を行使できることを定めることができます(298条①三)。これは、株主総会に出席できない株主に、議決権行使の機会を与えるための制度です(図表73)。

取締役(取締役会設置会社では取締役会)は、議決権を行使することができる株主の数が1,000人以上である場合には、書面による議決権行使ができることを定めなければなりません(会社法298②)。

これは、株主数が多いと、地域的にも株主総会に出席できない株主が増えることに対応するためです。

会社法施行前までは、株主が1,000人以上の大会社にのみ義務づけられていましたが、会社法施行後は、株主数が1,000人以上であれば、中小会社にも書面による議決権行使が義務づけられます。

### ★株主総会参考書類・議決権行使書面の交付等は

取締役は、書面による議決権行使ができることを定めた場合には、株主総会の招集通知に際して、株主に対し議決権の行使について参考となるべき事項を記載した書類(株主総会参考書類)、と株主が議決権を行使するための書面(議決権行使書面、図表71)を交付しなければなりません(会社法301①)。

取締役は、株主総会の招集通知について電磁的方法による通知を承諾した株主に対し電磁的方法による招集通知を発するときは、株主総会参考書類及び議決権行使書面の交付に代えて、これらの書類に記載すべき事項を電磁的方法により提供することができます。

しかし、株主の請求があったときは、これらの書類をその株主に交付しなければなりません（会社法301②）。会社法施行前までは、招集通知について電磁的方法による通知を承諾した株主に対しても、議決権行使書面については交付する必要があったのですが、会社法施行後は、原則として交付が不要になりました。

★株主総会参考書類の記載事項は

株主総会の招集通知にあわせて、株主に交付する株主総会参考書類には、図表69の事項を記載しなければなりません（施行規則73）。

【図表69　株主総会の参考書類の記載事項】

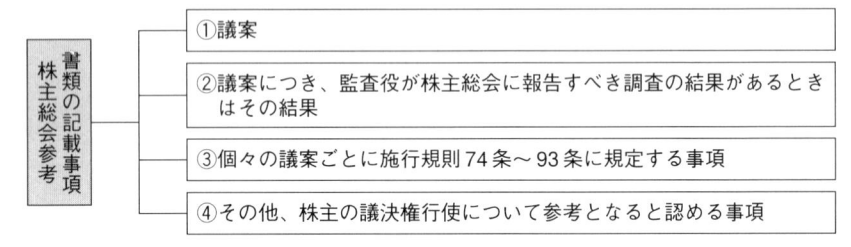

```
                  ┌─ ①議案
                  │
                  ├─ ②議案につき、監査役が株主総会に報告すべき調査の結果があるとき
株主総会参考      │   はその結果
書類の記載事項 ──┤
                  ├─ ③個々の議案ごとに施行規則74条～93条に規定する事項
                  │
                  └─ ④その他、株主の議決権行使について参考となると認める事項
```

★議決権行使書面の記載事項は

議決権行使書面には、図表70の事項を記載しなければなりません（施行規則66①）。

【図表70　議決権行使書面の記載事項】

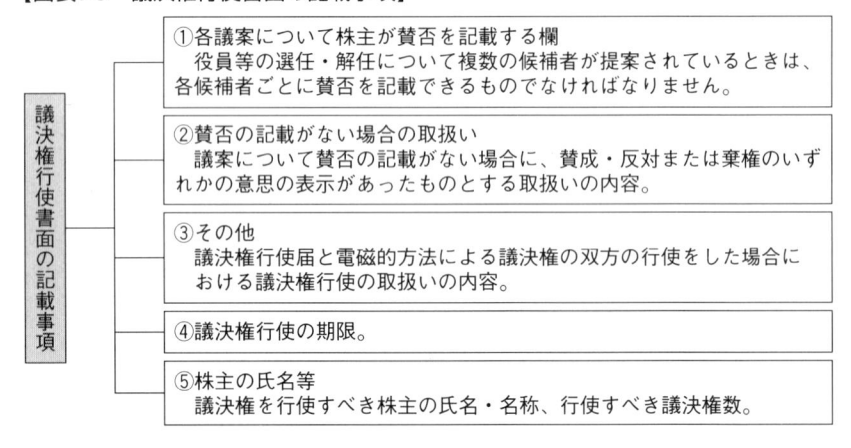

```
                  ┌─ ①各議案について株主が賛否を記載する欄
                  │     役員等の選任・解任について複数の候補者が提案されているときは、
                  │     各候補者ごとに賛否を記載できるものでなければなりません。
                  │
                  ├─ ②賛否の記載がない場合の取扱い
                  │     議案について賛否の記載がない場合に、賛成・反対または棄権のいず
                  │     れかの意思の表示があったものとする取扱いの内容。
議決権行使書面  ──┤
の記載事項        ├─ ③その他
                  │     議決権行使届と電磁的方法による議決権の双方の行使をした場合に
                  │     おける議決権行使の取扱いの内容。
                  │
                  ├─ ④議決権行使の期限。
                  │
                  └─ ⑤株主の氏名等
                        議決権を行使すべき株主の氏名・名称、行使すべき議決権数。
```

★議決権行使書面による議決権の行使は

書面による議決権の行使は、株主が会社から交付された議決権行使書面に

必要な事項を記載し、株主総会の日の直前の営業時間の終了時までにその記載をした議決権行使書面を会社に提出して行います（会社法311①、施行規則69）。

議決権行使書面は、通常はがきの裏に印刷されていて、株主はその記載をした議決権行使書面を、そのまま郵送で、会社に提出します。この場合、会社から交付された議決権行使書面以外の書面を使用することはできません。

議決権行使書面には、決議事項ごとに、賛否を記載する欄が設けられ、株主は、それに賛否を記載する方法により、その議決権を行使します。

議決権行使書面によって行使した議決権の数は、株主総会に出席した株主の議決権の数に算入されます（会社法311②）。

提出された議決権行使書面は、株主総会日から3か月間、本店に備え置き、株主の閲覧・謄写に供します（会社法311③④）。

### ★電磁的方法による議決権の行使は

取締役は、株主が株主総会に出席しないで電磁的方法によって議決権を行使できることを定めることができます（会社法298④）。

これは、議決権行使書面制度と同様に、株主総会に出席できない株主に、議決権行使の機会を与えるための制度です。

現実には、株主総会が開催される前に、株式会社のホームページに、インターネットを通じて書き込むことにより、議決権の行使を行います（図表72）。

### ★株主総会参考書類・議決権行使事項の提供等は

取締役は、株主が株主総会に出席しないで、電磁的方法によって議決権を行使できることを定めた場合には、株主総会の招集通知に際して、株主に株主総会参考書類を交付（または電磁的方法により提供）しなければなりません（会社法302①②）。

これは、議決権を行使するために必要な重要事項をあらかじめ株主に知らせておくためです。

株主総会参考書類に記載すべき事項を電磁的方法により提供した場合に、株主の請求があったときは、株主総会参考書類（書面）をその株主に交付する必要があります（会社法302②）。

取締役は、株主に対して招集通知の電磁的方法による通知をする際、または、株主から株主総会の日の1週間前までに議決権行使書面に記載すべき事項の電磁的方法による提供の請求があったときは、施行規則第66条で定める

【図表71　議決権行使書の例】

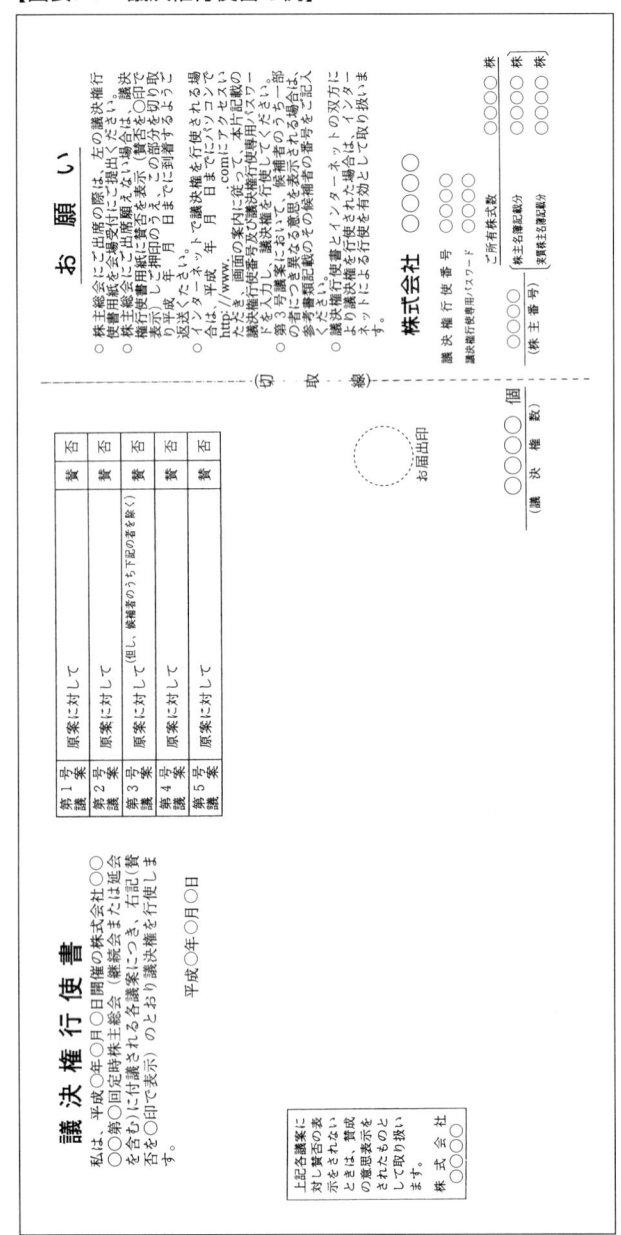

**お願い**

○株主総会にご出席の際は、左の議決権行使書用紙を会場受付にご提出ください。
○株主総会にご出席頼えない場合は、議決権行使書用紙にご賛否を表示（賛否を○印で取り囲んで表示）のうえご押印のうえ、この部分を切り取り平成　年　月　日までに到着するようにご返送ください。
○インターネットで議決権を行使される場合、画面の案内に従ってパソコンで http://www.　　　.com にアクセスしてください。議決権行使書番号及び議決権行使用パスワードを入力し、議案について、ご賛否を表示し、候補者のうち一部の者につき議案記載のその候補者の番号を記入してください。
○第3号議案において、議決権を行使される場合は、参考書類記載のその候補者の番号を記入してください。
○議決権行使書とインターネットの双方により議決権を行使された場合は、インターネットによる行使を有効として取り扱います。

株式会社　○○○○

| ご所有株式数 | ○○○○株 |
| --- | --- |
| 議決権行使番号 | ○○○○ |
| 議決権行使使用パスワード | ○○○○ |
| （株主番号） | （実株主名義株式数） |

- - - 切　　取　　線 - - -

お届出印

（議決権数）　　○○○○個
（株主番号）　　○○○○

**議決権行使書**

私は、平成○年○月○日開催の株式会社○○○○第○回定時株主総会（継続会または延会を含む）に付議される各議案につき、右記賛否など（○印で表示）のとおり議決権を行使します。

平成○年○月○日

| | 賛 | 否 |
| --- | --- | --- |
| 第1号議案 原案に対して | 賛 | 否 |
| 第2号議案 原案に対して | 賛 | 否 |
| 第3号議案 原案に対して（但し、候補者のうち下記の者を除く　） | 賛 | 否 |
| 第4号議案 原案に対して | 賛 | 否 |
| 第5号議案 原案に対して | 賛 | 否 |

上記各議案に対し賛否の表示をされないときは、賛成の意思表示をされたものとして取り扱います。

株式会社○○○○

ところにより、株主に対し、議決権行使書面に記載すべき事項をその電磁的方法により提供しなければなりません（会社法302③④）。

**【図表72　電磁的方法による議決権行使】**

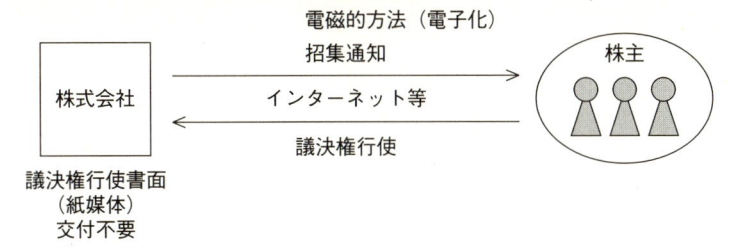

```
                    電磁的方法（電子化）
                      招集通知
    ┌─────┐  ──────────────→   ┌─────┐
    │株式会社│                      │ 株主 │
    │     │  ←──────────────    │(人人人)│
    └─────┘    インターネット等     └─────┘
                   議決権行使
  議決権行使書面
   （紙媒体）
   交付不要
```

## ★電磁的方法による議決権の行使の方法は

　電磁的方法による議決権の行使（図表73）は、政令（施行令１七）で定めるところにより、会社の承諾を得て、株主総会の日の直前の営業時間の終了時までに議決権行使書面に記載すべき事項を、電磁的方法によりその会社に提供して行います（会社法312①、施行規則70）。

　通常、電磁的方法による議決権の行使は、会社または株主名簿管理人が用意したインターネット上の議決権行使用のホームページで行います。

　株主は、会社が設けた議決権行使用のホームページに、決議事項ごとの賛否を記載する欄に、議案ごとの賛否を記入する方法で、インターネットを通して議決権を行使します。

　この決議事項ごとに賛否を記載する欄へのアクセスは、会社から送付された議決権行使番号（この番号で個々の株主を特定します）と議決権行使用のパスワードを入力して行います。

　株主が株主総会の招集通知について電磁的方法による通知を承諾した者であるときは、会社は正当な理由がなければ、電磁的方法による議決権の行使を承諾をすることを拒むことはできません（会社法312②）。

　株主総会の招集通知について、会社が電磁的方法による通知に議決権行使用のパスワードを添付し、それを利用した株主がホームページで議決権を行使した場合は、会社は議決権の行使を承諾したことになります。

　なお、電磁的方法によって行使した議決権の数は、議決権行使書面と同様に、出席した株主の議決権の数に算入されます（会社法312③）。

## ★電磁的記録の閲覧・謄写は

　株式会社は、株主総会の日から３か月間、電磁的方法により提供された事項を記録した電磁的記録を、その本店に備え置き株主の閲覧・謄写に供しなければなりません（会社法312④⑤）。

**Q36** 株主総会に出席できない株主の議決権の行使は

【図表73　議決権行使についての案内例】

議決権行使についてのご案内

　当日ご出席願えない場合は、次のいずれかの方法により、議決権をご行使くださいますようお願い申しあげます。

【議決権行使書郵送による方法】
　同封の議決権行使書用紙に議案に対する賛否をご表示いただき、ご捺印のうえ、折り返しご送付ください。なお、議案に対して賛否の表示をされないときは、賛成の意思表示をされたものとして取り扱わせていただきます。

【電磁的方法（インターネット）による方法】
1　パソコンで以下の株主総会議決権行使サイトにアクセスし、同封の議決権行使書用紙に表示された議決権行使番号および議決権行使専用パスワードをご利用のうえ、画面の案内に従って議決権をご行使ください。
　　株主総会議決権行使サイトＵＲＬ
　　http://www.○○○○○○○.com
　　なお、株主総会議決権行使サイトは、携帯電話を用いたインターネットではご利用いただけませんのでご了承ください。
2　インターネットにより議決権を行使された場合は、議決権行使書をご返送いただいた場合でも、インターネットによるものを有効な議決権の行使として取り扱わせていただきます。
3　インターネットにより複数回議決権を行使された場合は、最後のものを有効な議決権行使として取り扱わせていただきます。
4　議案に対して賛否の表示をされないときは、賛成の意思表示をされたものとして取り扱わせていただきます。
5　株主総会議決権行使サイトをご利用いただく際のプロバイダへのダイヤルアップ接続料金、通信事業者への通信料金等は株主様のご負担になりますのでご了承ください。

> インターネットによる議決権の行使につきましては、下記にお問い合わせくださいますようお願い申しあげます。
> 　　　株主名簿管理人：　○○○○　株式会社
> 　　　電話　○○－○○○○－○○○○
> 　　　受付時間　土日・休日を除く　午前○時～午後○時

以　上

## Q37 株主が株主総会の議案を提出するときは

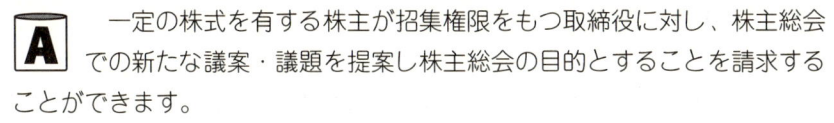

**A** 　一定の株式を有する株主が招集権限をもつ取締役に対し、株主総会での新たな議案・議題を提案し株主総会の目的とすることを請求することができます。

　これを株主提案権といい、これには、①新たな決議の目的事項を提案する議題提案権と、②既に目的とされている議案について新たな議案を提出する議案提出権があります。

### ★議題提案権・議案提出権というのは

　議題提案権とは、株主が、新たに株主総会の目的事項を提案することができる権利です。

　議案提出権とは、会社が提出した議案について、修正や反対する議案を提出できる権利です。

### ★取締役会を置かない会社の議題提出権は

　取締役会を置かない会社の株主のうち、単独株主権として1単位以上の株式を有する株主は、取締役に対し、新たな議題について、株主総会の目的とすることを請求することができます（会社法303①）。

　これは、会社が株主総会の目的事項としなかった議題について、株主が議案を提案できるものです。請求をすべき期間の制限はなく、株主が、株主総会の現場で、新たな議題を提出することも可能です。

### ★取締役会設置会社の議題提出権は

　公開会社である取締役会設置会社では、①総株主の議決権の100分の1以上の議決権または300個以上の議決権を、②6か月前から引き続き有する株主は、取締役に対し、同様の請求をすることができます（会社法303②）。

　非公開会社で取締役会設置会社では、②の「6か月前から引き続き有する」という要件は必要なく、①の総株主の議決権の100分の1以上の議決権または300個以上の議決権を有する株主が請求をすることができます（会社法303②）。

　いずれの会社の場合も、その請求は、③株主総会の日の8週間前までにし

なければなりません（会社法303②）。

なお、これらの議題提案権の①から③の要件は、定款の定めにより、その内容を緩和することができます。

### ★株主総会期日の修正・反対の議案提出は

株主は、株主総会の場で、会社側が提出した株主総会の目的である事項について、議案を修正したり反対する議案を提出することができます（会社法304本文）。

しかし、①その議案が法令・定款に違反する場合や、②実質的に同一の議案につき株主総会で総株主の議決権の10分の1（これを下回る割合を定款で定めた場合にあっては、その割合）以上の賛成を得られなかった日から3年を経過していない場合は、請求できません（会社法304ただし書）。

### ★事前に修正等する議案提出は

株主の事前の議案提出権は、会社側が提出する予定の議案に対する修正または反対議案の要領を、株主全員に通知すること（株主総会の招集通知をする場合は、通知に記載または記録すること）を、株主が会社に請求できることに意味があります。

公開会社の取締役会設置会社では、①総株主の議決権の100分の1以上の議決権または300個以上の議決権を、②6か月前から引き続き有する株主が請求することができます（会社法305①）。

非公開会社で、取締役会設置会社では、②の「6か月前から引き続き有する」という要件は必要なく、①の総株主の議決権の100分の1以上の議決権または300個以上の議決権を有する株主が、その請求をすることができます（会社法305②）。

いずれの会社の場合も、請求は、③株主総会の日の8週間前までにしなければなりません（会社法305①）。

なお、これらの議案提出権の①から③の要件は、定款の定めにより、その内容を緩和することができます。

しかし、提案された議案が、④法令や定款に違反する場合、または⑤実質的に同一の議案につき株主総会で総株主の議決権の10分の1（これを下回る割合を定款で定めた場合にあっては、その割合）以上の賛成を得られなかった日から3年を経過していない場合には、請求をすることができません（会社法305④）。

4 株主総会の運営ポイントは

## Q38 取締役会を置かない会社の株主総会の運営は

**A** 取締役会を置かない会社の株主総会は、万能の機関とされ、会社に関する一切の事項について決議できますが、その他の株主総会の運営についても、一部旧有限会社の社員総会と同様の手続が認められています。

### ★株主総会は万能の機関

　取締役会設置会社の株主総会は、法定事項や定款で定めた事項に限り、決議をすることができます（会社法295②）。これは、施行前の株主総会と同様の権限を有します。

　これに対し、取締役会を置かない会社の株主総会は、法定事項や会社の組織・運営・管理その他一切の事項について決議をすることができる万能の機関であり（会社法295①。Q40参照）、旧有限会社法の社員総会と同様の権限をもちます。

　これは、取締役会を置かない会社では、取締役会という職務執行についての意思決定をし、職務執行取締役に対する監視を行う機関を欠くことになるため、その取締役会に代わって、株主総会が職務執行についての意思決定をし、取締役の職務執行を監督することができる権限を与えるため、万能の機関とされたものです（図表74）。

### ★機動的な株主総会の必要性

　このように取締役会を置かない会社では、業務執行についても株主総会の関与が頻繁に行われ、株主による会社経営への積極的関与が期待できる会社がこれを採用することが予定されています。

　特に、小規模の非公開会社である場合は、株主が固定化し、株主と会社の利害関係が強化されるため、このような株主による会社経営への積極的な関与が実際的に行われることになります。

　また、取締役会を置かない会社にあっては、譲渡制限株式の譲渡の承認、取締役と会社の利益相反取引、取締役の競業取引の承認等、会社の業務運営に関する事項が、原則として株主総会の決議事項となり、株主総会が積極的に会社経営に関与する決議を行うとすると、株主総会を必要のあるときに、かつ、頻繁に迅速に開催されなければ、会社経営は成り立ちません。

大規模な会社や上場会社のように、株主総会は原則として1年1回の定時株主総会のみであるという運用はできません。
　このように、機動的な株主総会の開催や決議の必要性があることから、取締役会を置かない会社では、株主総会の招集手続や議案提案権の簡素化が要請される、図表74のような株主総会の運用ルールが認められています。

【図表74　取締役会を置かない会社の株主総会のしくみ】

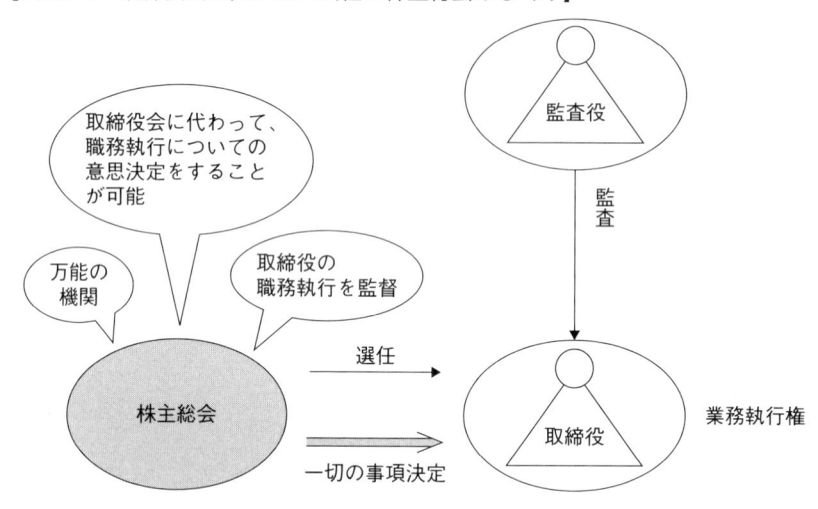

（図：取締役会を置かない会社の株主総会のしくみ）
- 株主総会：万能の機関／取締役会に代わって、職務執行についての意思決定をすることが可能／取締役の職務執行を監督
- 株主総会 →選任→ 取締役（業務執行権）
- 株主総会 →一切の事項決定→
- 監査役 →監査→ 取締役

★取締役会を置かない会社の株主総会の運営ルールは

　取締役会を置かない会社の株主総会運営ルールは、図表75のとおり、旧有限会社と同様の取扱いがなされて簡素化されています。

【図表75　取締役会を置かない会社の株主総会の運営ルール】

取締役会非設置会社の株主総会ルール
- ①株主総会の招集通知期間 ─ 定款で短縮できる。
- ②株主総会の通知方法 ─ 電話や口頭での通知も OK。
- ③招集通知への記載 ─ 会議目的事項の記載不要。
- ④議案提案権 ─ 単独株主として議案提案権をもち、行使は制限されない。
- ⑤計算書類等の添付 ─ 計算書類等の添付は不要
- ⑥議決権の不統一行使 ─ 事前通知は不要

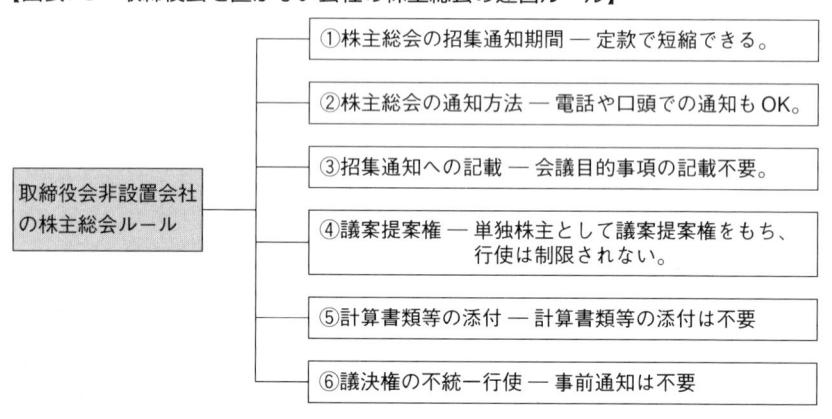

## Q39 取締役会設置会社の株主総会の運営は

**A** 　取締役会設置会社の株主総会は、法定事項や定款で定めた事項について、招集通知に記載された議題のみを決議することができます。
　取締役会設置会社の株主総会運営は、旧法の株式会社の株主総会の運営と同様な規定がされています。

### ★取締役会設置会社の株主総会の決議事項は

　取締役会設置会社の株主総会は、法律に規定する事項や定款で定めた事項に限り、決議をすることができます（会社法295②）。
　また、取締役会設置会社の株主総会は、招集通知に記載された議題についてのみ、決議することができます（会社法309⑤）。後述のように株主総会の招集通知に会議の目的事項の記載や記録が要求されるからです。
　これらは、取締役会設置会社では、株主総会は株式会社にとって重大な事項である法定事項や定款事項に決議権限が限られるため、あらかじめ株主総会の決議の内容を株主に通知し、株主にその議決権を行使するか否かを判断させるためのものです。

【図表76　取締役会設置会社の株主総会のしくみ】

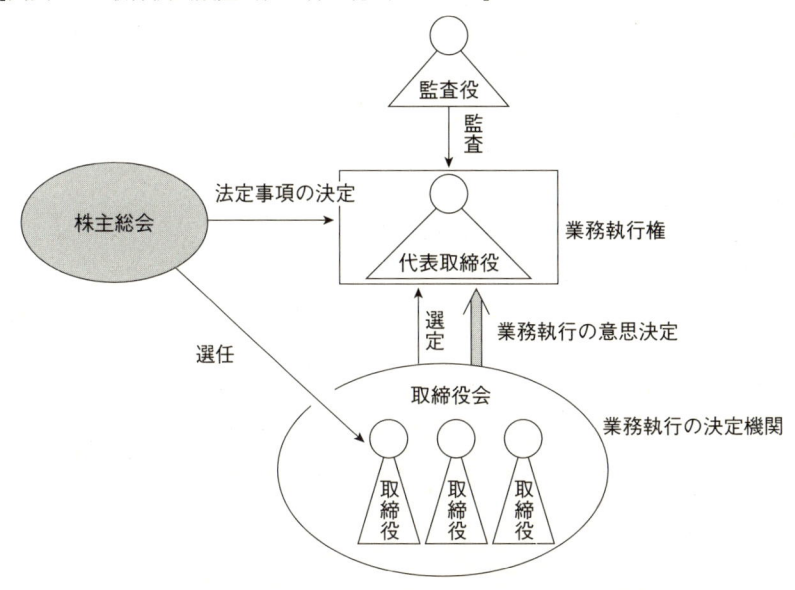

### ★取締役会設置会社の株主総会の招集は

　株主総会は、原則として、取締役が招集します（会社法296③）。

　株主総会を招集するには、取締役は、公開会社では株主総会の日の2週間前までに、非公開会社では1週間前までに、株主に対して招集通知をしなければなりません（会社法299①）。

　取締役会設置会社では、株主総会の招集通知は、書面または電磁的方法でしなければなりません（会社法299②③）。

　また、取締役会設置会社では、株主総会招集通知に、会議の目的事項の記載・記録（会社法299④）、計算書類・事業報告（監査報告・会計監査報告を含みます）の添付を、それぞれ要します（会社法437）。

　株主は、議決権を不統一行使するときには行使の3日前までに不統一行使する旨とその理由を会社に通知する必要があります（会社法313②）。

　ただ、議決権の不統一行使は、株主総会の現場で、投票の集計等を混乱させる場合もあり得るところから、他人のために株主をもつ者（信託を引き受けた者等）以外の株主が議決権を不統一行使しようとする場合は、会社はその不統一行使を拒絶することができます（会社法313③）。

### ★取締役会設置会社の株主提案権は

　株主は、新たに株主総会の目的事項を提案することができます。これを議案提案権といいます。

　取締役会を置かない会社では、議案提案権は単独株主権として認められていますが、取締役会設置会社では、原則として総株主の議決権の100分の1以上の議決権または300個以上の議決権を6か月前から引き続き有する株主に、株主総会における新しい議題を提出する議題提案権が認められます（会社法303②）。

　なお、会社が提出する予定の議案については、修正や反対の決議をするため、議案を提出することができる権利を議案提出権といいます。

　株主総会の現場における議案提案権については、単独の株主の権利として認められます（会社法304）。

　一方、株主総会の事前に議案提案権を行使し、その議案を招集通知に掲載することを求める権利については、議案提案権と同様に少数株主権として、その行使について前述の同様の要件が必要とされています（会社法305）。

## Q40 株主総会が最高・万能の機関という意味は

**A** 取締役会を置かない会社では、株主総会は決議事項が限定されず、会社の経営事項のすべてについて株主総会で決議をすることができるため、万能の機関であるといわれます。

### ★株主総会は最高の機関

　株主総会は会議体であり、株主総会の決議という方法で意思決定を行う機関です。株主総会は、株式会社の出資者が、その意思を決定する機関ですので、最高の機関であるといわれます。

　株主総会は、会社機関の中でもっとも上位の機関であり、その意思決定である決議が法律事項や定款事項に違反しない限り、取締役会や取締役は、その決議に反することができません。

### ★取締役会を置かない会社の株主総会は万能の機関

　株主総会の意思決定ができる事項については、取締役会を置く会社であるか否かによって、その範囲が異なります。

(1) 取締役会設置会社の株主総会

　取締役会設置会社の株主総会は、法律事項や定款事項に限り、決議をすることができます（会社法295②）。株主総会の権限は、法律事項と、定款事項に限られ、その他の事項を決議することはできません。株主総会の権限を限定し、会社経営に関する権限の多くを、取締役会の権限とすることにより、人的な関係の薄い株主が参加できる会社形態として、用意された制度設計です。

(2) 取締役会を置かない会社の株主総会

　取締役会を置かない会社の株主総会は、法律事項だけでなく、株式会社の組織、運営、管理その他会社に関する一切の事項について決議をすることができます（会社法295①）。この株主総会は、決議事項が限定されていないため、法律や定款に反しない限り、どのような事項をも決議できるため、万能の機関であるといわれます。

　例えば、取締役会を置かない会社では、株主総会で、取締役が特定の会社との業務提携や契約を行ってはならないという決議をすることもできます。このように、取締役の経営に直接関与することが可能となります。

# Q41 種類株主総会の運営は

**A** 数種の種類株式が発行されている場合、特定の種類の株主を構成員として開かれる株主総会を、種類株主総会といいます。

### ★種類株式・種類株主総会というのは

種類株式とは、株式の権利に関する所定の事項について、異なる定めをした内容の異なる株式のことです（会社法108）。

数種の種類株式を発行している会社では、特定の種類株主を構成員とする株主総会を開く必要がある場合があり、この株主総会を種類株主総会といいます。

【図表77　種類株式と種類株主総会】

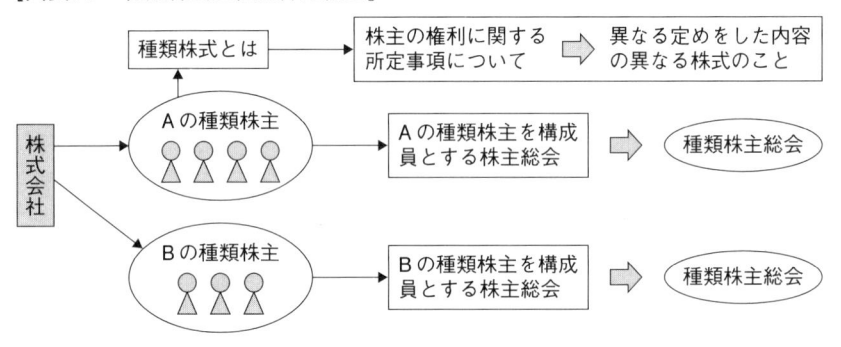

### ★種類株主総会の権限は

種類株主総会は、後述のように、①会社法が規定する事項と、②定款で定めた事項に限り、決議をすることができます（会社法321）。

【図表78　種類株主総会の権限】

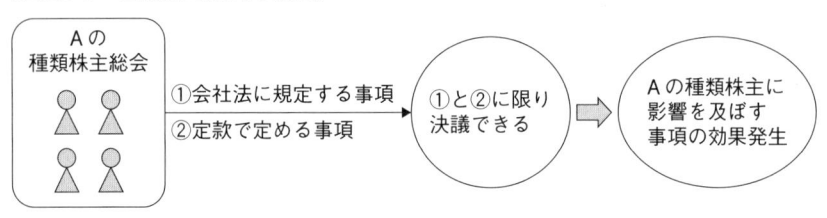

★種類株主総会が必要なときは

　種類株式発行会社が図表79の行為をする場合に、ある種類の株式の種類株主に損害を及ぼすおそれがあるときは、その行為は種類株式の種類株主を構成員とする種類株主総会の決議がなければ、その効力を生じません（会社法322）。

　定款変更等により、特定の種類株主の利益を不当に害する場合には、不利益を受ける種類株主の意思を問うべきだからです。

【図表79　種類株主総会の決議が必要な事項】

| 項　　目 | 内　　　　　容 | |
|---|---|---|
| ❶定款変更 | ①株式の種類の追加<br>②株式の内容の変更<br>③発行可能株式総数または発行可能種類株式総数の増加 | |
| ❷その他 | ①株式の併合、株式の分割<br>②株主に対する株式の無償割当<br>③株主に株式の割当を受ける権利を与える株式の募集<br>④株主に新株予約権の割当を受ける権利を与える新株予約権の募集<br>⑤株主に対する新株予約権の無償割当<br>⑥合併 | ⑦吸収分割<br>⑧吸収分割による他の会社がその事業に関して有する権利義務の全部また一部の承継<br>⑨新設分割<br>⑩株式交換<br>⑪株式交換による他の株式会社の発行済株式全部の取得<br>⑫株式移転 |
| ❸譲渡制限等 | ①譲渡制限・全部取得条項を付す定款変更（会社法111②）<br>②譲渡制限株式等の募集事項の決定（会社法199④）<br>③種類株主総会における取締役または監査役の選任（会社法347）等 | |

注　❶については、種類株主総会が必要な定款変更が限定されています。

★種類株主総会の決議を必要とする旨の定めがあるときは

　種類株式発行会社で、ある種類株式の内容として、株主総会での決議のほか、当該種類株式の種類株主を構成員とする種類株主総会の決議があることを必要とする旨の定めがあるときは、定款の定めに従い、株主総会の決議のほか、種類株式の種類株主を構成員とする種類株主総会の決議がなければ、その効力を生じません（会社法323）。

★種類株主総会の決議・手続は

　種類株主総会にも、通常の株主総会と同様に、①普通決議（会社法324①）、②特別決議（会社法324②）、③特殊決議（会社法324③）事項があります。
　また、その他の株主総会に関する規定が準用されます（会社法325）。

Q41　種類株主総会の運営は

## Q42 小規模会社の株主総会のやり方は

**A** 取締役会を置かない会社では、招集通知は口頭や電話によることも、株主総会の場で株主が新たな議案を提出することもできます。
　株主が少数で、株主全員の同意が得られるときは、招集通知を省略したり、株主全員の書面による同意がある場合には、株主総会の開催を省略しても、決議があったものとして扱うことができます。

### ★取締役会を置かない会社は株主総会手続が簡略化できる

　取締役会を置かない会社の株主総会は、万能の機関（Q40参照）とされ、株式会社に関する一切の事項について決議できます。
　取締役会がないため、会社の重要事項の決定のため、株主総会を開く必要が増えますが、株主総会の運営については、一部旧有限会社の社員総会と同様の簡略な手続が認められ、株主総会の開催が容易になっています。
　例えば、株主総会の招集通知は、口頭や電話によることが可能で、議題もあらかじめ通知する必要もありません。株主が株主総会の場で、新たな議題を提出することもできます。

### ★招集手続の省略できるのは

　株主総会は、株主全員の同意があるときは招集の手続をしなくても開催することができます。小規模会社で株主が少ない場合は、株主全員の同意を得やすいので、招集手続の省略は容易です。
　しかし、書面または電磁的方法による議決権の行使を認めることを定めた場合は、招集通知を省略することができません（会社法300）。

### ★株主総会の書面決議（株主総会の決議の省略）は

　取締役や株主が、株主総会の目的事項について提案をした場合に、その提案につき議決権行使ができる株主全員が書面または電磁的記録により同意の意思表示をしたときは、株主総会を現実には開かなくても、その提案を可決する旨の株主総会の決議があったものとみなされます（会社法319①）。
　同意の書面または電磁的記録は、株主総会の決議があったものとみなされた日から10年間、本店に備え置き、株主等の閲覧・謄写に供します（会社法

319②③)。

　この制度は、決議事項について株主総会の開催省略を認めたもので、小規模で株主の少ない会社では、この制度を使い、株主総会開催の費用と手間を節約することができます。

★株主総会への報告の省略は
　取締役が株主全員に対して株主総会に報告すべき事項を通知した場合に、その通知事項を株主総会に報告することを要しないことについて、株主全員が書面または電磁的記録により同意の意思表示をしたときは、その通知事項について株主総会への報告があったものとみなされます（会社法320）。

　これは、報告事項についても、株主総会の開催省略を認めたもので、小規模で株主の少ない会社では、上記の手続により、株主総会の開催を省くことができます。

【図表80　株主総会の決議の省略】

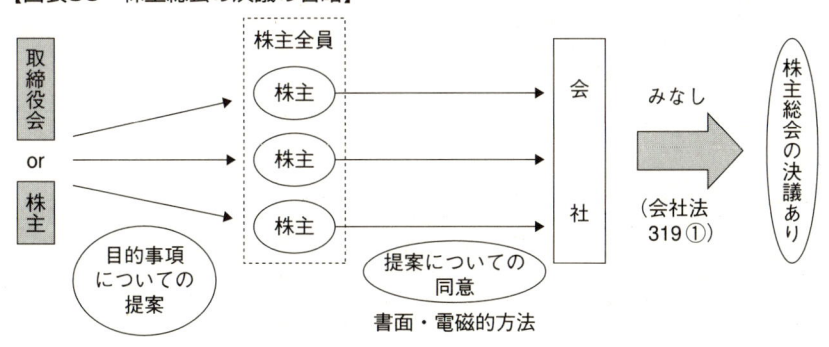

【図表81　株主総会の報告の省略】

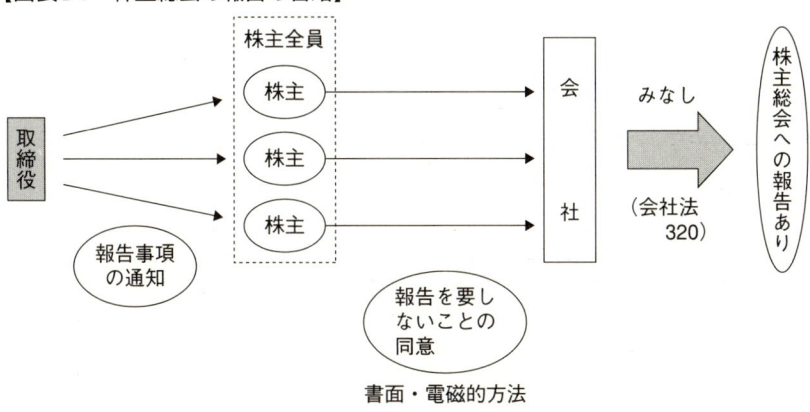

Q42　小規模会社の株主総会のやり方は

## Q43 特例有限会社の株主総会の運営は

**A** 特例有限会社の株主総会の運営についても、旧有限会社と同様な運営が一部できるように、経過措置が認められています。

★**特例有限会社の運営の一部は旧有限会社の運営方法が採用される**

旧有限会社法で設置されていた既存の有限会社は、会社法施行後は、特例有限会社という会社法上の株式会社として存続することになります（Q8参照）。

特例有限会社は、株式会社として会社法の適用がありますが、株式会社の規制は、旧有限会社法の規制と異なる点も多いため、特例有限会社は、従前の旧有限会社と同様の運営ができるように、経過措置が認められています。

株主総会の運営についても、特例有限会社には従来の有限会社と同様の運営ができるように特別の規定がなされています。

その内容は、図表82のとおりです。（特例有限会社の運営については、Q89参照）。

【図表82 特例有限会社と株式会社との株主総会の運営の違い】

| | | 株式会社 | 特例有限会社 |
|---|---|---|---|
| 1 | 株主の株主総会の招集請求権 | 非公開会社の場合、総株主の議決権の100分の3以上を有する株主（会社法297①）。 | 総株式の10分の1以上を有する株主（整備法14①）。 |
| 2 | 株主総会の参考書類、議決行使書面 | 制度あり（会社法301、302）。 | 制度の適用なし（整備法14⑤）。 |
| 3 | 総会検査役 | 制度あり（会社法306、307）。 | 制度の適用なし（整備法14⑤）。 |
| 4 | 株主提案権 | 株主提案権あり（会社法303）。 | 株主提案権なし（整備法14⑤）。 |
| 5 | 株主総会特別決議 | 議決権を行使できる株主の議決権の過半数（3分の1以上の割合を定款で定める場合にあっては、その割合以上）を有する株主が出席し、出席した株主の議決権の3分の2以上（会社法309②）。 | 総株主の半数以上（これを上回る割合を定款で定める場合はその割合以上）であって、総株主の議決権の4分の3以上（整備法14③）。 |

# 5 会社機関の権限・その職務は

- Q44 施行前と施行後の株主総会権限の違いは・102
- Q45 特別取締役を置くメリット・デメリットは・103
- Q46 取締役会設置会社の取締役と取締役会の権限は・104
- Q47 取締役会を置かない会社の取締役の権限は・107
- Q48 監査役会の権限・職務は・109
- Q49 業務監査権限のある監査役の役割は・111
- Q50 会計監査権限のみの監査役の役割は・113
- Q51 会計参与の権限・職務は・115
- Q52 会計監査人の権限・職務は・117
- Q53 委員会設置会社機関の権限・職務は・119
- Q54 内部統制システムの整備ってなぜ・122

## Q44 施行前と施行後の株主総会権限の違いは

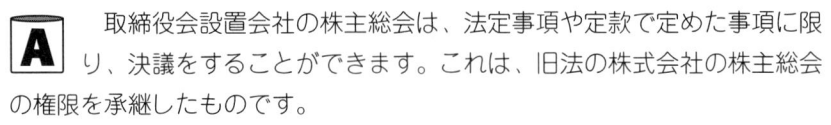

**A** 取締役会設置会社の株主総会は、法定事項や定款で定めた事項に限り、決議をすることができます。これは、旧法の株式会社の株主総会の権限を承継したものです。

取締役会を置かない会社の株主総会は、法定事項や会社の組織・運営・管理一切の事項について決議をすることができます。これは、旧有限会社法の規定を承継するものです。

### ★会社法施行前の株主総会と旧有限会社の社員総会の権限は

会社法施行前の株式会社の株主総会は、法令や定款で定めた事項に限り、決議をすることができました。

これに対して、旧有限会社の社員総会の決議事項には制限がなく、法令や定款で定めた事項だけでなく、法令や有限会社の本質に反さない限り、いかなる事項についても決議できました。

### ★取締役会設置会社の株主総会の権限は

取締役会設置会社の株主総会は、法定や定款で定めた事項に限り、決議をすることができます（会社法295②）。これは、旧法の株式会社の規定を承継したものです。

取締役会設置会社では、会社の所有と経営が完全に分離しており、株主自らは、会社の基本的事項についてのみ決定し、それ以外の決定執行は会社経営の専門家である取締役と取締役会に経営を委託しているため、決議事項が限定的なものとされています。

その意味で、株主総会は最高の機関ですが、万能の機関ではありません。

### ★取締役会を置かない会社の株主総会の権限は

一方、取締役会を置かない会社の株主総会は、法定事項や会社の組織・運営・管理その他一切の事項について決議をすることができます（会社法295①）。

これは、旧有限会社法の規定を承継するもので、旧有限会社の社員総会が、最高かつ万能の機関とされていたことによるものです。

## Q45 特別取締役を置くメリット・デメリットは

**A** 特別取締役を選定すると、会社経営にとって重要事項の「重要な財産の処分及び譲受けと多額の借財」の決定を、少数の特別取締役だけで決定でき、迅速で機動的な会社運営が可能となります。しかし、取締役が多数いる大規模な会社でなければ、この制度を採用するメリットは、ありません。

### ★特別取締役というのは

　一定の取締役会設置会社では、取締役会が、取締役のうち、3人以上の取締役をあらかじめ選定し、それらの取締役の過半数が出席し、その過半数の決議で、①重要な財産の処分及び譲受けと、②多額の借財について決議することができることできます（会社法373①）。この選定された取締役を、特別取締役といい、特別取締役が協議を行う会議を特別取締役会といいます。

　この特別取締役の制度を採用できるのは、①取締役の数が6人以上であり、かつ、②取締役のうち1人以上が社外取締役である、委員会設置会社でない取締役会設置会社です。

### ★特別取締役を置くメリット・デメリットは

　特別取締役を選定すると、「重要な財産の処分及び譲受けと多額の借財」という会社経営にとって、重要な事項を、取締役の一部の特別取締役だけで、決定することができ、迅速で機動的な会社運営ができます。特に取締役が多数いて、取締役会で取締役間の協議が十分行えないような大規模な会社の場合は、意味があります。

　しかし、中小規模の会社では、特別代表取締役を選任する必要性はありません。特別取締役を置いても、取締役の権限が一部変更されるだけですので、会社の信用が増すということもありません。

### ★特別取締役会の運営は

　特別取締役以外の取締役は、特別取締役会に出席する必要はなく（会社法373②）、出席する権利もありません。特別取締役会の招集は、特別取締役に対して行い（会社法373②）、特別取締役以外の取締役にする必要はありません。

　特別取締役の互選によって定められた者は、特別取締役会の決議後、遅滞なく、当該決議の内容を特別取締役以外の取締役に報告しなければなりません（会社法373③）。

## Q46 取締役会設置会社の取締役と取締役会の権限は

**A** 取締役会設置会社では、必ず取締役会が代表取締役を選定し、業務執行取締役を定めます。

業務執行取締役以外の取締役は、取締役会を通じて、代表取締役の職務執行を監視します。

取締役会は、①会社の業務執行の決定、②取締役の職務の執行の監督、③代表取締役の選定及び解職を行う権限をもちます。

★取締役会の権限と職務は

取締役会は、すべての取締役で組織し、図表83の職務を行います（会社法362①②）。

【図表83　取締役会の職務】

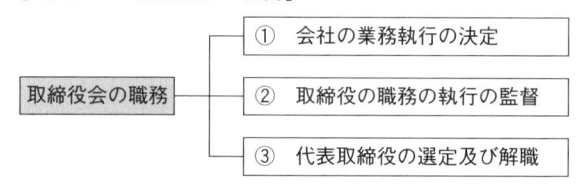

| 取締役会の職務 | ① 会社の業務執行の決定 |
| --- | --- |
| | ② 取締役の職務の執行の監督 |
| | ③ 代表取締役の選定及び解職 |

取締役会は、図表84に掲げる事項その他の重要な業務執行の決定を個々の取締役に委任することができません（会社法362④）。

これらの事項は、取締役会が必ず決めなければならない事項となります。

【図表84　取締役会の専決事項】

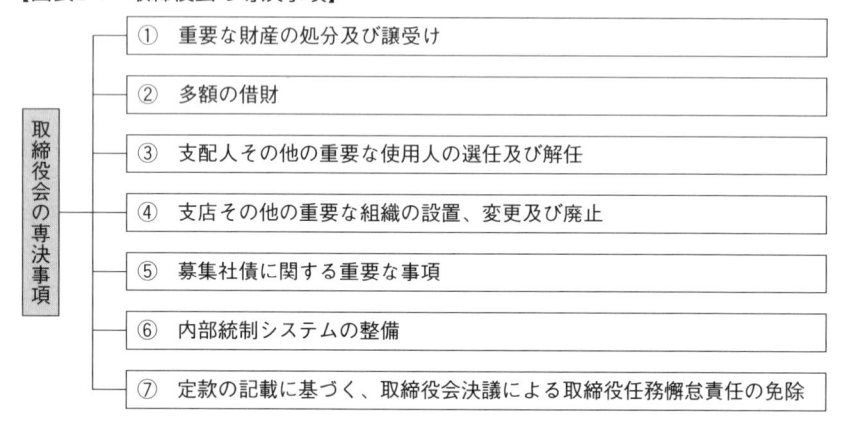

| 取締役会の専決事項 | ① 重要な財産の処分及び譲受け |
| --- | --- |
| | ② 多額の借財 |
| | ③ 支配人その他の重要な使用人の選任及び解任 |
| | ④ 支店その他の重要な組織の設置、変更及び廃止 |
| | ⑤ 募集社債に関する重要な事項 |
| | ⑥ 内部統制システムの整備 |
| | ⑦ 定款の記載に基づく、取締役会決議による取締役任務懈怠責任の免除 |

取締役は、取締役会の構成員として、これらの取締役会の権限を行使することにより、代表取締役を含む業務執行取締役の業務執行の監督を行うことになります。

★**取締役会設置会社の取締役の地位は**
　取締役会設置会社では、個々の取締役には、当然には会社の代表権もなく、株式会社の業務執行権もありません。
　取締役会が個々の取締役に代表権を与え（代表取締役）、業務執行権を与えます（業務執行取締役）。
　この点は、個々の取締役が執行権をもつ取締役会を置かない会社の取締役と異なります。

【図表85　取締役会設置会社のしくみ】

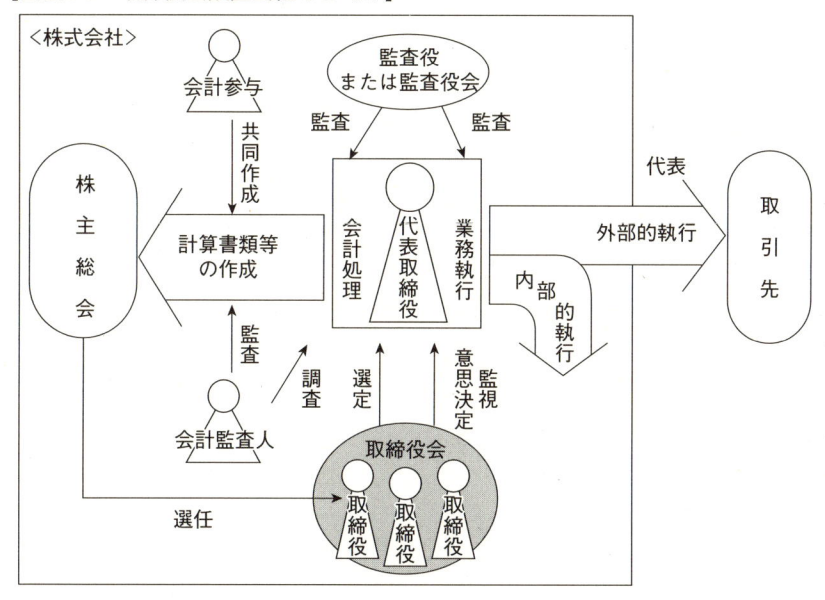

★**業務執行取締役というのは**
　取締役会設置会社の業務は、業務執行取締役が執行します（会社法363①）。
　業務執行取締役とは、①代表取締役と、②代表取締役以外の取締役であって、取締役会の決議によって取締役会設置会社の業務を執行する取締役として選定された者をいいます（会社法２十五）。このように取締役設置会社の取締役の業務執行権は、取締役会が付与することになります。
　業務執行取締役は、３か月に１回以上、自己の職務の執行の状況を取締役

会に報告しなければなりません（会社法363②）。

### ★代表権取締役というのは

取締役会は、取締役の中から代表取締役を選定しなければなりません（会社法362③）。

代表取締役は、会社の業務に関する一切の裁判上または裁判外の行為をする権限を有し（会社法349④）、対外的に会社を代表します。

取引先との契約等の対外的な業務の執行は、代表取締役の名前で、または代表取締役から委任された権限で行うことになります。

### ★執行役員というのは

取締役以外に、執行役員という役員に準ずる役職を置いている会社もあります。このような執行役員は、旧法上も会社法上も役員として認められているものではありません。

会社法上の地位は、単なる会社の使用人で、業務執行取締役の業務執行の補佐をする使用人ということになります。

会社によっては、執行役員について取締役規則や執行役員規程に執行役員の取扱規則を置き、取締役に準じた取扱いをしている会社もあり、取締役会への出席発言を認める場合もありますが、執行役員がこれらの扱いを受け、業務執行の一部を行うのは、代表取締役や業務執行役員から業務執行の委託を受けているからです。

### ★執行役員の活用による取締役・取締役会の構成の柔軟化

このような執行役員を選任することで、やや規模の大きい株式会社でも、取締役会を置かずに（例えば、取締役１人の会社で、経営に必要な他の会社幹部は執行役員とする場合）、取締役会を置く会社と同様の経営に関する会議体をもつこともできます。

また、取締役会設置会社でも、取締役を最小の３名としたうえで、他に執行役員を選んで取締役会の会議に参加させ、取締役会の会議を充実させるとの取扱いも可能となります。

やや規模の大きい会社では、執行役員を活用することにより、取締役・取締役会の構成や運営の柔軟化を図ることができます。

## Q47 取締役会を置かない会社の取締役の権限は

**A** 取締役会を置かない会社の取締役は、原則として業務執行権と会社の代表権をもちます。必ずしも、代表取締役を選任する必要はありません。

代表取締役を選任し、代表取締役にその権限を委ねることもできます。

★取締役会を置かない会社の取締役の業務執行権は

取締役会を置かない会社の取締役は、定款に別段の定めがある場合を除き、株式会社の業務執行権をもちます（会社法348①。図表86）。

取締役が2人以上あるときは、会社の業務は定款に別段の定めがある場合を除き、取締役の過半数をもって決定します（会社法348②）。

また、取締役が2人以上あるときは、取締役は図表87の事項についての決定を個々の取締役に委任することができず、必ず、取締役の過半数をもって決定しなければなりません（会社法348③）。

【図表86　取締役会を置かない会社のしくみ】

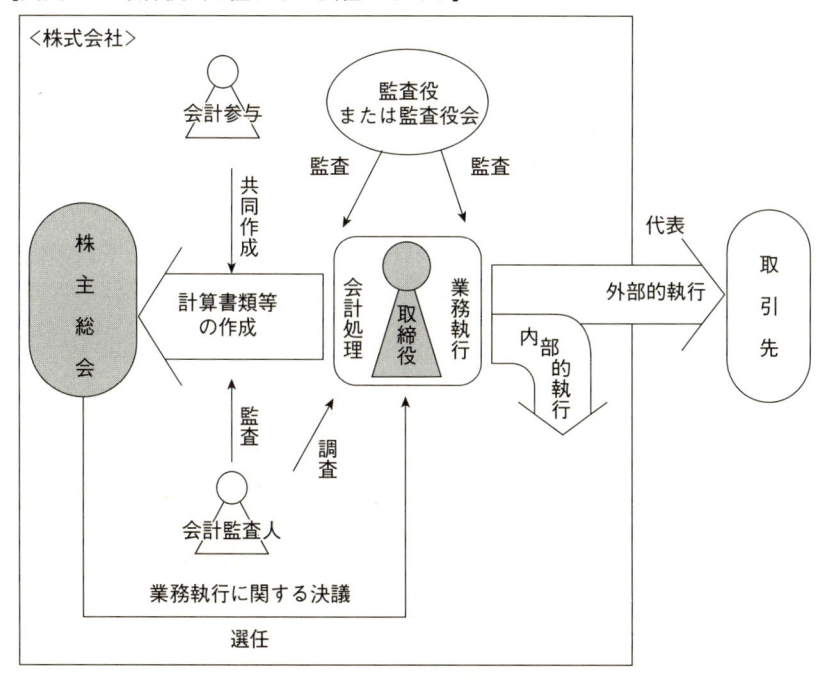

【図表87 取締役の専決事項】

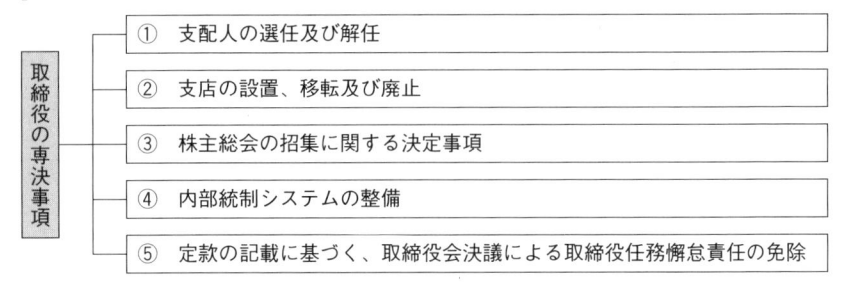

取締役の専決事項
- ① 支配人の選任及び解任
- ② 支店の設置、移転及び廃止
- ③ 株主総会の招集に関する決定事項
- ④ 内部統制システムの整備
- ⑤ 定款の記載に基づく、取締役会決議による取締役任務懈怠責任の免除

★取締役会を置かない会社の取締役の代表権は

　取締役会を置かない会社では、取締役は、当然に会社を代表するのが原則となります（会社法349①）。取締役会設置会社のように、代表権をもつ者として代表取締役を選任する必要はありません。

　取締役が2人以上ある場合には、取締役は、各自、会社を代表します（会社法349②）。

　また、代表取締役を選任することもできます。この場合、代表取締役は、①定款、②定款の定めに基づく取締役の互選や株主総会の決議によって、取締役の中から定めることができます（会社法349③）。

　代表取締役は、会社の業務に関する一切の裁判上または裁判外の行為をする権限をもちます（会社法349④）。

　代表取締役その他会社を代表する者を定めた場合は、その者が会社を代表し、その他の取締役は代表権をもちません（会社法349①）。

　しかし、代表取締役以外の取締役の業務執行権がなくなるわけではありません。

★取締役会を置かない会社の代表取締役以外の取締役の地位は

　取締役会を置かない会社の取締役は、取締役として原則的に業務執行権と代表権をもち、代表権については代表取締役が選任されたとき、その他の取締役の代表権はなくなります。

　一方、取締役会設置会社の取締役は、当然には業務執行権も代表権もなく、これらの権限は取締役会が付与します。業務執行取締役や代表取締役に選ばれない取締役は、業務執行に関与することはなく、取締役会のメンバーとして、業務執行取締役の業務執行を監視する立場になりますが、業務執行権をもたない点が取締役会を置かない会社の取締役の地位と異なります。

# Q48 監査役会の権限・職務は

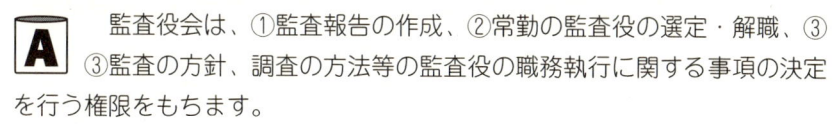

**A** 監査役会は、①監査報告の作成、②常勤の監査役の選定・解職、③③監査の方針、調査の方法等の監査役の職務執行に関する事項の決定を行う権限をもちます。

また、監査役会を置かない会社で、監査役の同意や監査役への報告が必要とされている行為については、監査役会設置会社では監査役会の同意・監査役会への報告が必要となります。

### ★監査役会の権限は

監査役会は、すべての監査役で組織されます（会社法390①）。
監査役会は、図表88の職務を行います。

【図表88　監査役会の職務】

| 監査役会の職務 | |
|---|---|
| | ①　監査報告の作成 |
| | ②　常勤の監査役の選定・解職 |
| | ③　監査の方針、監査役会設置会社の業務・財産の状況の調査の方法、その他の監査役の職務の執行に関する事項の決定 |

### ★常勤監査役の選任・権限は

監査役会設置会社では、監査役は3人以上である必要があり（会社法335）、その半数以上は社外監査役でなければなりません（会社法355③）。監査の公正さを担保するためです。

社外監査役とは、過去に当該会社またはその子会社の取締役、会計参与、執行役、支配人その他の使用人になったことがない者をいいます（会社法2二十六）。

監査役会は、監査役の中から常勤の監査役を選定しなければなりません（会社法390②）。

常勤とは、毎日決まった職務に従事していることをいいます。
常勤監査役が定められても、他の監査役の権限には変わりありません。
監査役は、監査役会の求めがあるときは、いつでもその職務の執行状況を監査役会に報告しなければなりません（会社法309③）。

★監査役会の同意や監査役会への報告が必要なときは

監査役会設置会社では、図表89の行為について監査役会の同意または監査役会への報告が必要です。

【図表89　監査役会の同意や監査役会への報告が必要なとき】

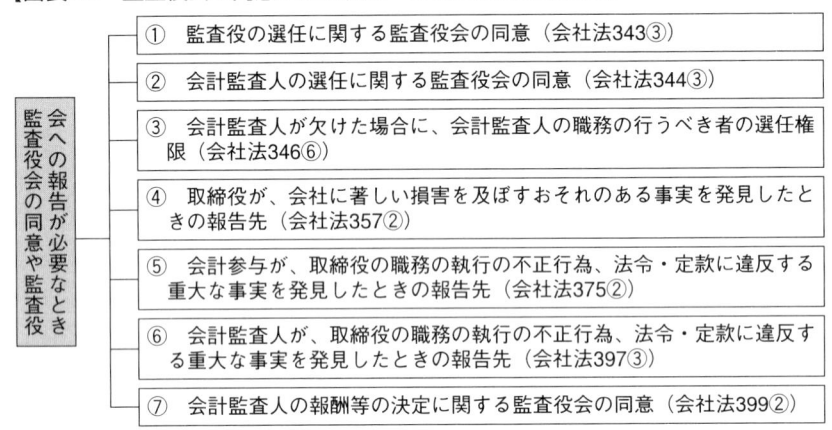

監査役会への報告が必要なとき監査役会の同意や監査役
- ① 監査役の選任に関する監査役会の同意（会社法343③）
- ② 会計監査人の選任に関する監査役会の同意（会社法344③）
- ③ 会計監査人が欠けた場合に、会計監査人の職務の行うべき者の選任権限（会社法346⑥）
- ④ 取締役が、会社に著しい損害を及ぼすおそれのある事実を発見したときの報告先（会社法357②）
- ⑤ 会計参与が、取締役の職務の執行の不正行為、法令・定款に違反する重大な事実を発見したときの報告先（会社法375②）
- ⑥ 会計監査人が、取締役の職務の執行の不正行為、法令・定款に違反する重大な事実を発見したときの報告先（会社法397③）
- ⑦ 会計監査人の報酬等の決定に関する監査役会の同意（会社法399②）

なお、監査役会については、取締役会のような書面による決議の省略の制度はありません。

一方、報告については、報告の省略についての規定（会社法395）が設けられています。

★監査役会の同意と監査役全員の同意は

監査役会の決議は、監査役の過半数をもって行います（会社法393①）。この決議をするためには、現実に監査役の過半数が集まって会議を開く必要があります。

監査役会の同意は、監査役会の決議で行います。

一方、監査役全員が必要とされる場合は、監査役会の全員による決議は、必要ありません。

会社法施行前の旧法下では、例えば、監査役会による会計監査人の解任等については、監査役全員の一致による決議が求められていました。この場合には、監査役全員が監査役会に出席して決議することが必要となりますが、緊急の必要性がある場合には、対応が困難となりました。

会社法施行後は、これらの規定は監査役全員の同意が必要とされていて（会社法340②④）、監査役全員出席の会議を経なくても、監査役全員の同意があればよいことになっています。

## Q49 業務監査権限のある監査役の役割は

**A** 　監査役は、原則として、会計監査の権限だけでなく、取締役の業務執行を監査する権限ももちます。

　その業務等を行うため、監査役は、①会計や業務執行の監査権や、②調査権のほか、③取締役への不正行為等の報告義務、④取締役会への出席・意見陳述義務、⑤株主総会に対する議案等の調査報告義務、⑥取締役の行為の差止請求権、⑦会社と取締役との間の訴えにおける会社を代表する権限をもちます。

### ★監査役の権限は

　監査役は、原則として、会計監査の権限だけでなく、取締役（会計参与が置かれているときは会計参与も）の業務執行を監査する権限をもちます。

　旧有限会社と旧商法の小会社の監査役は、会計監査のみに権限が限られていましたが、会社法では、旧商法の中会社や大会社のように取締役の業務執行に対する監査権限ももつのが原則です。

　業務執行を監査する権限をもつ監査役の権限は、図表90のとおりです。

### ★監査役に権限を認めたわけは

　業務監査の権限のある監査役に、取締役会への出席と意見陳述義務が認められるのは、取締役会に出席することで、取締役の業務執行の内容を把握し、業務監査を十分に機能させるためのものです。

　子会社に対する報告請求権や調査権をもつのは、親子会社の場合は親会社が子会社を利用して会計処理上不正な行為をするおそれがあることから、それを調査できるようにするためのものです。

### ★監査役の業務監査が違法性があるかの監査は

　業務執行取締役の業務執行に対する取締役の監督は、取締役の業務執行が妥当であるかという監督だとされています。取締役や取締役会の業務執行取締役の選定・解職権を後ろ盾として、業務執行取締役の職務執行が妥当でない場合には、業務執行取締役を解職し、または再選定しないという方法で、職務の執行が妥当であったかを判断し、処分できるからです。

一方、監査役は、業務執行取締役の解職権をもちませんので、その監査権は業務執行が法律や定款に適合しているか違反しているかの違法性の監査しかできません。
　ただし、取締役の業務執行が著しく不当な場合は、監査役の監査の対象になります。

【図表90　業務執行権限をもつ監査役の権限】

| 項　目 | 説　　　明 |
|---|---|
| ①監査権限 | 監査役は、取締役の職務の執行を監査し、監査報告を作成します。<br>　会計参与設置会社では、取締役と会計参与の職務の執行を監査します（会社法381①）。<br>　会社法施行前は、小会社と有限会社の監査役は、会計監査のみに権限が限られ、取締役の業務執行に対する監査権がありませんでしたが、施行後は、監査役は原則として、会計監査の権限と業務執行の監査権の双方の権限をもちます。 |
| ②調査権 | 監査役は、職務を行うため、いつでも、取締役、会計参与、支配人その他の使用人、子会社に対して、事業の報告を求め、さらに、会社・子会社の業務、財産の状況の調査をすることができます（会社法381②③）。 |
| ③取締役への不正行為等の報告義務 | 監査役は、取締役が不正の行為をし、するおそれがあると認めるとき、または法令・定款に違反する事実や、著しく不当な事実があると認めるときは、遅滞なく、その旨を取締役（取締役会設置会社にあっては、取締役会）に報告しなければなりません（会社法382）。 |
| ④取締役会への出席・意見陳述義務 | 監査役は、取締役会に出席し、必要があると認めるときは意見を述べなければなりません（会社法383①）。<br>　監査役は、取締役会に出席するため、取締役会の招集権者に対し、取締役会の招集を請求することができます（会社法383②）。 |
| ⑤株主総会に対する報告義務 | 監査役は、取締役が株主総会に提出しようとする議案、書類、電磁的記録その他の資料を調査しなければなりません。<br>　監査役が、法令・定款に違反し、または著しく不当な事項があると認めるときは、その調査の結果を、株主総会に報告しなければなりません（会社法384、施行規則106）。 |
| ⑥監査役による取締役の行為の差止請求 | 監査役は、取締役が会社の目的の範囲外の行為、その他法令・定款に違反する行為をし、またはこれらの行為をするおそれがある場合で、その行為によって会社に著しい損害が生ずるおそれがあるときは、取締役に対し、その行為を止めることを請求することができます（会社法385①）。<br>　仮処分によって取締役の行為が差し止められる場合にも、担保を立てる必要はありません（会社法385②、施行規則106）。 |
| ⑦会社と取締役との間の訴えにおける会社の代表 | 会社が取締役に対し、または取締役が会社に対して、訴えを提起する場合には、その訴えについては監査役が会社を代表します（会社法386①）。<br>　株主から、①取締役の責任を追及する訴えを請求される場合（会社法847）、②会社が取締役の責任を追及する訴えの訴訟告知や取締役の責任を追及する訴えに係る訴訟における和解の通知・催告を受ける場合には、監査役が会社を代表します（会社法386②）。 |

## Q50 会計監査権限のみの監査役の役割は

**A** 監査役は、原則として、会計監査の権限だけでなく、取締役の業務執行を監査する権限ももちますが、例外的に、非公開会社で、かつ、監査役会も会計監査人も置かない会社では、定款に定めることにより、監査役の監査の範囲を、会計に関するものに限定することができます。

★監査役の権限を会計監査権限のみに限ることができるのは

　非公開会社で、監査役会も会計監査人も置かない会社では、定款に定めることにより、監査役の監査の範囲を会計監査権限に限定することができます（会社法389①）。

　このような会社では、監査役の監査権限を会計監査に限るか、業務執行の監査権まで与えるかを、会社が自由に選択できることになります。

　なお、一つの会社で会計監査権限をもつ監査役と業務執行権限をもつ監査役が共存することは認められていません。

　会計監査のみに権限が限られると、その監査役の役割は、旧有限会社と旧法の小会社の監査役と同様になります。

【図表91　監査役の監査のしくみ】

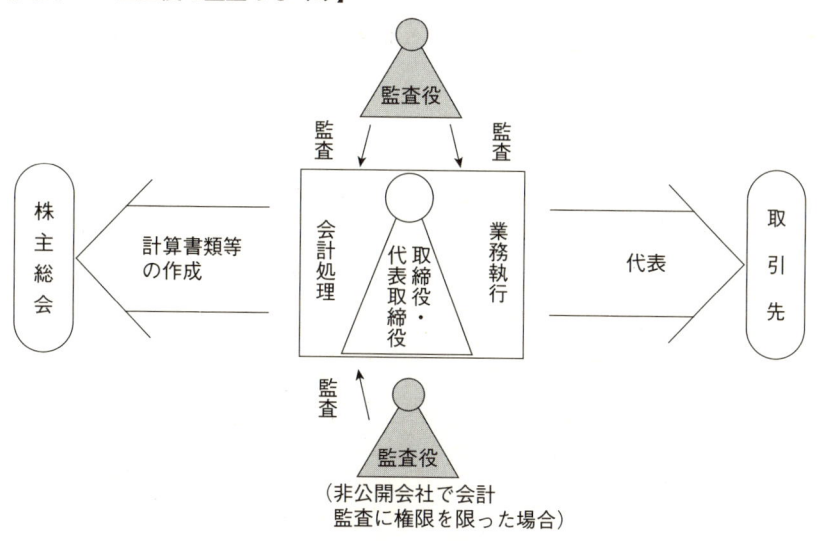

★会計監査権限のみに権限を限定された監査役の権限は

会計監査権限のみに権限を限定された監査役の権限は、図表92のとおりです。

【図表92　会計監査権限のみに限定された監査役の権限】

| 項　目 | 説　明 |
|---|---|
| ①会計監査権 | 会計監査に権限を限定された監査役は、計算規則で定めるところにより、監査報告を作成し、取締役が株主総会に提出しようとする会計に関する議案、書類その他の施行規則108で定めるものを調査し、その調査の結果を株主総会に報告しなければなりません（会社法389②③）。 |
| ②会計帳簿等の調査権 | 会計監査のみに権限が限定された場合でも、監査役は、その職務を行うため、いつでも、会計帳簿等の閲覧・謄写をし、または取締役、会計参与、支配人、その他の使用人に対して、会計に関する報告を求めることができます（会社法389④）。 |
| ③子会社に対する調査権 | 監査役は、株式会社の子会社に対して、会計に関する報告を求め、または会社・子会社の業務、財産の状況の調査をすることができます（会社法389⑤）。 |
| ④業務執行に関係する権限 | 業務執行の監査権をもつ監査役に認められる①取締役への不正行為等の報告義務、②取締役会への出席・意見陳述義務、③株主総会に対する会計に関係しない議案等の調査報告義務、④取締役の行為の差止請求権、⑤会社と取締役との間の訴えにおける会社を代表する権限の権限は、会計監査権限のみの監査役には認められません（会社法389⑦）。 |

★監査役会・会計監査人設置会社で会計監査権限のみの監査役が置けない理由は

監査役会設置会社は、監査役3名以上（社外取締役が半数以上）の大きい規模をもつ監査役会で、厳格な監査が必要な会社の類型であるため、業務執行権限をもたない監査役を認めることは相当ではありません。

また、会計監査人設置会社では、会計監査人の独立性を確保するために業務監査権をもつ監査役の存在が不可欠であることから、監査役の権限を会計監査に限る旨の定款の定めを設けることはできないと考えられます。

例えば、会計監査人の選任・不再任・報酬の決定等において監査役の同意を必要とすることで、会計監査人の独立を確保することになっています。

なお、監査役の権限を会計に限定する旨の定款の定めがなされた場合は、業務執行への監査権をもつ監査役の代わりに、取締役の業務執行を監視するための株主の権利が強化されています（Q27参照）。

## Q51 会計参与の権限・職務は

**A** 会計参与は、取締役と共同して、計算書類等（計算書類、その附属明細書、臨時計算書類、連結計算書類）を作成し、会計参与報告を作成します。

また、会計参与は、計算書類等を会社とは別に、5年間保管して備え置き、株主や債権者から請求があれば、閲覧させたり謄本等の交付したりしなければなりません。

★会計参与という機関は

会計参与は、取締役（委員会設置会社では執行役）と共同して、計算書類、附属明細書、臨時計算書類、連結計算書類（以下、計算書類等といいます）を作成する機関です（会社法374①）。

会社の規模や他の機関設計の内容に関わらず、設置することができます。

【図表93 会計参与の仕事のしくみ】

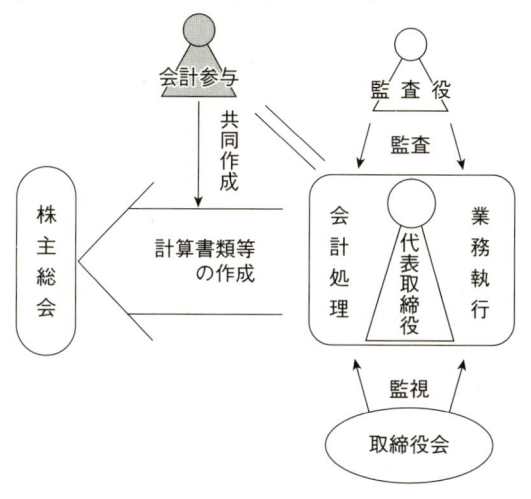

★会計参与新設の理由は

もともと、中小規模の会社では、税理士等が会社の経理関係を指導しながら、計算書類を作成することが多く、さらにその税理士等が、監査役に選任されている場合もあります。しかし、本来、監査役は、監査を行う立場であ

り、会社の会計処理を直接行うことはできません。

そこで、中小企業の会計処理に、このような税理士等が関わっている実態を制度化し、その計算書類等の正確性を確保するため、機関として会計参与が導入されました。

### ★会計参与の職務・義務は

会計参与は、計算書類等の作成に関与する（会社法374①）ほか、これとは別に、会計参与報告を作成します（会社法374①）。

また、その計算書類等と会計参与報告を会社とは別に、5年間保管して備え置き、株主や債権者から請求があれば、閲覧させまたは謄本等の交付をする義務を負います（会社法378）。

会計参与は、その職務を遂行するため、会計帳簿やこれに関する資料をいつでも閲覧・謄写ができ（会社法374②）、子会社に対する調査ができます（会社法374③）。

取締役会で、計算書類等を承認する際には、その取締役会に出席し、意見を述べる義務があります（会社法376①）。

会計参与は、その職務を行うについて、取締役の職務執行の不正行為、法令定款に反する重大な事実を発見したときは、監査役（監査役会設置会社では監査役会、監査役が置かれていない会社では株主）に対して、報告しなければなりません（会社法375）。

また、計算書類等の作成について取締役と意見を異にする場合は、株主総会で意見を述べることができます（会社法377）。

このように、会計参与は、監査機関ではなく、計算書類等の作成に直接関わり、その適正を確保するものです。したがって、計算書類等を外部からチェックする会計監査人とは、その役割が異なりますので、会計監査人と同時に設置することも可能です。

### ★計算書類等の備置と開示は

会計参与は、会社とは別に計算書類等と会計参与報告を備置し、株主や債権者に開示する必要がありますが、備置く場所については、次の範囲で、会計参与自身が定めることができます。

すなわち、①会社の本店または支店と異なる場所を定めなければなりません。②会計参与である公認会計士や税理士の事務所の場所の中から定めなければなりません（施行規則103）。

## Q52 会計監査人の権限・職務は

**A** 会計監査人は、計算書類等（計算書類、附属明細書、臨時計算書類、連結計算書類）を監査し、会計監査報告を作成します。

★会計監査人の職務は

会計監査人は、計算書類等（計算書類、附属明細書、臨時計算書類、連結計算書類）を監査し、会計監査報告を作成します（会社法396①、施行規則110）。

なお、計算書類とは、貸借対照表、損益計算書、株主資本等変動計算書と個別注記表のことです（会社法435①、計算規則91）。

【図表94　会計監査人の仕事のしくみ】

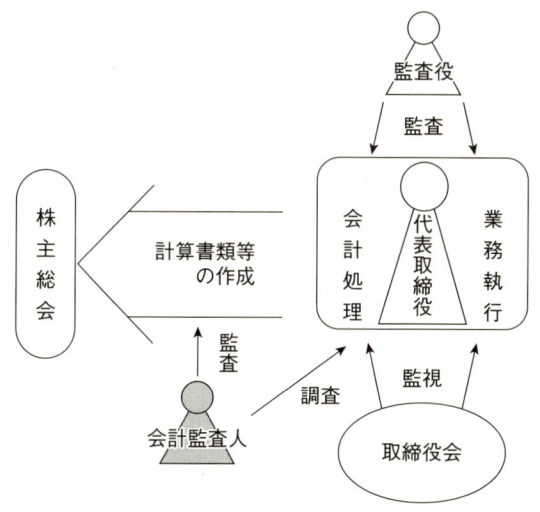

★会計監査人の権限は

会計監査人は、図表95の権限をもちます。

★会計監査人の会計監査報告は

会計監査人の作成する会計監査報告は、図表96の事項を内容としなければなりません（計算規則154）。

【図表95　会計監査人の権限】

| 権　限 | 内　容 |
|---|---|
| ❶調査権 | 　会計監査人は、職務を行うため、いつでも会計帳簿や関連資料の閲覧・謄写をし、取締役、会計参与、支配人その他の使用人に対し、会計に関する報告を求めることができます（会社法396②）。<br>　会計監査人は、子会社に対して会計に関する報告を求め、会社や子会社の業務や財産状況を調査することができます（会社法396③）。 |
| ❷監査役に対する報告 | 　会計監査人は、職務を行うに際して、取締役の職務執行に関し、不正の行為、法令・定款に違反する重大な事実があることを発見したときは、遅滞なく、これを監査役（または監査役会）に報告しなければなりません（会社法397①、③）。 |
| ❸定時株主総会における会計監査人の意見の陳述 | 　会計監査人は、監査の対象となる計算書類等が法令・定款に適合するかどうかについて、監査役（または監査役会）と意見を異にするときは、会計監査人は、定時株主総会に出席して意見を述べることができます（会社法398①、③）。<br>　逆に、定時株主総会で会計監査人の出席を求める決議があったときは、会計監査人は、定時株主総会に出席して意見を述べなければなりません（会社法398②）。 |
| ❹不適正意見の決算公告への明示 | 　会計監査人が、会計監査報告で、不適正意見を述べた場合は決算公告へ明示する必要があります（計算規則176）。 |

【図表96　会計監査報告の内容】

会計監査報告の内容
- ❶監査の方法、その内容
- ❷計算関係書類が株式会社の財産・損益の状況をすべての重要な点において適正に表示しているかについての下記の意見
  - ①　無限定適正意見
    　計算関係書類が一般に公正妥当と認められる企業会計の慣行に準拠して、その期間の財産、損益の状況をすべての重要な点に置いて適正に表示していること
  - ②　除外事項または限定付適正意見
    　計算関係書類が除外事項を除き、①と同じく適正に表示していることと除外事由
  - ③　不適正意見
    　計算関係書類が不適正である旨、その理由
- ❸❷の意見がないときは、その旨と理由
- ❹追記情報
- ❺会計監査報告の作成日

## Q53 委員会設置会社機関の権限・職務は

**A** 委員会設置会社では、①指名委員会が、株主総会に提出する取締役、会計参与の選任・解任に関する議案の内容を決定し、②監査委員会が、執行役、会計参与及び取締役の職務執行の監査や監査報告の作成を行い、③報酬委員会が、執行役、会計参与、取締役の報酬等の内容を決定します。

業務執行の決定とその執行は、執行役が行うため、取締役は業務執行権をもちません。また代表執行役が会社の代表権をもちます。

### ★委員会設置会社の委員会権限は

委員会とは、指名委員会、監査委員会、報酬委員会のことをいい、おのおのの取締役の中から、取締役会の決議によって選定された委員3人以上で組織します（会社法400①②。図表97）。

各委員会の委員の過半数は、社外取締役でなければなりません（会社法400③）。そのため、各委員会の権限事項については、社外取締役の意向が強く働くことになります。

(1) 指名委員会

指名委員会は、株主総会に提出する取締役、会計参与の選任や解任に関する議案の内容を決定します（会社法404①）。

通常、このような役員人事の決定は取締役会にあり、経営者としての取締役の意向が強く働きますが、委員会設置会社では、社外取締役をこれに関与させ、その決定の透明化を図ろうとしたものです。

指名委員会で決めた人事は、取締役会で覆すことはできません。

(2) 監査委員会

監査委員会は、執行役、会計参与、取締役の職務執行監査及び監査報告の作成職務を行います（会社法404②一）。監査委員会は、監査役に代わる機関です。

通常の株式会社では、この監査は監査役の権限となりますが、監査の透明性を図るため、社外取締役の関与する監査委員会にその権限を与えたものです。監査委員会の監査権限は、執行役・取締役の業務執行の妥当性にまで及びます。

委員会設置会社では、この監査委員会と権限の重なる監査役・監査役会を

置くことはできません。

(3) 報酬委員会

報酬委員会は、執行役、会計参与及び取締役の個人別報酬の内容を決定します（会社法404③）。

通常の株式会社では、これらの報酬は株主総会の決議により決定します。しかし、一般的には、株主総会が上限を決め、具体的な額は取締役会に一任することが多くありました。

委員会設置会社では、この権限を報酬委員会に与え、社外取締役の意向をふまえてその具体的な額まで決定することとされています。

その決定に株主総会の決議は必要なく、報酬委員会でいったん決定した額を取締役会で変更することもできません。

### ★執行役の業務執行権と取締役会の監視権は

取締役会は、執行役を選任しなければなりません（会社法402①）。

執行役は、業務執行の決定とその執行をいます（会社法418）。

取締役は、業務執行権をもちません（会社法415）。

委員会設置会社では、業務執行は、取締役ではなく、執行役が行うことになります。

取締役会は、法定の業務執行に関する重要事項のみを決定し（会社法416①②）。取締役は、取締役会を通じ、執行役の業務執行を監視する役割を果たします（会社法417④⑤）。

### ★代表執行役の権限は

取締役会は、執行役の中から、代表執行役を選任します。

代表執行役は、一切の裁判上または裁判外の権限をもちます（会社法420①〜③）。

代表執行役は、委員会を設置しない会社の代表取締役の権限と同様の権限をもつことになります

### ★委員会設置会社機関の特徴は

委員会設置会社で株主が選任した取締役は、自らは業務執行を行わず、取締役会が選任した執行役に業務執行をさせ、取締役会は執行役の監視機関となります。

この執行役の業務執行機関と取締役会の監督機関を分離し、業務執行に対

**【図表97　委員会設置会社のしくみ】**

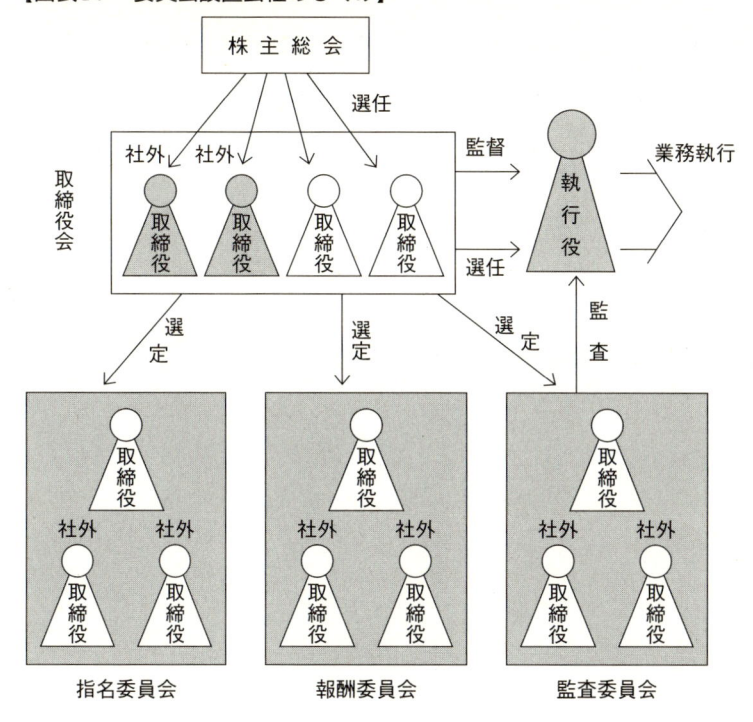

```
                    株主総会
                       │
                   ┌───┴───┐
                  選任      選任
                   │        │
         ┌─取締役会──────┐ 監督→ 執行役 → 業務執行
         │ 社外 社外          │      ↑
         │ 取  取  取  取     │─選任─┘
         │ 締  締  締  締     │
         │ 役  役  役  役     │
         └──┬───┬───┬────┘ 監査
           選定 選定 選定     │
            │   │   │
         指名委員会 報酬委員会 監査委員会
         （取締役＋社外取締役×2）×3
```

する監視体制を透明化しようとする点に従前の株式会社との違いがあり、委員会設置会社の特徴があります。

　一方、各委員会の設置は、会社にとって重要な役員人事、報酬の決定と監査については、社外取締役の意向が強く働く各委員会にこれを委ねることにより、それらの意思決定の透明性を高める目的をもつものです。

　このような委員会設置会社の制度は、米国型の会社をモデルにしたものです。

**★中小会社でも委員会設置会社機関を置くことができる**

　委員会設置会社制度は、会社法施行前は、大会社でないと採用することができませんでしたが、会社法施行後は、中小会社でも採用することができます。

　ただし、取締役会と会計監査人を置く会社でなくてはなりません（会社法327①⑤）。

　もっとも、中小会社が委員会設置会社を選択することは、会社の役員の選任や機関運営の面での負担が多いためよほど選択する特別な状況がない限り、実際上は困難であるといえます。

## Q54 内部統制システムの整備ってなぜ

**A** コンプライアンスやコーポレートガバナンスの見地から、株式会社の内部統制システムの整備を決定する場合には、取締役会設置会社では必ず取締役会で、取締役会を置かない会社では取締役の過半数以上で、決定しなければなりません。

### ★内部統制システムの整備は取締役会で決定必要

多発する企業の不祥事を防ぐため、コンプライアンス（法令遵守）やコーポレートガバナンス（企業統治）の重要性が主張されています。

このため、株式会社の内部統制システムの整備を決定する場合には、取締役会設置会社では必ず取締役会で（会社法362④六）、取締役会を置かない会社では取締役の過半数で決定する必要があります（会社法348③四）。

会社にとって重要な事項ですから、その決定を取締役または取締役会の専決事項としたものです。

【図表98　内部統制システムの構築】

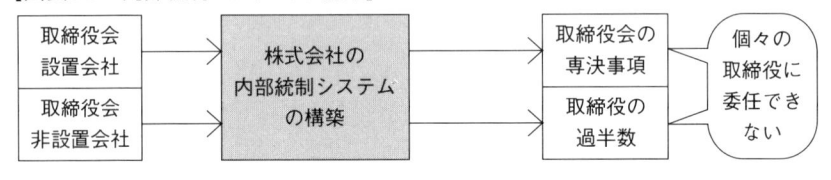

取締役会設置会社　→　株式会社の内部統制システムの構築　→　取締役会の専決事項
取締役会非設置会社　→　　　　　　　　　　　　　　　　→　取締役の過半数
→　個々の取締役に委任できない

### ★内部統制システムというのは

内部統制システムの整備とは、「取締役の職務の執行が法令及び定款に適合することを確保するための体制その他株式会社の業務の適正を確保するために必要なものとして法務省令で定める体制の整備」のことで、具体的内容は、施行規則98条と100条に定められています。

### ★大会社の取締役会設置会社では内部統制システム整備を義務化

大会社の取締役会設置会社では、取締役会に会社の内部統制システムの整備の決定が義務づけられています（会社法362⑤）。

しかし、中小会社の場合、内部統制システムの整備は任意で、必ずしもこれを決定する必要はありません。

# ❻ 会社機関の選任・選定手続等のポイントは

- **Q55** 取締役の資格・選任・任期・員数・解任は・124
- **Q56** 代表取締役の選定・解職は・127
- **Q57** 社外取締役が必要なとき・
  その資格・選任・任期等の扱いは・129
- **Q58** 監査役の資格・任期・員数は・133
- **Q59** 監査役の選任・解任は・136
- **Q60** 会計参与の資格・任期・員数は・137
- **Q61** 会計参与の選任・解任は・138
- **Q62** 会計監査人の資格は・139
- **Q63** 会計監査人の選任・任期・員数・解任・登記は・140
- **Q64** 補欠役員制度の活用ポイントは・142
- **Q65** 役員の責任・免責の扱いは・145
- **Q66** 1人取締役のときの権限・責任は・149
- **Q67** 委員会設置会社機関の選任・選定は・151

## Q55 取締役の資格・選任・任期・員数・解任は

**A** 取締役の選任・解任は、株主総会の普通決議で行います。
法人は、取締役になれません。非公開会社は、取締役の資格を会社の株主に限ることができます。

任期については、2年内の定時総会の終結時までですが、非公開会社の場合は、最長10年の任期の延長が認められています。

員数も、取締役会を置かない会社では、取締役を最低1人置けばよいことになっています。

### ★取締役の選任・解任は

取締役は、他の役員や会計監査人と同様に、株主総会の決議によって選任されます（会社法329）。選任の決議は普通決議で、①議決権を行使できる株主の議決権の過半数（定足数）をもつ株主が出席し、②出席株主の議決権の過半数（議決要件）をもって行わなければなりません（会社法341）。

定款で、定足数を3分の1以上まで減らし、議決については過半数以上に増やすことが認められます。

解任の決議も、上記と同様の普通決議でなされます。施行前までは、取締役の解任には特別決議が必要でしたが、施行後は、株主総会による取締役のコントロールを強化するため、普通決議で足りることとされました。

### ★取締役になれない者は

図表99に掲げる者は、取締役となることができません（会社法331①）。

【図表99　取締役になれない者】

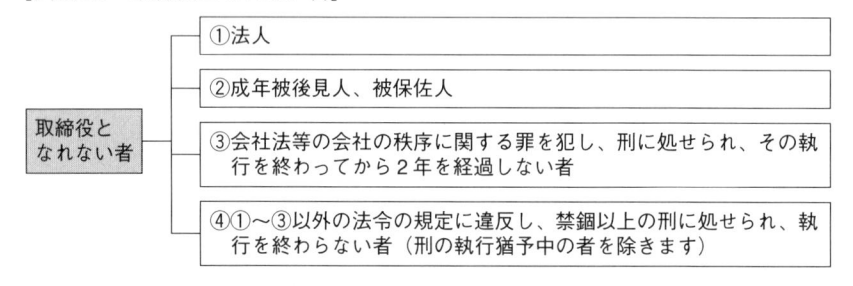

| 取締役となれない者 | |
|---|---|
| | ①法人 |
| | ②成年被後見人、被保佐人 |
| | ③会社法等の会社の秩序に関する罪を犯し、刑に処せられ、その執行を終わってから2年を経過しない者 |
| | ④①～③以外の法令の規定に違反し、禁錮以上の刑に処せられ、執行を終わらない者（刑の執行猶予中の者を除きます） |

これらの場合は、取締役の職務を執行する能力を欠き、または取締役にふ

さわしくないと考えられるからです。

　持分会社では法人が、業務執行社員になることができるようになりましたが、株式会社では、法人は取締役や監査役になれません。

　また、施行前は「破産手続開始決定を受け復権していない者」が欠格事由とされていましたが、施行後はこの事由は廃止され、欠格事由とされていません。しかし、取締役が個人破産すると、取締役と会社間の委任契約は終了しますので、その者が直ちに、取締役の地位を失うことに変わりありません（会社法330、民法653）。

　破産した者に取締役を続けさせるためには、再度取締役の選任決議をする必要があります。

　図表99の③の事由では、旧法と比べ、証券取引法、民事再生法、会社更生法等の罪が加えられています。

★定款で取締役を株主に限ることができるのは

　非公開会社では、定款で定めることで、取締役になる資格を株主に限定することができます（会社法331②）。

　公開会社では、そのような取締役の資格の制限は認められていません。

★取締役は何人置けばいい

　取締役会設置会社では、取締役は3人以上でなければなりません（会社法331④）。しかし、取締役会を置かない会社では、取締役の員数の制限はなく、1人以上選任されればよいことになります。

　逆に、人数の法律上の上限はありません。しかし、少数株主からの取締役選任の議案提出を防ぐため、定款で「取締役を○人以内とする。」等、人数の上限を定めることも必要です。

★取締役の任期は

　取締役の任期は、選任後2年以内に終了する最終の事業年度の定時株主総会の終結の時までです。

　定款または株主総会の決議によって、その任期をそれより短くすることができます（会社法332①）。

　委員会設置会社の取締役については、選任後1年以内に終了する最終の事業年度の定時株主総会の終結の時となります（会社法332③）。

　任期の起算点は、選任時からとなります。

以上が、原則ですが、非公開会社（委員会設置会社を除きます）の場合は、定款によって、取締役の任期を選任後10年以内に終了する最終の事業年度の定時株主総会の終結の時まで延ばすことができます（会社法332②）。これとの関連で、休眠会社となる基準が5年から12年に延長されています（会社法472①）

なお、取締役のうち、特定の者や一定条件を満たす者を定款で示し、そのような取締役の任期のみを別に定めることもできると解されています。

### ★任期を何年に規定するかの判断ポイントは

前述のとおり、取締役の任期は、選任後10年まで延ばすことができますが、必ずしも任期を10年にしなければならないわけではありません。

オーナー会社のオーナーや、同族会社の経営者が自ら取締役に選任する場合は、任期が長いことにはメリットがあります。

しかし、10年という長い期間を考えると、就任するときから状況が変わることは容易に予想されます。オーナーや支配株主でない者が長期間の任期の取締役に選任すると、オーナーや支配株主と対立し、会社が混乱することも考えられます。

このような場合には、数年の任期にとどめ、新たに再生を行う際に、オーナーや支配株主のチェックを受けることが望ましいといえます。

【図表100　取締役の任期変更の定款の定め例】

> 第○条（取締役の任期）
> 　取締役の任期は、選任後5年以内に終了する事業年度のうち最終のものに関する定時株主総会の終結の時までとする。

### ★定款の変更により任期満了となるときは

任期満了前でも、図表101の定款変更をした場合には、取締役の任期は、定款変更の効力が生じたときに満了します（会社法332④）。

【図表101　定款変更による任期満了】

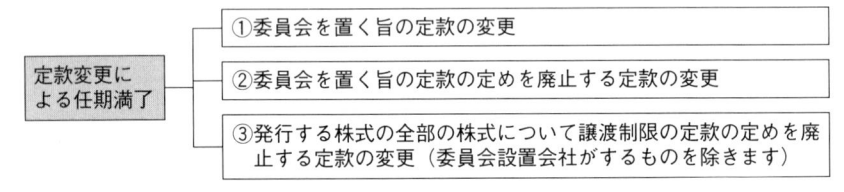

| 定款変更による任期満了 | ①委員会を置く旨の定款の変更 |
| --- | --- |
| | ②委員会を置く旨の定款の定めを廃止する定款の変更 |
| | ③発行する株式の全部の株式について譲渡制限の定款の定めを廃止する定款の変更（委員会設置会社がするものを除きます） |

①と②は取締役の職務内容が変わり、新しい職務に適した新たな取締役を選任すべきであり、③については会社の運営が変わり、また取締役の任期の規制が変わるため、新たに取締役の選任が必要と考えられているからです。

## Q56 代表取締役の選定・解職は

**A** 取締役会設置会社では、取締役会が代表取締役を選定・解職します。
取締役会を置かない会社では、定款で直接代表取締役を指名するか、定款の定めに基づく取締役の互選または株主総会の決議によって、代表取締役を選定・解職します。
なお、代表取締役は、取締役の中から選定しなくてはなりません。

### ★代表取締役の選定・解職というのは

取締役の中から選ばれる代表取締役のように、他の機関の中からさらに機関として選ばれることを選定といい、その職務を解かれることを解職といいます。

会社法施行前の旧法では、代表取締役の場合も選任・解任といっていましたが、施行後は、選定・解職と表現し、通常の機関の選任・解任とは区別されます。

### ★取締役会を置かない会社の代表取締役の選定は

取締役会を置かない会社では、①定款で直接代表取締役を指名するか、②定款の定めに基づく取締役の互選、③株主総会の決議によって、取締役の中から代表取締役を定めることができます（会社法349③）。

取締役会を置かない会社では、代表取締役を定めるか否かは、自由です。

代表取締役を定めた場合は、代表取締役が会社を代表します（会社法349①）。

代表取締役を定めない場合は、取締役が会社を代表し（会社法349①）、取締役が2人以上ある場合にも、取締役各自が会社を代表します（会社法349②）。

### ★取締役会を置かない会社の代表取締役の解職は

取締役会を置かない会社では、代表取締役の解職は、代表取締役を選任したのと同じ方法と手続で行います。

代表取締役が、①直接定款で指定された場合は定款に解職の規定があればその方法で、②定款の定めに基づく取締役の互選により定められたのであれ

ば取締役の協議によって、③株主総会の決議によって定められたのであれば株主総会の決議によって、解職することができます。

### ★取締役会設置会社の代表取締役の選定は

取締役会設置会社では、取締役会は、取締役の中から代表取締役を選定しなければなりません（会社法362③）。

代表取締役は、会社の業務に関する一切の裁判上または裁判外の行為をする権限を有し（会社法349④）、対外的に株式会社を代表します。

取締役会設置会社の単なる取締役は、取締役会を置かない会社の取締役と違い、代表権をもつことはありません。

取引先との契約等の対外的な業務の執行は、代表取締役の名前で、または代表取締役から委任された権限で行うことになります。

### ★取締役会設置会社の代表取締役の解職は

取締役会設置会社では、取締役会が、代表取締役を解職することができます（会社法362②三）。

### ★取締役の解任と代表取締役の解職との関係は

代表取締役が解職された場合、その取締役は取締役としての地位まで失うことはありません。代表取締役の解職は、取締役会の決議や取締役の協議により行いますが、株主総会の取締役への選任の効果まで否定する権限はないからです。

しかし、代表取締役が株主総会で取締役を解任された場合は、解任された代表取締役は、取締役の地位を失うと同時に、代表取締役の地位も失います。代表取締役は、取締役の中から選定される機関で、その前提として取締役であることが必要とされています。取締役の解任で、代表取締役が取締役としての地位を失ったときは、その前提条件がなくなるため、代表取締役としての地位も当然に失うことになるのです。

【図表102　取締役の解任と代表取締役の解職との関係】

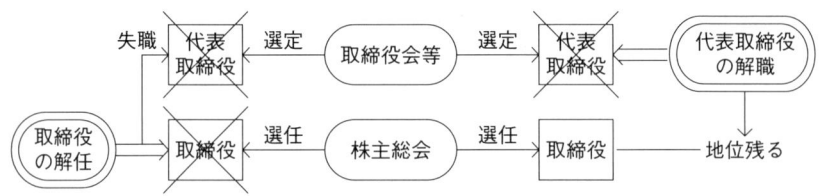

## Q57 社外取締役が必要なとき・その資格・選任・任期等の扱いは

**A** 社外取締役とは、現在も過去も、会社や子会社の業務執行取締役や執行役、使用人となったことがない、株式会社の取締役のことをいいます。

社外取締役が会社法上必要なのは、①特別取締役による取締役会の決議の制度を採用する場合と、②委員会設置会社の委員会の設置をする場合です。

また、社外取締役については、その任務懈怠責任について責任限定契約をすることが認められています。社外取締役も取締役ですから、選任・任期等は取締役と同一に扱われます。

### ★社外取締役の資格は

社外取締役とは、①株式会社の取締役であって、②会社や子会社の業務執行取締役・執行役・支配人その他の使用人でなく、しかも③過去に会社や子会社の業務執行取締役・執行役・支配人その他の使用人となったことがない者をいいます（会社法２十五）。

なお、ここで業務執行取締役とは、ⓐ取締役会設置会社の代表取締役と、ⓑ取締役会設置会社で、取締役会の決議によって取締役会設置会社の業務を執行する取締役として選任された者、ⓒ会社の業務を執行したその他の取締役をいいます。

このように、その会社の業務執行に関わったことがない者は、社外取締役になることができます。したがって、その会社の役員の経験者でも、監査役や業務執行権をもたない取締役であった場合には、社外取締役の資格があることになります。

また、取締役会を置かない会社で、業務執行権をもつ取締役は、現実に業務も執行して上記ⓒに該当することにならない限りは、社外取締役の資格があります。

逆に、社外取締役であった者が会社や子会社の業務執行取締役や執行役に就任した場合は、直ちに社外取締役の資格がなくなります。

### ★社外取締役の選任が必要なのは

社外取締役が必要とされているのは、図表103のとおり、①特別取締役を

置く場合と、②委員会を置く場合です。

【図表103　社外取締役が必要とされている場合】

| 項　目 | 説　明 |
|---|---|
| ❶特別取締役による取締役会設置会社 | 　特別取締役による取締役会の決議の制度を利用するためには、社外取締役が選任されていることが必要です。<br>　取締役会設置会社では、取締役会は、取締役の中から、あらかじめ3人以上の取締役を選定し、そのうち過半数が出席し、その過半数をもって、①重要な財産の処分及び譲受けと、②多額の借財について、決議を行うことができます（会社法373①）。<br>　これを特別取締役による取締役会の決議といいます。<br>　この特別取締役の制度を株式会社が採用するには、株式会社が取締役会設置会社（委員会設置会社を除きます）で、①取締役の数が6人以上であること、かつ②取締役のうち1人以上が社外取締役であることが必要です。 |
| ❷委員会設置会社 | 　委員会設置会社になるためにも、社外取締役が選任されていることが必要です。<br>　3委員会は、それぞれ委員3人以上で組織し、委員は、取締役の中から取締役会の決議によって選定しますが、各委員会の委員の過半数は、社外取締役でなければなりません（会社法400①～③）。<br>　そのため、複数の社外取締役を選任していることが必要になります。 |

**★任意の社外取締役を選任するときは**

　図表103の❶❷のように法律が要求している場合でなくても、会社が、任意に、社外取締役の資格を満たす者を取締役に選任することができます。

　経営の透明性を確保するため、会社の経営陣と利害関係がない人材を、社外から導入する目的で、社外取締役の要件を満たす取締役を選任する会社も増えています。

**★社外取締役の地位は**

　社外取締役は、前述の一定の資格を満たしている取締役ですから、その資格に関する規定以外の点では、取締役そのものです。

　選任・任期等も、取締役と同一に扱われます。

**★社外取締役の責任は**

　社外取締役も取締役ですから、①取締役の会社に対する任務懈怠責任（会社法423①）と、②第三者への損害賠償責任（会社法429①）を負います。

**★社外取締役の責任限定契約は**

　社外取締役の会社に対する任務懈怠責任（会社法423①）については、そ

の責任を会社との契約によって限定する契約が認められています。

　会社の経営陣と無関係な人材に社外取締役の就任を要請する場合に、社外取締役になったときに、どの程度の責任を負う可能性があるかが不明では、その候補者が就任をためらうことがあるため、社外取締役については、責任の限度額をあらかじめ定めた責任限定契約を社外取締役と会社間で締結することが認められています。

　すなわち、社外取締役等が職務を行うにつき善意でかつ重大な過失がないときは、あらかじめ(1)定款で定めた額の範囲内で会社が定めた額と、(2)①社外取締役が在職中に会社から職務執行の対価として受け、または受けるべき財産上の利益の１年間あたりの額に相当する額として施行規則113で定める方法により算定される額の２年分の額と、②当該役員等が特に有利な価格で新株予約権を引き受けた場合に、財産上の利益として施行規則114で定める方法により算定される額とを合計した額（①＋②）のうち(1)と(2)のいずれか高い額を、社外取締役の任務懈怠による損害賠償の責任の限度とする旨の契約を社外取締役等と締結することができます。

【図表104　責任限定契約の責任限度額】

| 責任限度額 | いずれか高い額 | (1) あらかじめ株式会社が定めた額 |
|---|---|---|
| | | (2) ①と②の合計額<br>①社外取締役が在職中に株式会社から職務執行の対価として受け、または受けるべき財産上の利益の１年間あたりの額相当額として施行規則113で定める方法により算定される額の２年分（会社法425①一）<br>②社外取締役が特に有利な価格で新株予約権を引き受けた場合に、財産上の利益として施行規則114で定める方法により算定される額 |

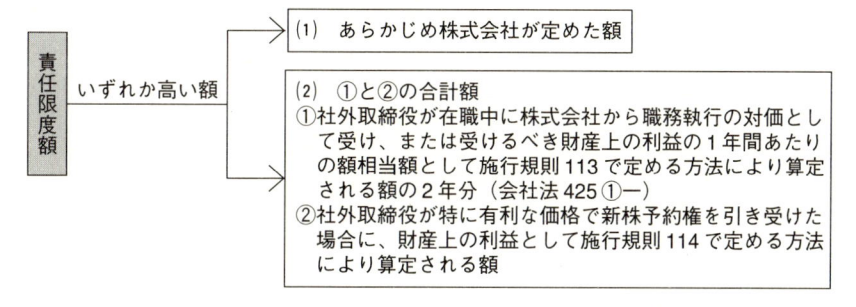

【図表105　責任限定契約の定款の定め例】

　当会社は、会社法第427条の規定により、社外取締役との間に、同第423条第１項による賠償責任を限定する契約を締結することができる。ただし、当該契約に基づく賠償責任の限度額は、○○○万円以上であらかじめ定めた額または法令が規定する金額のいずれか高い額とする。

★社外取締役の登記は

　①社外取締役の責任限定契約についての定款の規定が登記される会社（会社法911③二十四、二十五）、②委員会設置会社（会社法911③二十二）、③取締役会の決議に関する特別取締役の選定登記をした会社（会社法911③二十一）については、社外取締役の資格をもつ者について社外取締役であること

**【図表106　社外取締役の責任限度の契約例】**

---

責任限定契約書

　○○○○株式会社を甲とし、○○○○を乙として、乙が甲の社外取締役に就任するにあたり、乙の甲に対する会社法423条1項の責任が生じた場合の損害賠償の限度額について、次のとおり契約する。

第1条　甲と乙は、乙が甲の社外取締役としての職務を行うについて、善意でかつ重大な過失がないときは、○○○万円または会社法425条に規定により算出された最低責任限度額のいずれか高い額を、乙の甲に対する頭書記載の損害賠償責任の限度とすることに合意する。

第2条　乙が甲または甲の子会社の業務を執行する取締役または執行役、支配人その他の使用人となったときは、本契約は、将来に向かってその効力を失う。

平成○○年○○月○○日

　　　　　　　　　　　　　　　　　東京都○○区○○○○－○－○
　　　　　　　　　　　　　　　　　甲　　○○○○　株式会社
　　　　　　　　　　　　　　　　　　代表取締役　○○○○　㊞
　　　　　　　　　　　　　　　　　○○○県○○市○○○○－○－○
　　　　　　　　　　　　　　　　　乙　　○○○○　㊞

---

を登記しなければなりません。

　しかし、それら以外の会社では、選任された取締役が社外取締役の資格をもっていても、社外取締役である旨を登記する必要はありません。

**★補欠社外取締役というのは**

　会社法が社外取締役に要求している前述の特別取締役を置く場合と、委員会設置会社で社外取締役の法定人数が足りなくなる（社外取締役が死亡したり、辞任したり解任された等）場合があります。

　例えば、委員会設置会社で社外取締役が辞任し、委員会の委員構成が社外取締役を過半数とするという条件を満たさなくなったような場合です。

　社外取締役が会社や子会社の業務執行取締役に就任した場合も、同様のことがいえます。

　このような場合、臨時の株主総会を開いて、他の社外取締役を選任したり、裁判所に職務代行者の選任を申し立てるのは、費用や手間がかかります。そのため、社外取締役についても、補欠の社外取締役を選任しておけば、そうした場合の混乱をも未然に防ぐことができます（補欠役員の選任手続等については、Q64を参照）。

## Q58 監査役の資格・任期・員数は

**A** 法人が監査役になることは認められていません。
非公開会社では、定款によって、監査役を株主でなければならないとすることができます。

監査役の任期は、選任後4年以内に終了する最終の事業年度の定時株主総会の終結の時までが原則ですが、非公開会社では、定款によって、任期を選任後10年以内に終了する最終の事業年度の最後の定時株主総会の終結の時まで伸長することができます。

監査役会設置会社では、監査役は3人以上で、そのうち半数以上は社外監査役でなければなりません。

監査役会を置かない会社では、監査役は1人以上で足ります。

★監査役になれない者は

図表107の者は、監査役になることができません（会社法335①、331①）。

【図表107　監査役になれない者】

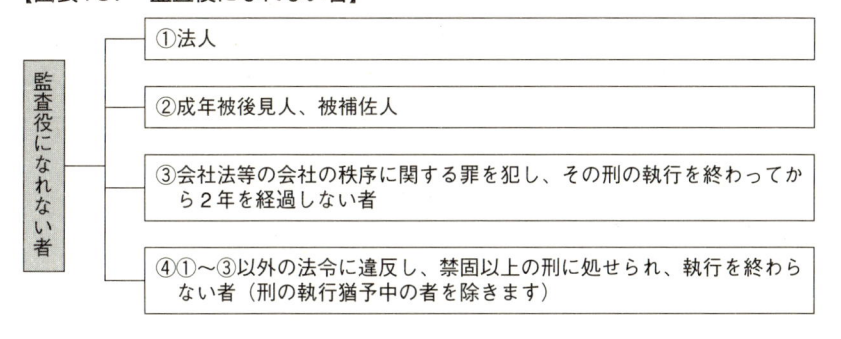

| 監査役になれない者 | |
|---|---|
| | ①法人 |
| | ②成年被後見人、被補佐人 |
| | ③会社法等の会社の秩序に関する罪を犯し、その刑の執行を終わってから2年を経過しない者 |
| | ④①～③以外の法令に違反し、禁固以上の刑に処せられ、執行を終わらない者（刑の執行猶予中の者を除きます） |

図表107の者は、監査役の職務を執行する能力を欠き、または監査役の地位にふさわしくないと考えられるからです。

また、持分会社の業務執行社員には法人でもなれますが、株式会社では、法人は取締役、監査役になれません。

施行前は、「破産手続開始決定を受け復権しない者」が欠格事由とされていましたが、施行後は、この事由は廃止され、欠格事由となっていません。

しかし、監査役が個人破産すると、取締役と会社間の委任契約は終了しま

すので、その監査役は直ちに監査役としての地位を失うことは同じです。

その者に監査役を続けさせるには、再度、監査役への選任決議をする必要があります。

監査役は、会社や子会社の取締役・支配人・その他の使用人・子会社の会計参与（会計参与が法人であるときは、その職務を行うべき社員）や執行役を兼ねることができません（会社法335②）。こうした地位にある者は、監査役として適正な職務の執行を期待し得ないからです。

なお、非公開会社では、定款で定めることにより、監査役を株主でなければならないとすることができます（会社法335①、331②）。

### ★監査役の員数は

監査役設置会社の監査役は、1人以上選任されていればよいのですが、監査役会設置会社の監査役は3人以上で、そのうち半数以上は社外監査役でなければなりません（会社法335③）。

なお、社外監査役とは、過去に会社や子会社の取締役・会計参与・執行役・支配人・その他の使用人となったことがない監査役をいいます（会社法2十六）。

### ★監査役の任期は

監査役の任期は、選任後4年以内に終了する最終の事業年度の定時株主総会の終結の時までです（会社法336①）。

任期の起算点は、選任の時からとされています。

非公開会社では、定款によって、同項の任期を選任後10年以内に終了する最終の事業年度の定時株主総会の終結の時まで、伸長することができます（会社法336②）。

なお、補欠監査役が監査役に就任した場合の任期については、定款によって、退任した監査役の任期の満了する時までとすることができます（会社法336③）。

【図表108　公開会社と非公開会社の監査役の資格・任期の違い】

|  | 公開会社 | 非公開会社 |
| --- | --- | --- |
| ①監査役の資格 | 株主に限ることができない | 株主に限ることができる |
| ②監査役の任期 | 選任後4年以内 | 定款で選任後10年以内に伸長可 |

★定款変更により任期満了となるときは

　任期満了前でも、図表109の定款変更をした場合、監査役の任期は定款の変更の効力が生じた時に満了します（会社法336④）。

【図表109　定款変更により任期満了となるとき】

| 定款変更による任期満了 | |
|---|---|
| | ①監査役を置く旨の定款の定めを廃止する定款の変更 |
| | ②委員会を置く旨の定款の変更 |
| | ③監査役の監査の範囲を会計に関するものに限定する旨の定款の定めを廃止する定款の変更 |
| | ④発行する全部の株式ついて譲渡制限の定款の定めがある場合に、その定款の定めを廃止する定款の変更 |

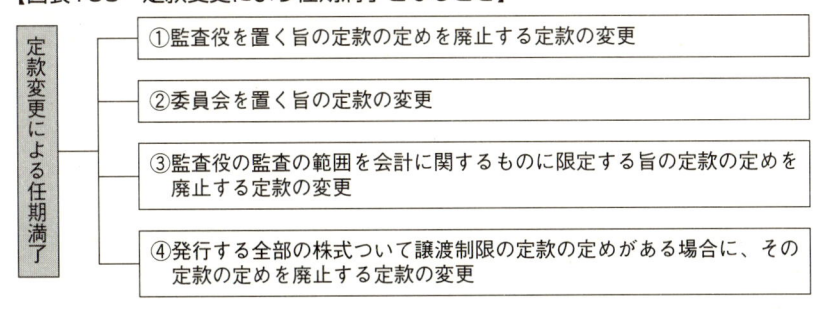

　図表109の①、②については、監査役が機関として廃止される場合で、③は監査役の業務範囲が変わり、④は会社の組織運営が変わることと、任期についての規制が変わることになるため、新たな監査役の選任が必要だからです。

★株式譲渡制限のない小会社の監査役は会社法施行と同時に任期満了となる

　旧法の小会社は、会社法施行と同時に「株主総会＋取締役＋取締役会＋監査役」の株式会社として存続します。

　旧法の小会社の監査役は、権限が会計監査に限定されていましたが、小会社については、そのままの機関で会社法施行と同時にその会社の定款には会社法第389条第1項の監査役の権限を会計監査権限のみに限定する旨の定款の定めがあるものとみなします（整備法53）。

　ところが、会社法第389条第1項の監査役の権限を会計監査権限に限る定款の定めは、非公開会社においてのみ置くことができるものですから、旧法の小会社で公開会社（株式譲渡制限のない会社）である場合は、上記の整備法第53条の適用はありません。

　そのため、旧法の小会社では、会社法施行と同時に、監査役は通常の監査役として会計監査権限だけでなく、業務執行監査権限をもつことになります。

　前述のように、会社法施行と同時に、監査役はその権限が会計監査に限定する旨の規定が廃止されたときには任期満了となりますから、従前の監査役は任期満了により退任となり、会社法が施行後、新たに監査役を選任する必要があります。

# Q59 監査役の選任・解任は

**A** 監査役は、株主総会の普通決議で選任します。解任は、特別決議が必要です。

監査役の選任・解任の議案を株主総会に提出する場合は、監査役の地位を保護するため、監査役や監査役会の同意が必要です。

## ★監査役の選任・解任は

監査役は、株主総会の決議によって選任されます（会社法329）。

選任の決議は普通決議で、①議決権を行使することができる株主の議決権の過半数（定足数）をもつ株主が出席し、②出席株主の議決権の過半数（議決要件）をもって行わなければなりません（会社法341）。

定款で、定足数を3分の1以上まで減らし、議決については過半数以上に増やすことが認められます。

一方、解任は、取締役等の他の役員の場合が普通決議でできるのと異なり、特別決議が必要です（会社法343④、309②七）。

株主総会の特別決議は、①株主総会で議決権行使ができる株主の議決権の過半数（3分の1以上の割合を定款で定めた場合は、その割合以上）をもつ株主が出席し（定足数）、②出席株主の議決権の3分の2（これを上回る割合を定款で定めた場合は、その割合）以上の多数をもって行います（会社法309②）。

監査役の地位を保護するため、解任の要件が厳しくされています。

## ★監査役の選任等に関する監査役等の同意・意見陳述は

取締役は、監査役の選任に関する議案を株主総会に提出するときは、監査役（監査役が2人以上の場合は、その過半数）または監査役会（監査役設置会社の場合）の同意を得なければなりません（会社法343①④）。

監査役は、株主総会で、監査役の選任、解任または辞任について意見を述べることができます（会社法345①④）。

監査役を辞任した者は、辞任後最初に招集される株主総会に出席して、辞任した旨やその理由を述べることができます（会社法345②③）。

これらも、監査役の地位を保護し、取締役に対する監査役の職務の独立性を保証しようとするものです。

## Q60 会計参与の資格・任期・員数は

**A** 会計参与は、取締役（委員会設置会社では執行役）と共同して、計算書類等を作成する職務を行います。

会計参与は、公認会計士（監査法人を含みます）か税理士（税理士法人を含みます）であることが必要で、株主総会で選任され、任期は取締役と同様で、員数の制限はありません。

★会計参与の資格は

会計参与は、公認会計士（監査法人を含みます）か税理士（税理士法人を含みます）でなくてはなりません（会社法333①）。会計の専門家としての資格が要求されるからです。会計参与になれない者は、図表110のとおりです。

【図表110　会計参与となれない者】

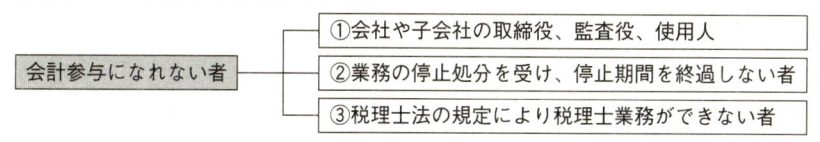

会計参与になれない者
- ①会社や子会社の取締役、監査役、使用人
- ②業務の停止処分を受け、停止期間を終過しない者
- ③税理士法の規定により税理士業務ができない者

会社の顧問税理士は、指揮命令に服する使用人ではありませんので、会計参与になることが可能です。

★会計参与の任期は

会計参与の任期は、取締役と同様、原則として、選任から2年以内に終了する最終の事業年度の定時株主総会の終結時までです（会社法334）。

非公開会社（委員会設置会社を除きます）では、定款によって、会計参与の任期を選任後10年以内に終了する最終の事業年度の定時株主総会の終結の時までに延長することができます（会社法334①、332②）。

【図表111　会計参与の任期延長の定款の定め例】

> 第○条（会計参与の任期）
> 　会計参与の任期は、選任後4年以内に終了する最終の事業年度の定時株主総会の終結の時までとする。

★会計参与の員数は

会計参与の員数についての規制はありません。したがって、会計参与は1名以上置けばよいことになります。

## Q61 会計参与の選任・解任は

**A** 会計参与は、株主総会で選任・解任されます。
会計参与には、会計参与の地位を保護するため、株主総会での会計参与の選任・解任・辞任について、意見を陳述する権利があります。

### ★会計参与の選任・解任は

会計参与は、株主総会で選任します（会社法329①）。

選任の決議は、普通決議（会社法309①）で、①議決権行使ができる株主の議決権の過半数（定足数）をもつ株主が出席し、②出席株主の議決権の過半数（議決要件）をもって行わなければなりません（会社法341）。

定款で、定足数を3分の1まで減らし、議決要件については過半数以上に増やすことが認められています。

解任も選任と同様の株主総会の普通決議で行います（会社法341）。

### ★会計参与の選任・解任等についての意見陳述権は

会計参与は、株主総会で、会計参与の選任・解任・辞任について意見を述べることができます（会社法345①）。

会計参与を辞任した者は、辞任後最初に招集される株主総会に出席して、辞任した旨やその理由を述べることができます（会社法345②）。

いずれも、会計参与の地位を保護するためです。

なお、会計参与を置く旨の定款の定めが廃止されたことによって、在任中の会計参与の任期が満了する場合（会社法334②）は、解任ではありませんので、以上の解任の際の会計参与の意見陳述権は準用されません。

### ★会計参与の選任・解任の登記は

会計参与の選任は、登記事項です。①会計参与設置会社であること、②会計参与の氏名または名称、③会計参与が計算書類等を保存する場所を登記する必要があります（会社法911③十六）。

会計参与を選任・解任した場合は、2週間以内に、その選任・解任を登記しなければなりません（会社法911③十六、915）。

## Q62 会計監査人の資格は

**A** 会計監査人は、公認会計士または監査法人でなければなりません。また、会社法の施行により、欠格事由が整備されています。

★**会計監査人の資格は**

会計監査人は、公認会計士か監査法人でなければなりません（会社法337①）。

なお、会計参与の場合と異なり、税理士・税理士法人は、会計監査人になることはできません。

★**会計監査人になれない者は**

図表112に掲げる者は、会計監査人となることができません（会社法337③）。

【図表112　会計監査人になれない者】

会計監査人となれない者
- ① 公認会計士法の規定により、計算書類等について監査をすることができない者（この中には、公認会計士や監査法人が、株式会社と著しい利害関係を有する場合が規定されています）
- ② 株式会社の子会社や取締役、会計参与、監査役、執行役から、公認会計士・監査法人の業務以外の業務により継続的な報酬を受けている者、またはその配偶者
- ③ 監査法人で社員の半数以上が②に掲げる者であるもの

注　旧法では、業務停止処分を受けて、その停止期間を経過しない者がいる場合も欠格事由とされていましたが、監査法人の場合、処分対象外のすべての会社との関係で欠格事由となり、不都合であるため、これが廃止され、その処理は公認会計士法に委ねられています。

★**監査法人が会計監査人になった場合の職務執行者は**

会計監査人に監査法人が選任された場合には、監査法人は社員の中から会計監査人の職務を行うべき者を選定し、会社に通知しなければなりません（会社法337②）。

監査法人は、図表112の②にあたる者を職務執行者に選定することができません。

具体的な会計監査人の職務は、この職務執行者が行います。

## Q63 会計監査人の選任・任期・員数・解任・登記は

**A** 会計監査人は、株主総会で選任し、解任することができます。会計監査人の選任・解任については、監査役または監査役会の同意が必要です。

任期は、選任後1年以内に終了する最終の事業年度の定時株主総会の終結の時までで、員数についての規制はありません。

取締役が会計監査人の報酬等を定める場合にも、監査役または監査役会の同意が必要です。

また、登記では、会計監査人の氏名・名称も登記事項とされています。

★会計監査人の選任・解任は

会計監査人は株主総会で選任します（会社法329①）。

選任の決議要件は、普通決議（会社法309①）で、①議決権行使ができる株主の議決権の過半数をもつ株主が出席し（定足数）、②出席株主の議決権の過半数をもって行います。

定款によって、選任要件を緩和することもできます。

なお、会計監査人の選任・解任については、定足数等の下限の規制は適用されません（会社法341）。

会計監査人の解任も同様の株主総会の普通決議で行うことができます。

★会計監査人の任期・員数は

会計監査人の任期は、選任後1年以内に終了する最後の事業年度の定時株主総会の終結の時までです（会社法338①）。

会計監査人は、定時株主総会で別段の決議がされなかったときは、定時株主総会で再任されたものとみなされます（会社法338②）。

会計監査人を置く旨の定款の定めを廃止する定款変更がされた場合には、会計監査人の任期はその定款変更の効力が生じたときに満了します（会社法338③）。

会計監査人の員数についての規制はなく、1人または1社以上置くことで足ります。

★会計監査人の選任・解任について監査役の同意が必要
　取締役は、会計監査人の選任・解任・不再任を株主総会の目的とする場合は、監査役（監査役が２人以上ある場合は、その過半数）の同意または監査役会（監査役設置会社の場合）の同意を得なければなりません（会社法344①③）。
　監査役は、取締役に対し、会計監査人の選任議案の株主総会への提出や、選任・解任・再任しないことを株主総会の目的とすることを請求できます（会社法344②）。

★会計監査人は会計監査人の選任・解任について株主総会で意見陳述できる
　会計監査人は、会計監査人の選任・解任・不再任・辞任について、株主総会に出席して、意見を述べることができます（会社法345①⑤）。
　会計監査人を辞任・解任された者は、解任・辞任後最初に招集される株主総会に出席して、辞任した旨やその理由または解任についての意見を述べることができます（会社法345②⑤）。
　会計監査人の選任・解任等について監査役が関与したり、会計監査人自身にも意見陳述権が認められるのは、監査役や会計監査人の地位を安定させ、職務の独立性を確保するためです。

★会計監査人の報酬等の決定に監査役等の同意は
　取締役は、会計監査人の報酬等を定める場合には、監査役（監査役が２人以上ある場合は、その過半数）または監査役会の同意を得なければなりません（会社法399①②）。
　報酬の面からも会計監査人の独立を確保するため、選任だけでなく、報酬の決定についても、監査役の同意権を与えたものです。

★会計監査人の選任登記は
　会計監査人の選任は登記事項であり、会計監査人設置会社であること、会計監査人の氏名または名称を登記する必要があります（会社法911③十九）。
　会社法施行前は、会計監査人は、登記事項ではありませんでしたが、施行後は、会計監査人の監査を受けているかは会社関係者にとって重要な事項であるため、登記事項とされたものです。
　会計監査人が新たに選任・解任されたときは、２週間以内にその旨の変更登記をしなければなりません（会社法915）。

# Q64 補欠役員制度の活用ポイントは

**A** 補欠役員とは、欠員が生じたときに就任することを条件に選任される役員です。

役員に欠員が生じた場合に、役員に就任します。欠員が生じなければ、役員としての地位や権限は発生しません。

## ★補欠役員というのは

補欠役員とは、①役員（取締役、監査役、会計参与）が死亡や辞任等で欠けた場合、②法令や定款で定められた役員の人数が欠けた場合に備え、あらかじめ欠員が生じたときに就任することを条件に選任される役員です（会社法329②）。

補欠となった役員が欠員となった場合に、その役員に就任しますが、補欠役員といっても、補欠取締役、補欠監査役、補欠会計参与として選任されますので、取締役に欠員が生じたからといって、補欠監査役が取締役になれるわけではありません。

## ★補欠役員が必要なわけは

例えば、監査役会設置会社では、監査役は3人以上必要で、その半数以上は社外監査役でなければなりません（会社法335③）。

監査役設置会社では監査役は1人以上いれば足ります。

監査役が死亡したり、辞任したりして、監査役の人数が法律の必要人数を欠いた場合には、その欠員を補充するため、臨時株主総会を開いて監査役を選任したり、裁判所に一時的に監査役の職務を代行する者の選任を求める手続（会社法345②）をとらなければはなりません。

しかし、そのためには費用や手間がかかります。法定や定款規定の監査役の人数を欠いた場合に備え、あらかじめ補欠の監査役を選任しておくことができると便利です。

そのため、補欠役員の選任が認められました。取締役や、会計参与の場合も同様ですが、特に監査役の場合は、法定の最低限ギリギリの人数しか監査役として選任しない会社がほとんどですから、欠員が生じやすく、実務的にも、選任されることが多くあります。

★監査役会設置会社の例でみると

　図表113の監査役会設置会社の例でみると、監査役ABCがいて、BCが社外監査役とします。仮にC監査役が営業年度途中に退任することになったとしても、補欠社外監査役Dがあらかじめ選任されていれば、Cの退任と同時にDが監査役となりますので、法定の3名の監査役には欠員が生じません。

　また、社外監査役の要件も満たしていることになります。Dに対してはCが退任するまでは、監査役としての報酬の支払いが発生しませんから、会社としては経費の節減になるメリットもあります。

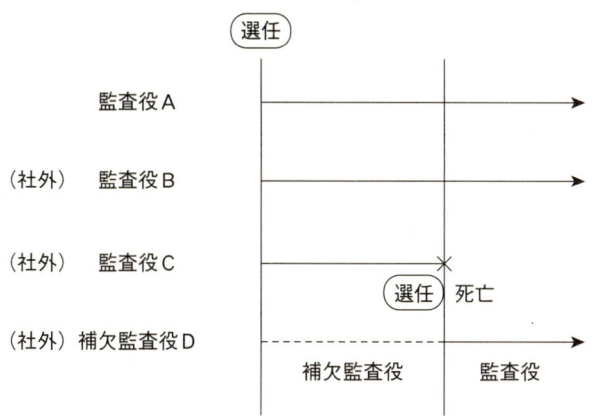

【図表113　監査役会設置会社の例】

★定款の定めがなくても補欠役員の選任が認められる

　補欠役員は、定款に記載がなくても、その選任をすることができるようになっています。

　さらに、監査役だけでなく、取締役と会計参与についても補欠選任が認められています（会社法329②）。会計監査人については、認められていません。

★補欠役員は欠員が生じるまでは役員ではない

　選任された補欠役員は、欠員が発生するまでは、現実には役員に就任するわけではありませんので、役員としての業務をすることはなく、義務を負うこともありません。報酬も発生せず、選任の登記もされません。

　欠員が生じた場合は、別に株主総会の決議等の手続を得なくても、自動的に補欠役員が役員に就任することになります。

　なお、監査役の場合は、任期を他の監査役と合わせるため、定款で、退任した監査役の任期の満了時と定めることもできます（会社法336）。

★補欠役員選任の決議の効力は

　補欠役員の選任の効力は、定款に定めがある場合を除き、決議後に最初に開催される定時株主総会の開始時までです（施行規則96③）。

　役員の欠員が生じないまま、次の定時株主総会（原則1年）が経過すると補欠役員の選任の効力はなくなります。補欠役員を経常的に置いておくためには、定款で選任の効力を延長するか、毎年の補欠役員の選任が必要になります。

　なお、株主総会の決議で、選任の期間をこれよりも短縮することもできますが、延長することはできません（施行規則159③）。

　監査役の選任議案を株主総会に提出するには、監査役の過半数の同意が必要ですが（会社法343①）、補欠監査役の選任についても同様です。

★補欠役員選任の決議事項は

　補欠役員の選任を行う場合は、候補者を補欠役員に選任することのほか、図表114の事項を併せて決定しなければなりません（施行規則96②）。

　なお、補欠役員の候補者を、2つ以上の役員（例えば、取締役と監査役）の候補者として選任することもできます。

　さらに、特定の役員（例えば、取締役のうちA取締役）のみの補欠役員候補者として選任することもできます。

【図表114　補欠役員選任の決議事項】

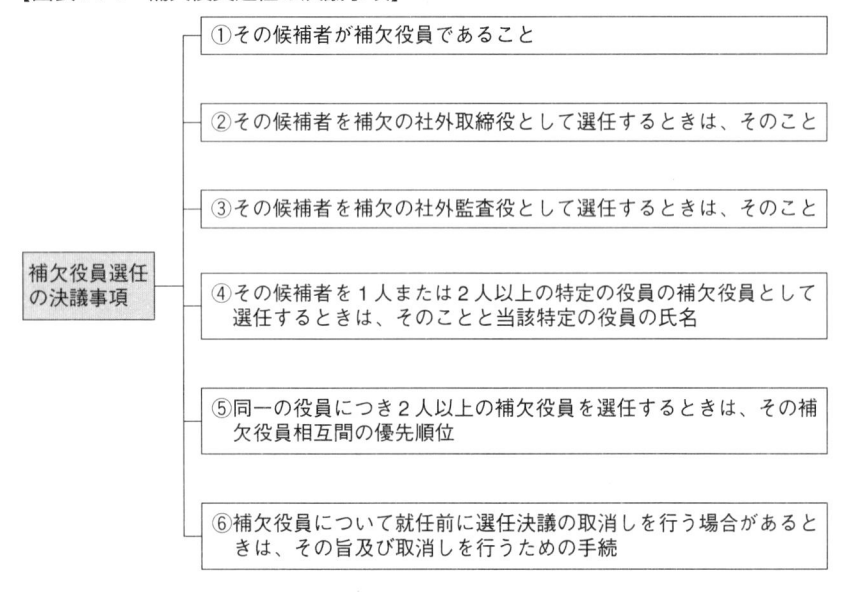

補欠役員選任の決議事項
- ①その候補者が補欠役員であること
- ②その候補者を補欠の社外取締役として選任するときは、そのこと
- ③その候補者を補欠の社外監査役として選任するときは、そのこと
- ④その候補者を1人または2人以上の特定の役員の補欠役員として選任するときは、そのことと当該特定の役員の氏名
- ⑤同一の役員につき2人以上の補欠役員を選任するときは、その補欠役員相互間の優先順位
- ⑥補欠役員について就任前に選任決議の取消しを行う場合があるときは、その旨及び取消しを行うための手続

## Q65 役員の責任・免責の扱いは

**A** 取締役の会社に対する責任については、①任務懈怠責任と、②利益供与についての責任、③違法な剰余金の配当利益の責任があります。

任務懈怠責任については、①総株主の同意による責任の免除、②株主総会の決議による一部免除、③定款の定めに基づく取締役会の決議等による一部免除、④責任限定契約が認められています。

また、役員等がその職務を行うについて悪意または重大な過失があったときは、第三者に対する損害賠償責任を負います。

### ★役員等の任務懈怠による損害賠償責任は

取締役、会計参与、監査役、会計監査人（以下、役員等といいます）が任務を怠ったときは、任務を怠ったことによって会社に生じた損害を賠償する責任を負います（会社法423①）。

これは、任務懈怠責任と呼ばれる責任で、過失責任です。

例えば、取締役が法律に違反したり、定款に反する行為をして、その結果会社に損害が生じれば、その取締役は会社に対して損害賠償の義務を負います。

また、取締役が会社のために取引をする際に、通常の経営者であれば、その取引から会社が損失を被ることが明らかだったにもかかわらず、それに気づかず取引をして会社に損害を生じさせた場合も、取締役の任務を怠ったことになりますから、任務懈怠責任を負います。

この任務懈怠責任を会社が役員等に対して追及しない場合には、株主が会社に代わって責任追及等の訴え（いわゆる株主代表訴訟）を起こすことができます（会社法847～851）。

### ★任務懈怠責任の免除は

このように任務懈怠責任は、役員等の任務遂行の判断ミスの場合にも生じます。任務懈怠責任を厳格に追及すると、取締役を含む役員等が、軽微な過失から、過大な任務懈怠責任を負うことをおそれ、利益の可能性があっても危険性がある業務を執行することを避け、その業務執行が十分に行われず消極的になる可能性があります。

そこで、そのような取締役の判断が消極的になることを防ぐため、一定の場合には、任務懈怠責任の免除できる規定が設けられています。

役員等の任務懈怠責任は、図表115の方法により、免除することができます。

【図表115　役員等の任務懈怠責任の免除】

| 項　目 | 説　　明 |
|---|---|
| ❶総株主の同意による責任の免除 | 役員等の任務懈怠責任は、総株主の同意があれば、免除することができます（会社法424）。 |
| ❷株主総会の決議による任務懈怠責任の一部免除 | 一定の場合、株主総会の決議によって、いったん発生した役員等の任務懈怠責任を一部免除することができます。<br>　株主総会は、役員等が行う職務に、善意でかつ重大な過失がない場合に、賠償責任を負う額から最低責任限度額を控除した額を限度として、株主総会の決議によって、取締役の任務懈怠責任を免除することができます（会社法425①）。<br>　この免除がされれば、役員等は、次の最低責任限度額以上の責任を免れることができることになります。<br>　最低責任限度額とは、次の(a)と(b)の合計額です。<br>☆(a)の計算<br>①代表取締役は、在職中に職務執行の対価として受け、または受けるべき財産上の利益の１年間当たりの額相当額として法務省令※で定める方法により算定される額の６年分<br>②代表取締役以外の取締役は、その４年分<br>③社外取締役、会計参与、監査役、会計監査人は、その２年分<br>※上記の法務省令で定める算定方法は、施行規則113条に定められています。<br>☆(b)の計算<br>　役員等が特に有利な価格で新株予約権を引き受けた場合に、財産上の利益として法務省令で定める方法※により算定される額<br>※この法務省令で定める算定方法は、施行規則114条に定められています。 |
| ❸定款の定めに基づく取締役会の決議等による任務懈怠責任の一部免除 | 定款に定めを置いた場合に、取締役会の決議等により、いったん発生した役員等の任務懈怠責任を、一部免除することができます。<br>①監査役設置会社（取締役が２人以上ある場合に限ります）または委員会設置会社では、取締役（または取締役会）は、定款で定めによって、役員等行うが職務が善意でかつ重大な過失がない場合に、責任の原因となった事実の内容、職務執行の状況その他の事情を勘案して、特に必要と認めるときは、賠償責任を負う額から最低責任限度額を控除した額を免除できる額の限度として、他の取締役の過半数の同意（取締役会設置会社は、取締役会の決議）によって、取締役の任務懈怠責任を免除することができます（会社法426①）。<br>②しかし、総株主の議決権の100分の３（これを下回る割合を定款で定めた場合は、その割合）以上の議決権をもつ株主が、①の免除に対し異議を述べたときは、①の規定による定款の定めに基づく免除をすることができません（会社法426⑤）。 |

| | |
|---|---|
| ❹任務懈怠についての責任限定契約 | 　定款に定めを置いた場合に、社外取締役、会計参与、社外監査役、会計監査人については、その社外取締役の責任が生ずるときに備えて、責任の限度額を定める契約を、会社と結ぶことができます。<br>　あらかじめ定款で定めた場合、社外取締役の任務懈怠責任について、社外取締役等が行う職務が善意でかつ重大な過失がないときは、定款で定めた額の範囲内で、あらかじめ会社が定めた額と❷で計算された最低責任限度額とのいずれか高い額を限度とする旨の責任の限定契約を、社外取締役等と締結することができます（会社法427①）。 |

★取締役の承認のない競業取引に関する任務懈怠責任の特則は

　取締役が株主総会や取締役会の承認を得ず（会社法356①一、365）、会社と競合する取引を第三者としたときの取締役の責任は、任務懈怠責任となります。

　その競業取引によって取締役または第三者が得た利益の額は、取締役の任務懈怠による損害の額と推定されます（会社法423②）。

★取締役が自己のためにした直接の利益相反取引に関する任務懈怠責任の特則

　取締役が会社と自己のために直接の利益相反取引をした場合の取締役の任務懈怠責任は、任務を怠ったことが取締役・執行役の責めに帰することができない事由によるものであることをもって免れることができない（会社法428①）とされ、無過失責任となります。

　そのため、この責任には、図表115の任務懈怠による損害賠償責任の❷～❹（会社法425条から427条の責任の一部免除の規定）は適用されません（会社法428②）。

　なお、間接取引（会社法356①三）や第三者のため利益相反取引をした取締役の責任は、通常の任務懈怠責任として過失責任となりますが、決議に賛成した取締役の過失の推定規定があります（会社法423③）。

★株主に対する利益供与についての返還義務は

　取締役が、株主に対する利益供与をした場合には、利益供与額の返還義務が、上述の任務懈怠責任とは別に、定められています。

　株式会社が株主の権利行使に関する財産上の利益の供与をしたときは、①利益供与に関する職務を行った取締役、②利益供与に関する取締役決議に賛成した取締役、③株主総会に利益供与に関する議案を提出した取締役等の責任を負う取締役は、会社に対して、連帯して、供与した利益の価額相当額を支払う義務を負います（会社法120④本文、施行規則21）。

　この場合、利益供与をした取締役以外の取締役が職務を行うについて注意

を怠らなかったことを証明した場合は、義務を負いません（会社法120④ただし書）。

この義務は、株主による責任追及等の訴え（いわゆる株主代表訴訟）の対象となります（会社法847〜851）。

また、この義務は、総株主の同意がなければ、免除することができません（会社法120⑤）。

### ★違法な剰余金の配当等に関する賠償責任は

違法な剰余金の配当等を行った場合の業務執行取締役と議案提案取締役の責任は、上述の任務懈怠責任とは別に、定められています。

すなわち、違法な剰余金の配当等に関する業務執行取締役と議案提案取締役は、連帯して、違法配当相当額を会社に弁済する義務を負います（会社法462①）。この責任は、過失責任であり、業務執行取締役及び議案提案取締役が職務を行うについて注意を怠らなかったことを証明したときは、その責任を負いません（会社法462②）。

この責任は、株主による責任追及等の訴え（いわゆる株主代表訴訟）の対象となります（会社法847〜851）。

なお、その行為時における会社の分配可能額を限度として義務を免除することについて総株主の同意がある場合以外は、この責任は、免除することができません（会社法462③）。

### ★役員等の第三者に対する損害賠償責任は

役員等が行う職務について悪意または重大な過失があったときは、役員等は、これによって第三者に生じた損害を賠償する責任を負います（会社法429①）。

また、取締役が株式の募集通知、計算書類等に虚偽の記載をし、虚偽の登記・公告をした場合も同様です。

ただし、その者がその行為をすることについて注意を怠らなかったことを証明したときは、責任を負いません（会社法429②）。

### ★役員等の連帯責任は

役員等が会社や第三者に生じた損害を賠償する責任を負う場合に、他の役員等もその損害賠償責任を負うときは、これらの者は、連帯債務者となります（会社法430）。

なお、取締役会決議に賛成した取締役はその行為をしたものとみなされる旨の旧法の一般的なみなし規定は、廃止されています。

## Q66 1人取締役のときの権限・責任は

**A** 株主総会と取締役が1人の株式会社の機関設計が認められています。この場合、取締役1人ですべての業務執行を行うことができますが、取締役の行為を牽制する権限が株主総会や株主に与えられます。

### ★役員が取締役1人だけの会社の特徴は

非公開の中小会社では、会社の機関としては、前述のとおり、「株主総会＋取締役1名」だけで、他の機関を置かないことができます。

このような会社は、取締役会を置かない会社ですから、取締役が代表権をもつ（会社法349①）とともに、業務執行権をもちます（会社法348①）。

唯一の取締役は会社の代表権をもち、誰に相談することもなく、自らの判断だけで、業務執行を行うことができます。

しかし、この取締役の業務執行に対しては、直接監視・牽制する機関がないため、株主の権利が害されるおそれがあります。

### ★株主総会の権限の強化等は

「株主総会＋取締役1名」の会社では、取締役の業務執行を監視する取締役会がないため、代わりに株主総会の権限が強化され万能の機関（Q40参照）となり、株式会社の組織、運営、管理その他株式会社に関する一切の事項について決議をすることができます（会社法295①）。

### ★監査役を置かないことによる株主権の強化

株主は、このような株主総会の権限を通して、取締役の業務執行をコントロールすることができます。

具体的には、株主総会で業務執行について決議を行います。決議事項に制限はありませんので、このような会社の株主総会は、具体的な経営上の事項について決議を行うことができます。取締役は、この株主総会の決議に反した業務執行を行うことはできず、仮にそれをした場合には、取締役の任務懈怠として、損害賠償の責任を負うことになります（会社法423）。

また、この会社の機関設計では、監査役が置かれないことから、株主に、取締役が違法な行為をしようとしたときには、監査役と同様の要件が緩和さ

**【図表116　監査役を置かない会社の株主の権限強化】**

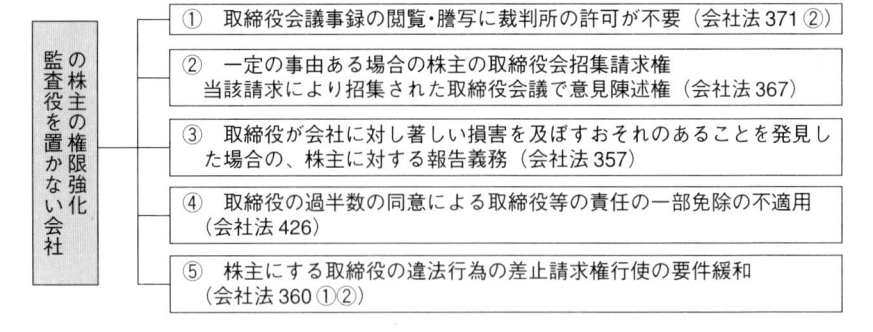

監査役を置かない会社の株主の権限強化
① 取締役会議事録の閲覧・謄写に裁判所の許可が不要（会社法371②）
② 一定の事由ある場合の株主の取締役会招集請求権
　　当該請求により招集された取締役会議で意見陳述権（会社法367）
③ 取締役が会社に対し著しい損害を及ぼすおそれのあることを発見した場合の、株主に対する報告義務（会社法357）
④ 取締役の過半数の同意による取締役等の責任の一部免除の不適用（会社法426）
⑤ 株主にする取締役の違法行為の差止請求権行使の要件緩和（会社法360①②）

れた取締役の違法行為の差止請求権等の監視権限が付与されます。

**★取締役の善管注意義務は**

　一方で、取締役には善管注意義務があり、会社のために業務を行わなければなりません。その義務に違反して会社に損害を与えたときには、会社に対する任務懈怠責任等の責任も生じます。

　株主は、取締役の責任を追及するため株主代表訴訟を起こすこともできます（会社法847）。

　1人が取締役だけの会社でも、取締役は株主に対する責任を免れることはできません。

**★株主も取締役も1人だけのときは**

　「株主総会＋取締役1名」で個人事業者が法人成りしたような場合、唯一の株主が唯一の取締役に就任しているようなときは、株主と取締役の利害が一致します。

　このような場合、唯一の取締役が、例えば会社財産を個人的に流用する等、善管注意義務に反して会社に損害を与えたとしても、取締役の責任を追及する者がいません。取締役の責任は、総株主の同意により免除されているともいえます（会社法424）。

　しかし、会社に損害を生じたことによって、第三者である会社債権者の債権の弁済ができなくなったような場合には、取締役の第三者に対する損害賠償義務が発生します（会社法429①）。

## Q67 委員会設置会社機関の選任・選定は

**A** 委員会設置会社とは、委員会（指名委員会、監査委員会、報酬委員会）を置く会社のことをいいます。

各委員会の委員は、取締役の中から選任されますが、取締役と使用人の兼務は禁止されています。他に、執行役・代表取締役の機関が選任・選定されます。

### ★委員会設置会社の機関構成は

委員会設置会社とは、委員会（指名委員会、監査委員会、報酬委員会）を置く会社をいいます（会社法２十二）。

委員会設置会社は、機関設計上は「株主総会＋取締役＋取締役会＋３委員会＋会計監査人」の機関をもちます。監査役は置くことはできません（会社法327④）。同様の機能を果たす監査委員会があるからです。

その他に定款の定めを置かず、取締役会が選任・選定する機関として執行役と代表執行役を置きます。

委員会とは、指名委員会、監査委員会、報酬委員会のことをいい、おのおのの取締役の中から、取締役会の決議によって選定された委員３人以上で組織します（会社法400①②）。

各委員会の委員の過半数は、社外取締役である必要があります（会社法400③）。

### ★執行役・代表執行役の選任は

取締役会は、執行役を選任しなければなりません（会社法402①）。業務執行の決定とその執行は、執行役が行うため（会社法418）、取締役は業務執行権をもちません（会社法415①）。

執行役の資格は、取締役と同じ欠格事由（会社法331①。図表117参照）が適用されます（会社法402④）。

非公開会社では、執行役は株主でなければならないとの定款の規定を置くこともできます（会社法402⑤）。執行役は、取締役を兼任することもできます（会社法402⑥）。

取締役会は、執行役の中から、代表執行役を選任しなければなりません。

代表執行役は、一切の裁判上または裁判外の権限をもちます（会社法420①〜③）。

【図表117　執行役になれない者】

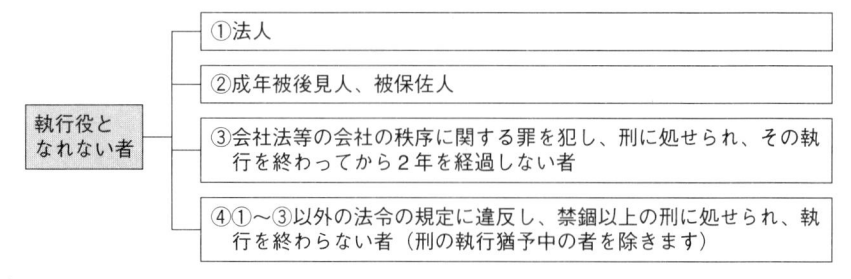

執行役となれない者
- ①法人
- ②成年被後見人、被保佐人
- ③会社法等の会社の秩序に関する罪を犯し、刑に処せられ、その執行を終わってから2年を経過しない者
- ④①～③以外の法令の規定に違反し、禁錮以上の刑に処せられ、執行を終わらない者（刑の執行猶予中の者を除きます）

★取締役の使用人等の兼務禁止は

　委員会設置会社の取締役は、委員会設置会社の支配人その他の使用人を兼ねることができません（会社法331③）。

　取締役が会社の使用人を兼務することは、執行役の執行を監視する取締役の職務に矛盾し、また、取締役が使用人としての給与を受けることが、報酬委員会に報酬の決定を委ねた報酬規制の脱法行為になるおそれがあるため、その兼職を明文で禁止したものです（図表118）。

　なお、監査委員会の監査業務に伴う委員の兼職禁止は別に定められています（会社法400④）。

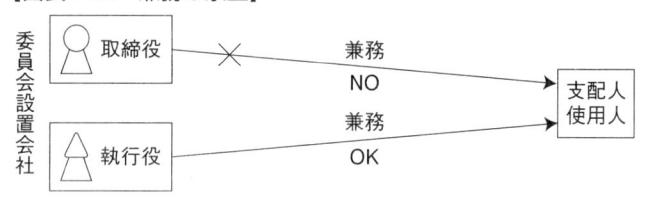

【図表118　兼務の禁止】

委員会設置会社
- 取締役 ──×── 兼務 NO ── 支配人 使用人
- 執行役 ────── 兼務 OK ── 支配人 使用人

★執行役の使用人兼務は

　執行役は、会社の使用人との兼務が禁止されていません（図表118）。

　ところで、報酬委員会は、執行役等の個人別の報酬等の内容を決定する権限を有しますが、執行役がその会社の使用人を兼務し、会社の使用人分の給与が、報酬委員会の権限外となると、執行役の報酬を報酬委員会の決定に委ねた法律の趣旨が使用人の給与分を多くすることで損なわれてしまいます。

　そこで、執行役が委員会設置会社の支配人その他の使用人を兼ねているときは、支配人その他の使用人の報酬等の内容についても、報酬委員会が決定するものとしています（会社法404③）。

# 7 会社運営のポイントは

- Q68 非公開中小会社の会社運営のポイントは・154
- Q69 小規模会社の会社運営のポイントは・156
- Q70 会社の代表権の扱いは・158
- Q71 取締役会の運営は・160
- Q72 取締役会の決議ルールは・166
- Q73 中小会社の取締役会のあり方は・168
- Q74 取締役会規則のつくり方は・170
- Q75 監査役会の運営は・172
- Q76 中小会社の監査役会のあり方は・176
- Q77 取締役が利益相反取引をするときの手続は・177
- Q78 取締役が自社と同じ事業をするときの手続は・180
- Q79 役員等の報酬・賞与を決める手続は・182
- Q80 剰余金の配当手続は・185
- Q81 計算書類ってどういう書類のこと・186
- Q82 決算公告のやり方と文例は・189
- Q83 株式の譲渡制限ってどういう制度のこと・191
- Q84 譲渡制限株式の譲渡承認手続は・193
- Q85 譲渡制限株式の名義変更手続は・201
- Q86 株主に相続・合併があったときの株式売渡請求権の請求手続は・203
- Q87 株式の発行・不発行の手続は・205
- Q88 株券を喪失したときの手続は・209
- Q89 特例有限会社の運営は・215

## Q68 非公開中小会社の会社運営のポイントは

**A** 非公開中小会社は、比較的小規模で株主間に一定の信頼関係があるため、株式の譲渡によって会社に好ましくない人物が株主となることを防ぐ目的で、株式の譲渡制限を定款で定めています。

株式の譲渡承認請求がなされた際に、会社自身や会社の指定買取人が株式を取得できるよう資金的手当をしておくことが必要です。

### ★非公開会社というのは

非公開会社とは、発行株式の全部について、譲渡による株式取得に会社の承諾を要する旨を定款で定めている会社のことです。

このような株式の譲渡制限を設けることができるのは、株式が自由に譲渡されると、会社にとって好ましくない人物が株主となることを防ぐ目的を法が認めているからです。

比較的規模が大きい株式会社では、この株式の譲渡制限は、企業買収を防ぐ意味があります。中小会社では、株主間に一定の人的関係があり、その信頼をもとに会社組織が築かれていて、その維持の目的で（例えば、オーナー会社や同族会社を維持する）、株式の譲渡制限がなされているのが普通です。

### ★好ましくない人物の株式取得の排除と対応は

非公開会社では、株式の譲渡制限がされるところに特徴があり、株式の譲渡制限を利用し、好ましくない人物が会社の株主となることを防ぐかという目的をいかに達するかが、会社運営の重要なポイントとなります（譲渡制限株式の処理は、Q84・Q85参照）。

しかし、譲渡による株式取得について会社の承諾を要するといっても、好ましくない人物が会社の株主となることを一方的に拒否できるわけではなく、好ましくない人物に譲渡されようとしている株式を、正当な価格で会社自身や会社の指定する者（会社にとって好ましい買主）が買い取れる、いわば先買権があるに過ぎません。

したがって、会社自身や会社の指定買取人（会社法140①、④）が譲渡制限株式を買う資金がなければ、株式の譲渡制限の制度の意味はありません。会社自身や会社の指定買受人が譲受承認請求された株式を買い取れなければ、

株式の当初の譲受人への譲渡が有効に成立してしまうからです。

特に、株主に相続や合併が生じた場合等は、株式が大量に移転する可能性がありますので、会社の売渡請求権（会社法176①ただし書）を発動するため、会社に、その金額に相当する分配可能額があることが必要です（会社法461①五）。

結局、譲渡制限株式の目的を達するためには、株式会社自身に十分な分配可能額があるか、信頼できて株式を買い取ることができる第三者（指定買取人）が必要になります。

## ★株式に特別な扱いができる定款の定めは

非公開会社では、株主平等原則の例外として、剰余金の分配や議決権等について、定款に定めることによって、株式数に従わず、株主ごとに異なる取扱いをすることができます（会社法109②）。

この定めができる事項は、図表119のとおりです。

なお、この定めがある場合は、異なる扱いを受ける株主ごとに、その異なる取扱いを受ける権利に関する事項（例えば、剰余金の分配の順序）について、内容の異なる種類の株式として扱われることになります（会社法109③）。

これは、平等の原則を採りつつも、小規模な閉鎖的会社として、出資額に単純に比例するわけではない取扱いを認めたほうが妥当な場合があるからです。

非公開会社は、小規模・閉鎖的であり、株主の個性が重視されることから、このような規定を設けることにより、会社の実態・特性に見合った経営を行うことができるようになります。

具体的には、特殊な技術・知見を有する研究者とベンチャーキャピタルが共同出資してベンチャー企業を立ち上げる場合、出資額の割合は大幅に異なっても、研究者の研究成果から得られる利益に基づく配当については、頭割による分配になるようにする例などが考えられます。

【図表119　株式に特別な扱いができる事項】

株式に特別な扱いができる事項
- ①剰余金の配当を受ける権利
- ②残余財産の分配を受ける権利
- ③株主総会における議決権

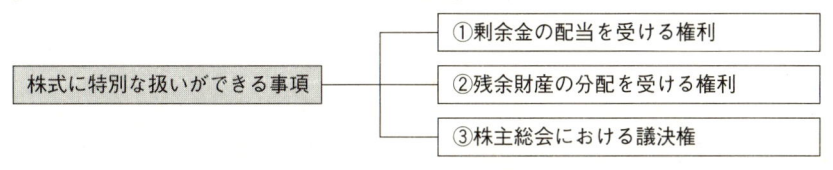

【図表120　株式に特別な扱いができる定款の定め例】

第○条（議決権）
　株主Aは、法令による別段の定めがある場合を除き、株主総会における議決権を有しない。

# Q69 小規模会社の会社運営のポイントは

**A** 小規模会社でも、様々な理由で、取締役会や監査役等の機関を設置しなければならない場合もあります。

そのような会社では、機関の構成や運営を簡素化したり、機関の運営の費用や労力を節約して、会社の規模に応じた、会社運営をすべきです。

### ★会社法施行前の小会社の機関設計は

会社法施行前の小会社は、会社法施行と同時に、非公開会社は「株主総会＋取締役＋取締役会＋監査役（会計監査権限のみ）」、公開会社は「株主総会＋取締役＋取締役会＋監査役（業務執行監査権限をもつ）」の機関設計となります（Q9参照）。

これは、旧法での機関設計のまま、会社法施行後も会社の運営ができるようにするためです。

しかし、小規模会社の場合、取締役会や監査役をそのまま維持・運営することは、事務処理上も経費的にも、過大な負担となることが考えられます。

そこで、機関設計を変更して、取締役会や監査役を廃止するのも一つの方法です。

とはいえ、様々な理由で取締役会や監査役の機関を維持しなければならないときは、機関の運営や構成を簡素化したり、運営費用や労力を節約して、会社の規模に応じた会社運営をすべきです（図表121）。

### ★機関の構成を工夫する

取締役会の構成を、中小の会社規模にあった形に合理化することも可能です。

業務執行に関わる取締役が3人もいらないとすれば、報酬を抑えた社外取締役（非常勤も可能です）を選任し、社外取締役に監視的役割を担わせ、会社の経営の透明性を高めつつ、役員の報酬を押さえることが考えられます。

責任限定契約を活用すれば、中小企業であっても、社外取締役の候補者を捜すことは可能であると思われます。

取締役の員数を最低限の3人にする場合でも、補欠取締役を選任しておけば、万一、取締役の1人が何らかの事由で欠けたとしても、補欠取締役が直

ちに取締役に選任され、業務に支障を生ずることはありません。

**★取締役会の運営を工夫する**

　取締役会の運営も、テレビ会議、電話会議等を利用して、遠隔地や出張先からの取締役会への参加を認め、取締役の移動の時間と費用を節約したり、取締役の取締役会への出席の負担を軽くする方法が考えらます。書面決議や取締役会への報告事項の省略の制度を利用して、取締役会の開催自体の回数を減らすことも可能です（Q73の「中小会社の取締役会のあり方は」参照）。

**★株主総会の書面決議・報告の省略を**

　株主総会についても、株主の全員の書面による同意がある場合には、株主総会の決議と株主総会への報告があったものとみなされるとする、株主総会の決議と報告の省略の制度が認められています（会社法319①、320）。

　株主が少ない小規模な非公開会社では、この制度を利用して、株主総会の運営を簡素化することも可能です（Q42の「小規模会社の株主総会のやり方は」参照）。

**★監査役監査のあり方を工夫する**

　監査役の業務についても、会社の内部監査機関との連携を図る等の手段で、無駄をなくし、会社の規模に応じた、その業務の合理化を図ることが可能と考えられます。

【図表121　小規模会社（旧小会社）の会社運営の合理化】

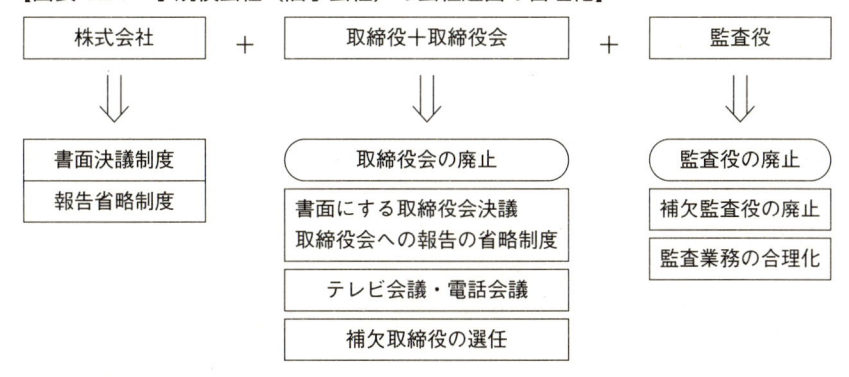

| 株式会社 | ＋ | 取締役＋取締役会 | ＋ | 監査役 |
|---|---|---|---|---|
| ⇩ | | ⇩ | | ⇩ |
| 書面決議制度<br>報告省略制度 | | 取締役会の廃止<br>書面にする取締役会決議<br>取締役会への報告の省略制度<br>テレビ会議・電話会議<br>補欠取締役の選任 | | 監査役の廃止<br>補欠監査役の廃止<br>監査業務の合理化 |

## Q70 会社の代表権の扱いは

**A** 取締役会を置かない会社では、原則として取締役が代表権をもち、代表取締役が選ばれた場合は代表取締役が代表権をもちます。

取締役会設置会社では、取締役会が必ず代表取締役を選定し、その代表取締役が代表権をもちます。

委員会設置会社では、代表権をもつのは代表執行役です。代表執行役は、取締役会で選ばれます。

### ★会社の代表権というのは

会社の代表権とは、株式会社を代表して、会社の対外的な行為を行う権限です。

株式会社の会社としての行為は、代表機関が会社を代表して行います。例えば、会社が取引を行うには、代表取締役等の代表機関が代表して、取引先と契約を締結すると、その契約の効果が会社に及びます。この代表機関の権限が代表権です。

通常は、契約書等に「○○○株式会社代表取締役社長　○○○○」というように表示します。

### ★取締役会を置かない会社の代表権は

取締役会を置かない会社では、取締役が代表権をもつのが原則です（会社法349①）。取締役が2人以上の場合は、取締役のそれぞれが会社を代表します（会社法349②）。

取締役会を置かない会社でも、①定款の定め、②定款の定めに基づく取締役の互選、③株主総会の決議によって、取締役の中から代表取締役を定めることができます（会社法349③）。

代表取締役を定められた場合は、代表取締役が会社を代表し、代表取締役以外の取締役は代表権をもたないことになります（会社法349①ただし書）。

### ★取締役会設置会社の代表権は代表取締役

取締役会設置会社では、取締役会が取締役の中から代表取締役を選定しなければなりません（会社法362③）。

この場合、代表取締役が代表権をもち、代表取締役以外の取締役は会社の代表権をもちません。

### ★委員会設置会社の代表権は代表執行役

委員会設置会社では、取締役会が執行役を選任し（会社法402②）、その中から代表執行役を選定しなければなりません（会社法420①）。委員会設置会社の代表権は代表執行役がもち、取締役は代表権をもちません。

### ★取締役会設置会社の取締役の業務執行権は

取締役設置会社では、代表取締役及び代表取締役以外の取締役であって、会社の業務を執行する取締役として取締役会から選定された者が業務執行権をもちます（会社法362②）。

取締役会（設置会社）では、これらの取締役が会社の業務を執行し、その他の取締役は業務執行権をもちません。

これらの取締役と、取締役会を置かない会社で、会社の業務を執行した他の取締役を業務執行取締役といいます（会社法2十五）。

なお、代表取締役が代表権を対外的に行使することは、業務の対外的な執行ですから、代表権を付与することの前提として業務執行権が付与される必要があります。

### ★取締役会を置かない会社の取締役の業務執行権は

取締役会を置かない会社では、取締役は原則として業務執行権をもちます（会社法348①）。

その業務執行権をもつ取締役の中から代表取締役が選定されると、他の取締役の代表権はなくなりますが、個々の取締役の業務執行権はなくなりません。

### ★委員会設置会社の執行役の業務執行権は

委員会設置会社の業務執行権は、執行役がもちます（会社法418）。

### ★業務執行権と代表権の関係は

会社の代表者は、業務執行権をもつことが当然の前提となっていて、代表権は業務執行権と同時に付されるか、業務執行権をもつ取締役や執行役の中から代表者が選定されることになります。

## Q71 取締役会の運営は

**A** 取締役会は、招集権限のある取締役が招集するのが原則です。
取締役会の議事は、定款や取締役会規則等の会社内部の規則や慣習によって行われます。

取締役会が開かれると、議事録が作成されますが、一定の事由がある場合に、株主や債権者は、議事録を閲覧・謄写することができます。

### ★取締役会の招集は

取締役会は、取締役全員によって組織される会議体の機関で（会社法362①）、各取締役が招集するのが原則です。

取締役会を招集する取締役を定款や取締役会で定めたときは、その取締役が招集します（会社法366①）。

一般に定款では、社長や会長を招集権者と定めています（図表122）。

【図表122　取締役会の招集権者の定款の定め例】

> 第○条（取締役会の招集権者）
> ①取締役会は、法令や別段の定めのある場合を除き、取締役社長がこれを招集する。
> ②取締役社長に欠員または事故があるときは、取締役会においてあらかじめ定めた順序により、他の取締役が取締役会を招集する。

定款で招集権者を定めた場合は、招集権者以外の取締役は、直接取締役会を招集することができません。その取締役は招集権者に対し、取締役会の目的である事項を示して、取締役会の招集を請求することができます（会社法366①）。

この招集請求があった日から5日以内に、その請求があった日から2週間以内の日を取締役会の日とする取締役会の招集の通知が発せられない場合には、その請求をした取締役は、自ら取締役会を招集することができます（会社法366③）。

### ★招集手続は

取締役会の招集権者は、取締役会の日の1週間前までに、各取締役（監査役設置会社では、監査役を含みます）に対して招集の通知（図表124）をしなければなりません（会社法368①）。

1週間より短い招集の期間を定款で定めることも可能です（図表123）。

取締役（監査役設置会社では、監査役を含みます）の全員の同意があるときは、招集の手続を経ることなく開催することができます（会社法368②）。

例えば、あらかじめ毎月第三水曜日に、定例取締役会を開催することを決めているような場合は、個別に招集手続をする必要はありません。

【図表123　1週間より短い招集の期間を定款で定めるときの例】

> 第○条（取締役会の招集通知）
> 　取締役会の招集通知は、会日の3日前までに各取締役に対して発する。ただし、緊急を要する場合には、招集期間を短縮することができる。

★監査役等による招集は

監査役は、必要があると認めるときは取締役会の招集権者に、取締役会の招集を請求することができます（会社法383②）。

業務監査権のある監査役を置かない会社の株主は、監査役に代わって、取締役が会社の目的の範囲外の行為その他法令・定款に違反する行為をし、またはこれらの行為をするおそれがあると認められるときは、取締役会の招集を請求することができます（会社法367①）。

★取締役会の議事は

取締役会の議事は、会社法に直接の規定はなく、定款や取締役会規則等の会社内部の規則や慣習によって行われます。

取締役会は、経営の専門家として選任された取締役が、相互の協議、意見交換を通じて意思決定を行う機関ですので、現実に、会議が開かれ、取締役自身による協議が行われることが必要であり、代理出席は認められていません。

テレビ会議や電話会議については、取締役同士が相互に意見を交換し、協議ができることが保障されるものであれば、取締役会として認められます。

★取締役会議事録の作成は

取締役会の議事については、施行規則101条で定めるところにより、議事録を作成し、議事録が書面をもって作成されているときは、出席した取締役・監査役は、これに署名するか、記名押印しなければなりません（会社法369③）。議事録を電磁的記録で作成することもできます（会社法369④）。

取締役会議事録の記載事項は、図表125のとおりです。

議事録には、議事の要領、結果を記載・記録します（図表126）。

なお、取締役会の決議に参加した取締役で、議事録に異議をとどめない場

【図表124　取締役会の招集通知例】

平成○○年○○月○○日

東京都○○区○○○○丁目○番○号
○○○○株式会社
代表取締役社長　○○　○○

## 取締役会招集のご通知

拝啓　ますますご清栄のこととお喜び申し上げます。
　さて、取締役会を下記のとおり開催致しますので、ご出席くださいますようご通知申し上げます。
　なお、当日ご欠席の場合は、お手数ですがご一報頂ければ幸いと存じあげます。

敬具

記

1. 日　　時　　平成○○年○○月○○日（○曜日）午後2時～3時

2. 場　　所　　東京都○○区○丁目○番○号○○○○株式会社○階会議室

3. 議　　題　　決議事項
　　　　　　　　第1号議案　株式譲渡承認請求の件
　　　　　　　　第2号議案　支配人選任の件

　　　　　　　報告事項

　　　　　　　(1)平成○○年第○四半期決算報告の件
　　　　　　　(2)平成○○年○○月度経営成績報告の件
　　　　　　　(3)平成○○年○○月○議決裁事項報告の件

以上

【図表125　取締役会議事録の記載事項】

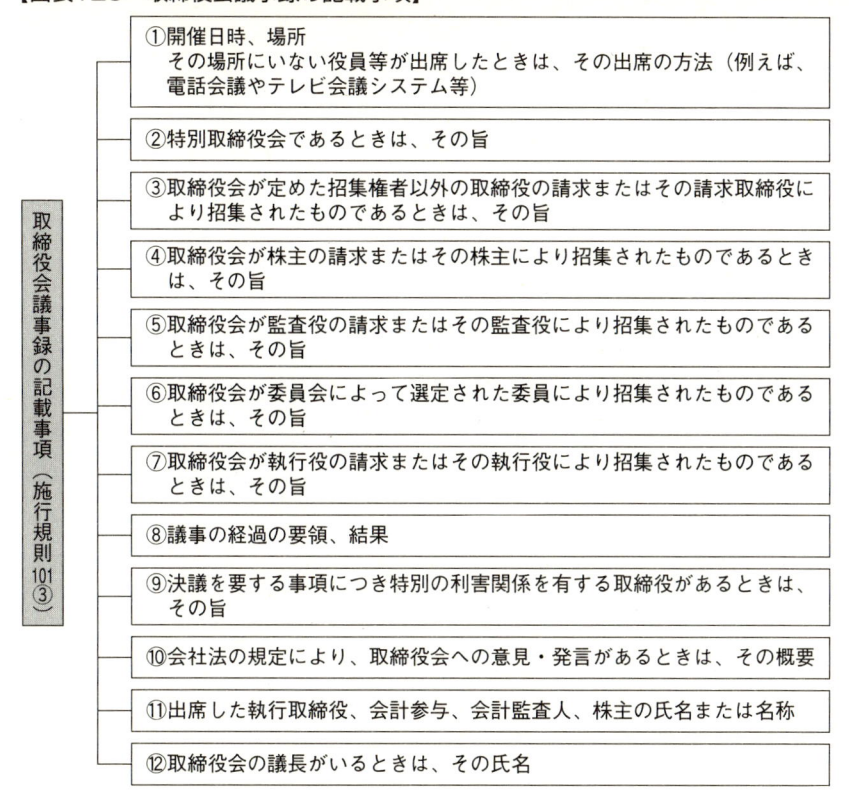

取締役会議事録の記載事項（施行規則101③）
- ①開催日時、場所
　その場所にいない役員等が出席したときは、その出席の方法（例えば、電話会議やテレビ会議システム等）
- ②特別取締役会であるときは、その旨
- ③取締役会が定めた招集権者以外の取締役の請求またはその請求取締役により招集されたものであるときは、その旨
- ④取締役会が株主の請求またはその株主により招集されたものであるときは、その旨
- ⑤取締役会が監査役の請求またはその監査役により招集されたものであるときは、その旨
- ⑥取締役会が委員会によって選定された委員により招集されたものであるときは、その旨
- ⑦取締役会が執行役の請求またはその執行役により招集されたものであるときは、その旨
- ⑧議事の経過の要領、結果
- ⑨決議を要する事項につき特別の利害関係を有する取締役があるときは、その旨
- ⑩会社法の規定により、取締役会への意見・発言があるときは、その概要
- ⑪出席した執行取締役、会計参与、会計監査人、株主の氏名または名称
- ⑫取締役会の議長がいるときは、その氏名

合は、その決議に賛成したものと推定されます（会社法369⑤）。

★書面決議や報告省略のときの取締役会議事録の記載事項は

　取締役会の書面による決議の規定による取締役会の決議の省略（会社法270）や取締役会への報告の省略（会社法372）の場合は、取締役は、取締役会は開かれないものの、取締役会の決議や取締役会への報告があったとみなされるため、その内容を明らかにするために取締役会議事録を作成する必要があります（施行規則101④）。

　この場合の議事録の記載事項は、図表127、128のとおりです。

★取締役会議事録の備置等は

　取締役会設置会社は、取締役会の日から10年間、取締役会の議事録やその電磁的記録を本店に備え置かなければなりません（会社法371①）。

【図表126　取締役会の議事録例】

第○○期　第○○回　取締役会議事録

1. 日　時　　平成○○年○○月○○日（○曜日）午前○時○○分～午前○時○○分

2. 場　所　　○○○○株式会社本社会議室

3. 出席者　　○○取締役（議長）○○取締役
　　　　　　○○取締役
　　　　　　（定員3名、出席取締役○名）
　　　　　　○○監査役

4. 議　事
　決議事項
　(1)第1号議案　株式譲渡承認請求の件
　　議長より、別紙目録記載のとおり株主○○○○殿より、その登録株式の譲渡承認請求がなされた件について報告があり、その譲渡承認を諮ったところ、全会一致をもって、その譲渡が承認された。
　(2)第2号議案　支配人選任の件
　　議長より、○○支店　支店長○○○○が定年退職に伴い、後任支店長として○○○○を選任したい旨の提案があり、その選任を諮ったところ、全会一致をもって、これを決議した。
　報告事項
　　(1)平成○○年○○四半期決算報告の件
　　　　　　＜略＞
　　(2)平成○○年○○月経営成績報告の件
　　　　　　＜略＞
　　(3)平成○○年○○月○議決裁事項報告の件
　　　　　　＜略＞
　以上をもって、議案の決議・報告を終了したので、午前○時○○分議長は閉会を宣言した。以上の議事の経過及びその結果を明確にするため、本議事録を作成し、出席取締役及び出席監査役は、これに記名押印する。

　　　　平成○○年○○月○○日
　　　　　　　　　　　　　　　　○○○○株式会社
　　　　　　　　　　　　　　　　議長　代表取締役社長○○○○印
　　　　　　　　　　　　　　　　　　　　取締役○○○○印
　　　　　　　　　　　　　　　　　　　　取締役○○○○印
　　　　　　　　　　　　　　　　　　　　監査役○○○○印

【図表127　書面決議（決議の省略）】

| 書面決議（決議の省略） |
|---|
| ①取締役会の決議があったものとみなされた事項の内容 |
| ②①の提案をした取締役の氏名 |
| ③決議があったとみなされた日 |
| ④議事録の作成の職務を行った取締役の氏名 |

【図表128　報告の省略】

| 報告の省略 |
|---|
| ①取締役会への報告を要しないものとされた事項の内容 |
| ②報告を要しないものとされた日 |
| ③議事録の作成の職務を行った取締役の氏名 |

　株主は、権利を行使するため必要があるときは、裁判所の許可を得て、議事録やその電磁的記録の閲覧や謄写の請求をすることができます（会社法371②③）。裁判所の許可が必要なのは、取締役会の議事には、秘密を要する事項も含まれているため、秘密事項の開示の是非を裁判所の判断に委ねたものです。

　なお、裁判所は、請求にかかる議事録の閲覧・謄写をすることにより、会社またはその親会社や子会社に著しい損害を及ぼすおそれがあると認めるときは、その閲覧・謄写の許可をすることはできません（会社法371⑥）。

★監査役を置かない会社の取締役会議事録の閲覧や謄写は
　業務監査権限をもつ監査役を置いていない会社では、株主権強化のため、株主が権利を行使するため必要があるときは、裁判所の許可を得ることなく、会社の営業時間内は、いつでも、議事録や電磁的記録の閲覧や謄写を請求することができます（会社法371②。図表129）

★債権者による取締役会議事録の閲覧や謄写は
　債権者が①役員や執行役の責任追及のため必要があるとき、②親会社社員が権利を行使するため必要があるときは、裁判所の許可を得て、取締役会設置会社の議事録や電磁的記録の閲覧や謄写の請求をすることができます（会社法371④⑤。図表129）。

【図表129　取締役会議事録の閲覧・謄写】

| 請求権者 | 株主 | | 会社債権者 |
|---|---|---|---|
| | 監査役設置会社 | 監査役非設置会社（会計監査権限のみの監査役を置く場合も含まれます） | |
| 目的 | 権利行使のため必要がある場合 | 権利行使のため必要がある場合 | ①役員や執行役の責任追及のために必要があるとき　②親会社社員が権利を行使するため必要があるとき |
| 裁判所の許可 | 裁判所の許可必要 | 裁判所の許可不要 | 裁判所の許可必要 |

# Q72 取締役会の決議ルールは

**A** 取締役会の決議は、取締役の過半数が出席し、その過半数で行います。決議について特別利害関係のある取締役は、議決に加わることができません。

また、定款で定めることにより、一定の限度内で、持回りによる書面決議が認められます。

## ★取締役会の決議は

取締役会の決議は、議決に加わることができる取締役の過半数（定足数）が出席し、その過半数（議決権数）をもって行います（会社法369①）。

議決権は、取締役1人1票です。

定足数、議決権数ともに、これを上回る割合を定款で定めることができます。

【図表130　定足数・議決権数とも上回る割合を定款で定めた例】

> 第○条（取締役会の決議方法）
> 　取締役会の決議方法は、取締役の3分の2以上が出席し、その議決権の3分の2以上の賛成をもってこれを行う。

## ★特別利害関係ある取締役の議決権は

前述の決議について特別の利害関係をもつ取締役は、議決に加わることができません（会社法369②）。これは、決議の公正を図るためです。

その取締役は、定足数にも参入されません。

例えば、競業取引の承認、利益相反行為の承認や、任務懈怠責任の一部免除の決議をする場合の対象取締役は、特別利害関係があり、その決議の議決に加われません。

自らを代表取締役に選定する場合は、候補者取締役は特別利害関係を有しないと考えられていて議決権を行使できますが、逆に自分の解職議案の場合は、特別利害関係にあたり、議決権を行使できないとするのが判例です。

## ★取締役会の書面決議（取締役会の決議の省略）は

取締役会設置会社で、①取締役会の決議の目的事項について取締役（目的事項について議決に加わることができるものに限ります）の全員が書面や電

磁的記録により同意の意思表示をし、②監査役設置会社にあっては、監査役がその提案について異議を述べないときは、提案を可決する旨の取締役会の決議があったものとみなす旨を、それぞれ定款で定めることができます（会社法370）。

定款の定め例は、図表131のとおりです。

【図表131　書面による取締役会決議の定款の定め例】

> 第○条（取締役会の書面決議）
> 　取締役会の議案につき、議決に加わることができる取締役の全員が書面又は電磁的記録により同意し、監査役が異議を述べない場合は、取締役の決議があったものとみなすことができる。

この定款の記載がなされると、迅速さを要求されたり、特に異議がない事項については、この書面による取締役会決議を利用することができます。

【図表132　書面による取締役会決議の利用】

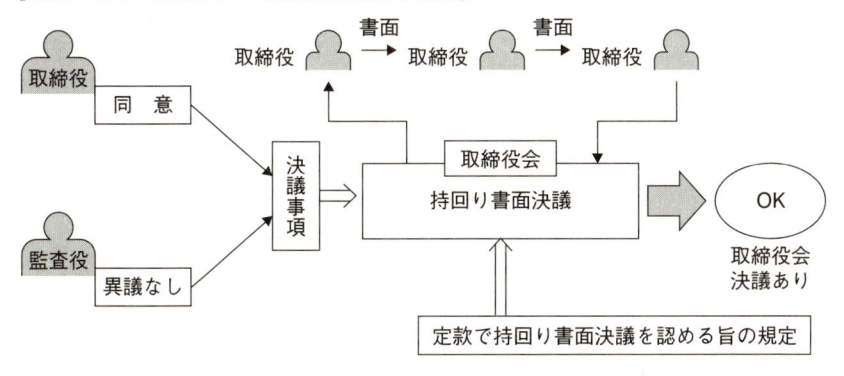

### ★取締役会への報告の省略は

取締役会への報告事項についても、省略が認められています。すなわち、取締役、会計参与、監査役、会計監査人、取締役（監査役設置会社では、取締役・監査役）の全員に対して取締役会に報告すべき事項を通知したときは、その事項を取締役会へ報告することを要しません（会社法372①）。

なお、代表取締役を含む業務執行取締役は、3か月に1回以上、自己の職務執行状況を取締役会に報告しなければなりません（会社法363②）が、この取締役会への業務執行状況の報告については、この制度の適用はありません（会社法372②）。

業務執行状況の報告や上記の要件を満たさない報告事項に関しては、現実に取締役会を開催して、報告を行う必要があります。

## Q73 中小会社の取締役会のあり方は

**A** 会社法は、制度として、大会社の取締役会と中小企業の取締役会を区別していませんので、補欠取締役、社外取締役、書面決議や取締役会への報告事項の省略等の制度を利用して、中小企業の会社規模に応じた取締役会のあり方や運営を考えることになります。

### ★中小会社の取締役会のあり方は

中小会社は、会社法施行と同時に取締役会設置会社となります（整備法76）。

また、中小会社として設立された株式会社が、任意に取締役会を設置することもできます。

しかし、会社法は、制度として、大会社の取締役会と中小企業の取締役会を区別していません。

旧法下の株式会社では、取締役会設置が義務づけられていましたが、中小企業では、ほとんど取締役会が開かれない等、法律上の取締役会の規定が必ずしも実践されなかった例も多いと考えられます。

どうしても取締役会の規定を実践できないのであれば、取締役会を設置しない会社に、定款変更等の手続で移行することができます。

### ★取締役会の運営の簡素化を図るときは

小規模会社が会社機関を変更せず、取締役会をそのまま設置することを選択した場合、その規模に即した取締役会はどうあるべきでしょうか。

制度の範囲内で、会社規模にあった取締役会のあり方、運営を考えることもできます。

前述したとおり、企業の規模に合わせて、取締役の員数を最低限の3人にする場合でも、補欠取締役を選任しておけば、万一取締役の1人が何らかの事由で欠けたとしても、補欠監査役が直ちに取締役に選任され、業務に支障を生ずることはありません（図表133）。

また、業務執行に関わる取締役が3人もいらないとすれば、報酬を抑えた非常勤の社外取締役を選任し、社外取締役に監視的役割を担わせ、会社の経営の透明性を高めつつ、役員の報酬を押さえることも考えられます。

責任限定契約を活用すれば、中小企業であっても、社外取締役の候補者を

【図表133　補欠取締役を置いて対応】

取締役
取締役
取締役
＋
補欠取締役を用意
取締役の1人が欠けても業務に支障が生じない

捜すことは可能です。

　取締役会の運営も、テレビ会議、電話会議等を利用して、取締役の取締役会への出席の負担を軽くする方法も考えられます（図表134）。

　テレビ会議や電話会議については、取締役間の自由な意見交換が可能な状況が保障されていれば、取締役会として有効に成立します。

　前述のように、会社法では一定の場合に書面による取締役会決議の制度が認められましたが、取締役会では、取締役が自由に意見を交換して、会社の意思決定をすることが本来の姿です。

　したがって、会社法が施行されても、テレビ会議や電話会議が取締役会の一形態として重要な役割を果たすことには変わりありません。

【図表134　テレビ電話を利用した取締役会】

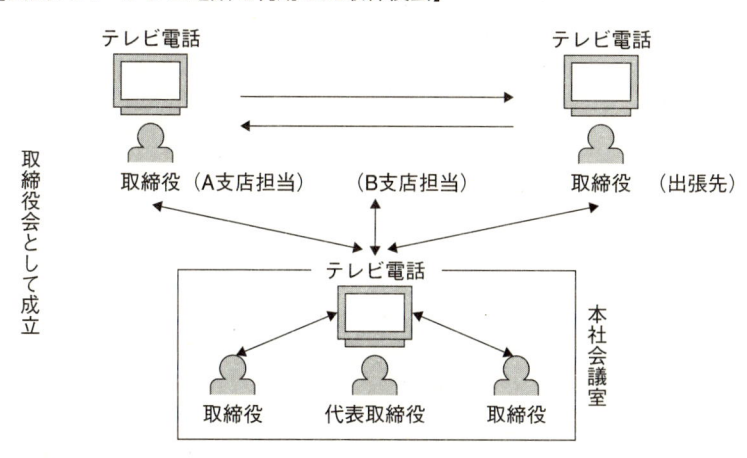

テレビ電話
取締役（A支店担当）
（B支店担当）
取締役（出張先）
テレビ電話
テレビ電話
取締役
代表取締役
取締役
本社会議室
取締役会として成立

**★取締役会の書面決議や取締役会への報告の省略を利用する**

　取締役会決議の書面決議（会社法370）や取締役会の報告の省略（会社法372①）の制度を利用して、取締役会の開催を減らし（Q72参照）、取締役の会議への出席の負担を軽減する方法も考えられます。

## Q74 取締役会規則のつくり方は

**A** 非公開中小会社の取締役会規則の例を示すと、図表135のとおりです。

【図表135　取締役会規則の例】

取締役会規則

第1条（目的）
　当会社の取締役会に関する事項は、法令または定款に基づくもののほか、この規則の定めるところにより、その適正かつ円滑な運営をはかることを目的とする。

第2条（構成）
1　取締役会は、取締役の全員をもって構成する。
2　監査役は、取締役会に出席することを要し、必要に応じ意見を述べなければならない。

第3条（開催）
　取締役会は、毎月1回第三火曜日午後2時より本社において開催する。ただし、法令に反しない限りにおいてこれを変更することができ、必要あるときは随時これを招集することができる。

第4条（招集権者および議長）
1　取締役会は取締役社長がこれを招集し、その議長となる。取締役社長に差支えあるときまたは欠けたときは、取締役会長、取締役副社長の順序によりこれを代行する。
2　前項で定めた代行者のすべてに差支えあるときは、取締役会においてあらかじめ定めた順序により、他の取締役がこれを行う。
3　各取締役は、会議の目的たる事項および招集の理由を記載した書面を招集権者に提出して、取締役会の招集を請求することができる。
4　前項の請求があった後、5日以内に招集通知が発せられないときは、招集を請求した取締役は、自ら取締役会を招集することができる。
5　監査役は、取締役会が法令または定款に違反する行為をなし、またはなすおそれありと認め、これを取締役会に報告する必要があるときは、前3項に準じて取締役会の招集を請求し、または取締役会を招集することができる。

第5条（招集通知）
1　取締役会の招集通知は、各取締役および各監査役に会日の3日前までに発するものとする。ただし、緊急の場合には、この期間を短縮することができる。

2　招集通知には、開催の日時、場所および会議の目的たる事項を書面又はこれに準ずる方法をもって行う。ただし、緊急の場合は、口頭によることができる。

第6条（議決方法）
1　取締役会の決議は、取締役の過半数が出席し、その出席取締役の過半数をもって、これを行う。
2　前項の決議につき、特別の利害関係を有する取締役は、議決権を行使することができない。この場合には、その取締役の議決権は、決議の成立を判定する際の定足数や出席者の議決権の数に算入しない。

第7条（取締役・監査役以外の者の出席）
　　取締役会は必要に応じて、取締役および監査役以外の者を取締役会に出席させ、その意見または説明を求めることができる。

第8条（決議事項）
　　取締役会の決議事項は＜別表＞に定める事項とする。

第9条（緊急事項の処理）
　　前条の決議事項で緊急を要するときは、法令または定款に反しない限り、代表取締役は取締役会の決議を経ないでこれを執行することができる。ただし、次の取締役会においてこれを報告し、承認を得なければならない。

第10条（報告事項）
　　取締役会の報告事項は、次の各項に定める事項とする。
　(1)　取締役の業務の執行状況
　(2)　取締役の就業取引につき重要な事実
　(3)　取締役の自己・利益相反取引につき重要な事実
　(4)　その他取締役会が必要と認めた事項

第11条（議事録）
　　取締役会の議事は、その経過の要領および結果を議事録に記載または記録し、出席した取締役および監査役がこれに記名捺印のうえ、本店に10年間備え置く。ただし、電磁的記録で作成する場合には、記名捺印に代えて法令で定める署名に代わる措置をとる。

第12条（規則の改廃）
　　この規則の改廃は、取締役会の決議による。

　　　　　　　　　　　　付　　　則
（施　行）
　　この規則は、平成〇〇年〇月〇〇日から施行する。

別表〈略〉

## Q75 監査役会の運営は

**A** 監査役会は、各監査役が招集します。監査役会の決議は、監査役の過半数をもって行います。

監査役会が開かれると、議事録が作成されますが、一定の事由がある場合に、株主や債権者は、その議事録を閲覧・謄写することができます。

### ★監査役会の招集は

監査役会は、すべての監査役によって組織される合議体の機関です（会社法390①）。監査役会は、各監査役が招集します（会社法391）。

### ★監査役会の招集手続は

監査役会を招集するには、監査役は監査役会の日の1週間前までに、各監査役に対して招集通知（図表138）をしなければなりません（会社法392①）。

定款で、1週間より短い招集期間を定めることもできます（図表136）。

一方、監査役の全員の同意があるときは、招集の手続を経ることなく開催することができます（会社法392②）。したがって、あらかじめ特定の日に開催することが決まっている定例の監査役会は、個別に招集手続をする必要がありません。

【図表136　1週間より短い招集期間の定款の定め例】

> 第○条（監査役会の招集通知）
> 　監査役会の招集通知は、各監査役に対し、会日の3日前に発するものとする。ただし、緊急の必要のある場合には、これを短縮することができる。

### ★監査役会の決議・監査役会議事録の作成は

監査役会の決議は、監査役の過半数をもって行います（会社法393①）。

監査役会の議事については、施行規則109条で定めるところにより、議事録を作成し、議事録が書面で作成されているときは、出席監査役は、署名または記名押印しなければなりません（会社法393②。図表139）。議事録を電磁的記録をもって作成することもできます（会社法393③）。

監査役会の決議に参加した監査役が議事録に異議をとどめない場合は、その決議に賛成したものと推定されます（会社法393④）。

★監査役会議事録の記載事項は

監査役会議事録の記載事項は、図表137のとおりです（施行規則109③）。

【図表137　監査役会議事録の記載事項】

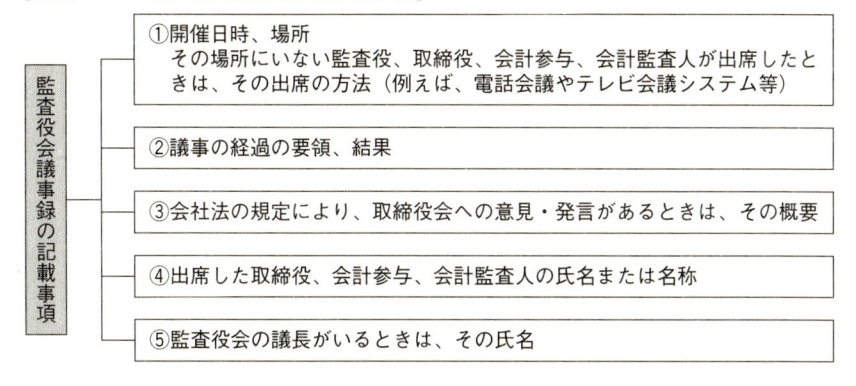

```
                    ┌─────────────────────────────────────────────────────┐
                    │①開催日時、場所                                       │
                    │　その場所にいない監査役、取締役、会計参与、会計監査人が出席したと │
                    │　きは、その出席の方法（例えば、電話会議やテレビ会議システム等）　 │
                    └─────────────────────────────────────────────────────┘
監                  ┌─────────────────────────────────────────────────────┐
査                  │②議事の経過の要領、結果                               │
役                  └─────────────────────────────────────────────────────┘
会
議                  ┌─────────────────────────────────────────────────────┐
事                  │③会社法の規定により、取締役会への意見・発言があるときは、その概要 │
録                  └─────────────────────────────────────────────────────┘
の
記                  ┌─────────────────────────────────────────────────────┐
載                  │④出席した取締役、会計参与、会計監査人の氏名または名称 │
事                  └─────────────────────────────────────────────────────┘
項
                    ┌─────────────────────────────────────────────────────┐
                    │⑤監査役会の議長がいるときは、その氏名                 │
                    └─────────────────────────────────────────────────────┘
```

★監査役会議事録の公開は

会社は、監査役会の日から10年間、議事録を本店に備え置かなければなりません（会社法394①）。

株主は、権利を行使するため必要があるときには、裁判所の許可を得て、議事録やその電磁的記録の閲覧や謄写の請求をすることができます（会社法394②）。

監査役会設置会社の債権者が役員の責任を追及するため必要があるときや、親会社社員が権利を行使するため必要があるときも、裁判所の許可を得て、同様の請求をすることができます（会社法394③）。

★監査役会への報告の省略は

監査役会では、取締役会のような書面による決議の制度はありません。

しかし、取締役、会計参与、監査役、会計監査人が、監査役の全員に対して監査役会に報告すべき事項を通知したときは、その事項を監査役会へ報告することを省略することができます（会社法395）。

この監査役会への報告の省略が適用される場合には、現実に監査役会は開かれませんが、監査役会議事録を作成する必要があります。報告を要しない事項の内容を明らかにするためです。

この場合は、議事録上①監査役会への報告を要しないものとされた事項、②監査役会への報告を要しないものとされた日、③議事録の作成の職務を行った監査役の氏名を記載しなければなりません（施行規則109④）。

【図表138　監査役会の招集通知例】

平成○○年○○月○○日

東京都○○区○○○○丁目○番○号
○○○○株式会社
常勤監査役　○○　○○

## 監査役会招集のご通知

拝啓　時下ますますご清栄のこととお喜び申し上げます。
　さて、監査役会を下記のとおり開催いたしますので、ご出席くださいますようご通知申しあげます。
　なお、当日ご欠席の場合は、お手数ですがご一報いただければ幸いと存じ上げます。

敬具

記

1. 日　　時　　平成○○年○○月○○日（○曜日）
　　　　　　　　午後○時○○分～○時○○分

2. 場　　所　　東京都○○区○○○○丁目○番○号
　　　　　　　　○○○○株式会社　○○会議室

3. 議　　題
　　　　　　　第○号議案　報告事項
　　　　　　　「○○○○の件」
　　　　　　　第○号議案　報告事項
　　　　　　　「○○○○の件」

以上

【図表139　監査役会の議事録例】

第○○期　第○○回　監査役会議事録

1. 日　時　　平成○○年○○月○○日（○曜日）
　　　　　　　午後○時○○分〜○時○○分

2. 場　所　　本社会議室

3. 出席者　　○○監査役、○○監査役、○○監査役
　　　　　　（定員3名、出席監査役3名）
　　　　　　　午後○時○○分、○○監査役が議長となって、第○○回監査役会の開会を宣した。

4. 議事
　　第一号議案　報告事項
　　　　　　　「○○○○の件」
　　　　　　　　別添の議事の明細に記載
　　第二号議案　報告事項
　　　　　　　「○○○○の件」
　　　　　　　　別添の書類の概要に記載

　議題に沿って、議長が添付資料に基づき報告するとともに、監査の結果は特に指摘すべき事項はなかった旨を述べ、出席監査役はこれを了承した。
　以上で予定された全ての議題の審議を終了したので○時○○分、議長は閉会を宣言した。なお、監査役会規則第○○条に基づき、本日の監査役会の議事録を作成し、出席監査役はこれに記名捺印する。

以上

平成○○年○○月○○日

　　　　　　　　　　　　　○○○○株式会社
　　　　　　　　　　　　　　常勤監査役　　　○○○○　㊞
　　　　　　　　　　　　　　監　査　役　　　○○○○　㊞
　　　　　　　　　　　　　　監　査　役　　　○○○○　㊞

## Q76 中小会社の監査役会のあり方は

**A** 監査役会設置会社を選択した中小会社で、監査役会を合理化し簡略化して運営するには、監査役会の報告の省略の制度を利用したり、常勤監査役、非常勤監査役と社外監査役、非社外監査役とで、事実上職務を合理的に分担する等運営による工夫する必要があります。

★中小会社が監査役会設置を選択するときは

中小会社が監査役会設置会社を選択する場合は、例えば、複数の大株主から監査役が派遣される等あえて監査役会を選ぶ理由がある場合や、剰余金の分配を取締役会で決定できることにする（会社法459①③）等の理由が考えられます。

しかし、監査役を3人以上選任し、そのうち過半数の社外監査役を選任して運営するのは、中小会社にとって、制度的にも財政的にも負担が多いため、監査役会の運営上の工夫が必要です。

★監査役会の報告の省略は

「取締役、会計参与、監査役又は会計監査人が監査役の全員に対して監査役会に報告すべき事項を通知したときは、その事項を監査役会へ報告することを省略することができる（会社法395）」という監査役会の報告の省略の制度を利用することにより、監査役会運営の負担を軽減することができます。しかし、取締役会のような決議の省略の制度は、監査役会にはありません。

★監査役会の運営を工夫する

監査役会は、常勤監査役を置かなくてはなりません（会社法390③）が、常勤監査役は1人で足ります。

また、社外監査役が過半数である必要があります（会社法335③）が、常勤監査役を1名置き、他の社外監査役は非常勤とし、事実上常勤監査役が中心的に監査業務を行うことにより、社外監査役の負担を軽減することができます。

監査役会の専従従業人や監査役の補佐を置く等、個々の監査役の負担を軽減することにより、監査役の負担を軽減することもできます。

## Q77 取締役が利益相反取引をするときの手続は

**A** 取締役が利益相反取引をするときは、取締役会設置会社では、取締役会に取引につき重要な事実を開示し、その承認を受けなければなりません。
取締役会を置かない会社では、その承認は株主総会が行います。

### ★利益相反取引というのは

会社が取締役自身や取締役の代表する他の会社と取引をすることは、通常の会社運営の中でしばしば起こります。取締役自身が会社の関係事業を行っている場合や、グループ企業が作られている場合です。また、会社の有力取引先から取締役の派遣を受けている場合にも同様なことが起こります。

このように会社が取締役自身やその取締役の代表する他の会社と取引をする場合を、取締役の利益相反行為と呼び、その取引が制限されています。

会社の取締役としての利益と自己の利益が相反する取引という意味です。

### ★取引が制限されるのは

この取引を制限するのは、会社に取締役との取引を自由に許すと、取締役が自己の利益を図るため、会社を代表して会社に不利な取引をさせるおそれがあるからです。

例えば、甲株式会社を代表してA取締役が、A自身に資金を貸し付けるような場合です（図表140）。

また、甲株式会社を代表してA取締役が、A取締役が代表する乙株式会社に資金を貸し付けるような場合も、Aが乙株式会社のために甲株式会社に不利な契約をするおそれがあります。

さらに、甲株式会社を代表するのが、A取締役ではなく、他の取締役であっても、同じ取締役会のメンバーであることから、影響力を行使して、会社に不利益な契約をさせるおそれがあると考えられています。

### ★間接取引も制限される

利益相反行為は、このような①取締役が自己または第三者のために会社と取引（直接取引）をする場合だけでなく、②会社が第三者との間で、会社と

## 【図表140 利益相反行為の例】

❶ 直接取引の例（会社法356①二）
(1) 自己のための直接取引（自己＝C個人のため）〈C個人に不当な利益を与える取引を防止〉

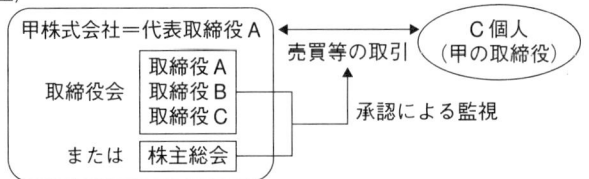

```
甲株式会社＝代表取締役A          C個人
  取締役会  取締役A    売買等の取引   （甲の取締役）
          取締役B
          取締役C    承認による監視
  または  株主総会
```

(2) 第三者のために直接取引（第三者＝乙株式会社のため）〈乙株式会社へ不当な利益を与える取引を防止〉

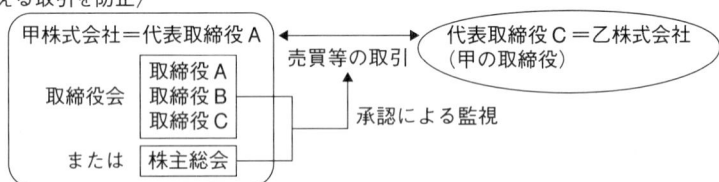

```
甲株式会社＝代表取締役A          代表取締役C＝乙株式会社
  取締役会  取締役A    売買等の取引   （甲の取締役）
          取締役B
          取締役C    承認による監視
  または  株主総会
```

❷ 間接取引（会社法356①三）〈甲と丙との契約により不当な利益をC個人に与えることを防止〉

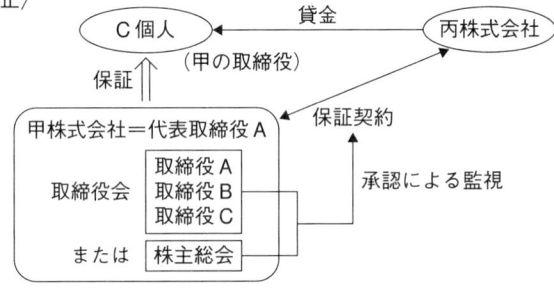

```
         C個人       貸金    丙株式会社
    保証 （甲の取締役）
  甲株式会社＝代表取締役A   保証契約
    取締役会  取締役A
            取締役B
            取締役C    承認による監視
    または  株主総会
```

取締役の利益が相反する取引（間接取引）をする場合にも同様な危険があり、同様の制限がされています。

例えば、間接取引は、A取締役が金銭を借り入れている第三者Cに対して、A取締役が代表する甲株式会社が保証契約するような場合です。

### ★利益相反取引をするときの手続は

取締役会設置会社では、①取締役が自己や第三者のために会社と取引をしようとするとき、②会社が取締役の債務を保証すること、その他、取締役以外の者との間において会社と当該取締役との利益が相反する取引をしようとするときは、取締役は、取締役会に取引の重要な事実を開示し、その承認を受けなければならないとして、取引を制限しています（会社法365①、356①二・三）。

上記のような自己取引に対しては、取締役会に取引の重要事項を開示させ

たうえ、取締役会の承認を必要とし、他の取締役全員に利益相反行為の監視をさせることになっているのです。

取締役会を置かない会社では、上記の承認は株主総会が行います（会社法356①二・三）。

### ★利益相反取引によって会社に損害が生じたときは

取締役が取締役会等の承認をとらず利益相反行為をした場合には、取締役の任務懈怠責任が生じます。

一方、取締役会等の承認を得て利益相反行為をした場合においても、結果として会社に損害が生じたときは、同様に任務懈怠責任として損害賠償の責任を負う場合があります。

### ★間接取引と第三者のため直接取引のときの責任は

株式会社との間接取引（会社法356①三356）や第三者のための直接取引（会社法356①二）の形で、利益相反取引をした取締役の責任は、任務懈怠責任となります（会社法423①）。任務懈怠責任は、過失責任です。

利益相反取引について、取引をすることを決定した取締役や執行役、その取引に関する取締役会の承認の決議に賛成した取締役は、その任務を怠ったものと推定されます（会社法423③）。

ただし、各取締役は、自分に過失がないことを立証すれば、その損害賠償責任を免れることが可能です。

### ★自己のための直接取引のときの責任は

取締役が会社と自己のために直接取引の利益相反取引をした場合も、責任の内容は、任務懈怠責任です。

しかし、この場合は、任務を怠ったことが取締役や執行役の責めに帰することができないものであることを理由に責任を免れることができません（会社法428①）。これは、任務懈怠責任の特則として、無過失責任とされているものです。

利益相反行為により会社に損害が生じているのであれば、反射的に直接取引の相手方である取締役自身に利益が生じていると考えられるからです。

この責任には、①株主総会等の決議による責任の一部免除（会社法425）、②定款の定めによる取締役会の決議等による一部免除（会社法426）、③責任限定契約（会社法427）の規定は適用されません（会社法428②）。

## Q78 取締役が自社と同じ事業をするときの手続は

**A** 取締役が自社と同じ事業をするときは、その取引の重要事項を開示し、事前に、取締役会設置会社の場合は取締役会、取締役会を置かない会社の場合は株主総会、の承認をそれぞれ得なければなりません。

取締役会や株主総会の承認を得ないで、競業行為をしたときは、取締役はその結果生じた会社の損害を賠償しなければなりません。

### ★取締役の善管注意義務・忠実義務というのは

取締役は、会社からその経営を委任された経営の専門家として、その職務を尽くすため善管注意義務と会社に対する忠実義務（会社法355）を負っています。

この善管注意義務や忠実義務から、取締役は、その取締役に就任して会社と競合する取引をすることが制限されています。

### ★競業取引は禁止

取締役が、自己や第三者のために、会社の「事業の部類に属する取引」（同じ種類の事業）をしようとする場合には、①取締役会設置会社の場合は、取締役会に取引の重要事項を開示し、事前に承認を受けなければなりません（会社法356①一、365①）。②取締役会を置かない会社の場合は、上記の承認は株主総会が行います（会社法356①一）。

取締役は会社の営業情報やノウハウ等に精通しているため、自由に会社と競合する取引ができるとすると、会社の営業的利益が害される危険性があるからです。

一方、オーナー取締役が他にも関係事業を行っている場合や、グループ企業の場合、また会社の関係取引先等から取締役の派遣を受けている場合等に、取締役や取締役が代表する会社が同じ種類の業務を行う場合も少なくありません。

そこで、取締役がこのような競業取引をしようとする場合には、事前に取締役会の承認が必要として、会社に不当に損害を与えるような競業取引がなされないよう、取締役会や株主総会により監視することにされたものです。

★制限される株式会社の事業と同じ部類に属する取引というのは

　このように取締役会や株主総会の承認が必要な「株式会社の事業の部類に属する取引」とは、会社が現実に行っている取引と、目的物と市場が同種のため競合する取引のことをいいます。
　会社の定款に事業目的として記載されていても、会社が現実には営んでいない事業に関する取引は、これに入らず制限されることはありません。

★取締役会や株主総会での事実開示の程度は

　取締役会や株主総会で、開示すべき取引の重要な事実とは、取締役の行う予定の競業取引が会社に与える影響を判断するために必要な情報をいいます。
　一定の取引であれば、取引の相手方、目的物、数量、価格、利益等です。
　取締役が競合会社の代表取締役に就任する場合には、競合会社のすべての取引の情報を開示することはできませんので、競合会社の事業の内容、取引額等の規模、主要な取引先等を開示して、包括的に承認を得ることになります。

★承認を得ないでした競業取引の責任は

　取締役会や株主総会の承認を得ないで、競業取引をしたときは、その取締役は任務を懈怠したことになり、その結果生じた会社の損害を賠償しなければなりません（会社法432①）。
　承認を得ないでした競業取引によって取締役や第三者が得た利益は、会社の損害と推定され（会社法432②）、取締役はその額を会社に賠償しなければなりません。
　また、取締役の任務違反として、会社は解任することもできます（会社法339①）。
　なお、取締役会や株主総会の承認を得て、取締役が競業行為をした場合には、その結果、会社の損害を生じても、取締役の責任は生じません。

★承認を得ないでした競業取引の効力は

　取締役会や株主総会の承認を得ないで、競業行為をしても、取締役が行った取引が無効になることはありません。
　旧法の承認を得ないでした競業取引を会社のためになされたものとみなすことができるという介入権と呼ばれる制度は、廃止されました。

## Q79 役員等の報酬・賞与を決める手続は

**A** 役員のうち、取締役、会計参与、監査役の報酬は、株主総会の決議によって決定します。

会計監査人の報酬は、取締役が決定しますが、決定には監査役の同意が必要です。委員会設置会社の役員等の報酬の決定は、報酬委員会が行います。

### ★取締役の報酬を決めるときは

取締役の報酬・賞与その他の職務執行の対価として会社から受ける財産上の利益についての図表141の事項は、定款に定めがないときは、株主総会の決議によって定めます（会社法361①）。

【図表141　取締役の報酬】

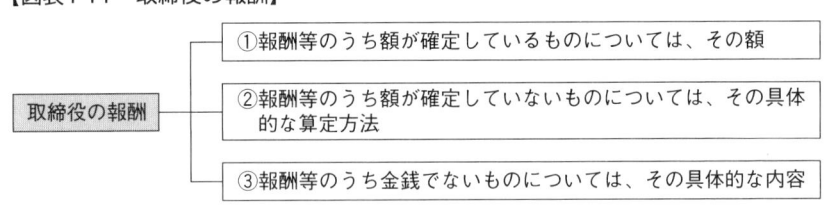

取締役の報酬
- ①報酬等のうち額が確定しているものについては、その額
- ②報酬等のうち額が確定していないものについては、その具体的な算定方法
- ③報酬等のうち金銭でないものについては、その具体的な内容

①については、株主総会決議で役員全員の総枠を決め、取締役間の分配は取締役会等に委ねる取扱いが多く行われています。②は業績連動型の報酬等、③は役員用社宅等の提供がその例です。

いずれも、役員全員に対する報酬等の総枠を定めればよいものと考えられます。

なお、②③を株主総会で決議するには、取締役は、②③の事項が相当であることを株主総会で説明しなければなりません（会社法361②）。

### ★取締役賞与は剰余金の処分ではなく報酬と同様の扱いに

会社法施行前までは、役員報酬・賞与は、定款に定めていないときは、①「報酬」については一定の上限を株主総会の決議を得て決定し、②賞与については、利益処分の一部として株主総会の決議を得る取扱いがされていました。

会社法施行後は、利益処分案が廃止され、賞与は剰余金の処分の内容では

なく、報酬とともに、株主総会の決議を要するものとされています。

【図表142　取締役の報酬等の定款の定め例】

> 第○条（取締役の報酬）
> 　取締役の報酬は、総額年○億○○○○万円以内とする。

## ★会計参与の報酬の決定は

　会計参与の報酬については、取締役と同様に、定款でその額を定めていない場合は、株主総会の決議によって決定する必要があります（会社法379①）。

　会計参与が2人以上いる場合に、定款の定めや株主総会の決議で、各会計参与の具体的報酬等が定まらないときは、株主総会で決議された報酬等の範囲内で、会計参与の協議によって定めることになっています（会社法379②）。

　会計参与は、株主総会で報酬等について意見を述べることができます（会社法379③）。

【図表143　会計参与の報酬の定款の定め例】

> 第○条（会計参与の報酬）
> 　会計参与の報酬は、月額○○万円とする。

## ★監査役の報酬の決定は

　監査役の報酬等は、定款にその額が定められていないときは、株主総会の決議によって定められます（会社法387①）。

　監査役が2人以上いる場合で、定款の定めや株主総会の決議で個々の監査役の報酬が決められていないときは、株主総会で決議された報酬等の範囲内で、監査役の協議によって定められます（会社法387②）。

　また、監査役は、株主総会で報酬等について意見を述べることができます（会社法387③）。

　これらは、報酬決定の面から、取締役に対しての監査役の職務の独立性を保障しようとするものです。

【図表144　監査役の報酬の決定】

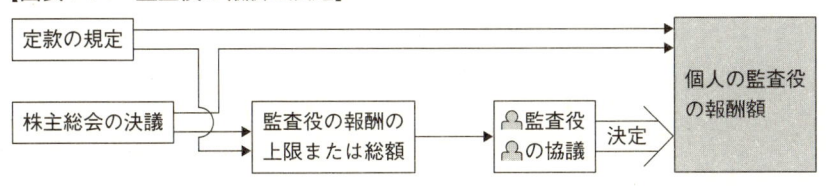

★会計監査人の報酬等の決定に関する監査役の関与は

　会計監査人の報酬は、取締役、会計参与、監査役と異なり、株主総会でなく、取締役が決定します。

　しかし、取締役は、会計監査人の報酬等を定める場合には、①監査役（監査役が2人以上ある場合は、その過半数）、②監査役会設置会社では監査役会、の同意を得なければなりません（会社法399①）。

　いずれも、報酬の面から会計監査人の独立を確保するため、その報酬の決定について監査役の同意権を与えたものです。

【図表145　会計監査人の報酬】

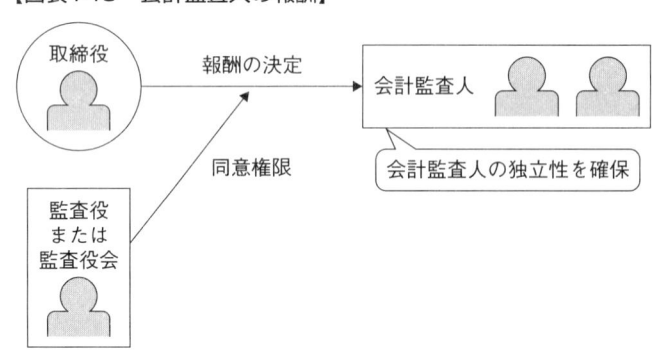

★委員会設置会社の取締役や執行役等の報酬決定は

　委員会設置会社の取締役、執行役、会計参与の報酬は、報酬委員会が個々の役員ごとの報酬の内容を決定します（会社法404③）。株主総会の決議を得る必要はありません。決定された額は、取締役会で変更することはできません。

　報酬委員会は、あらかじめ、これら役員の個別の報酬の内容にかかる決定についての方針を定め、その方針に従って報酬を決定しなければなりません（会社法409①②）。

　委員会設置会社の会計監査人の報酬は、執行役が決定しますが、その決定には、報酬委員会の同意が必要です（会社法399③）。

【図表146　委員会設置会社の役員の報酬】

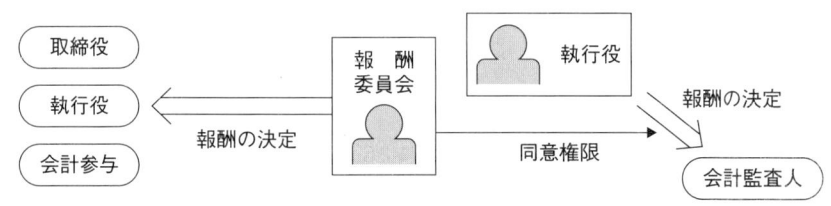

# Q80 剰余金の配当手続は

**A** 会社法施行前の利益配当手続は廃止され、施行後は、剰余金配当手続によって行われます。

★**利益配当は剰余金配当に**

　会社法施行前では、会社の利益を、株主に配当するためには、利益処分案の利益配当金について、株主総会で承認を得ることによって、配当を行いました。

　施行後は、利益配当のほかに、中間配当、資本・準備金の減少による払戻しによる金銭等の配当、自己株式の取得は、いずれも、会社財産が株主に払い戻された結果、株式会社の責任財産が減少する点では同じであるため、これらを、剰余金の配当として、分配可能額という共通の財源規制が掛けられることになっています（会社法461）。

　剰余金の分配可能額の計算は、図表147のとおりです（会社法446）。

　株主に対する利益の配当は、この剰余金の配当手続によることになります（会社法453以下）。

　なお、会社の純資産が300万円以下の場合は、剰余金の配当ができないという、資本金制度に代わる別の財源規制があります（会社法458）。

【図表147　剰余金の分配可能額】

| 剰余金の分配可能額 | ＝ | 剰余金※ | － | （会社法446四・五・六の額） |

※剰余金＝資産の額＋自己株式の帳簿価格－負債の額－資本金及び準備金の合計額　　　　　－計算規則177の額

★**剰余金の配当手続は**

　剰余金の配当等は、分配可能額の範囲であれば、株主総会の普通決議により、いつでも何度でもすることができます（会社法453、454①）。

　配当は、金銭だけでなく、現物配当もできますが、現物配当の場合は、株主総会の特別決議が必要です（会社法454①、309②十）。

　なお、取締役会設置会社では、定款で定めた場合、一営業年度中1回に限り、取締役会の決議で、剰余金の中間配当をすることが認められています（会社法454⑤）。旧法の、中間配当に相当する制度です。

## Q81 計算書類ってどういう書類のこと

**A** 株式会社は、各事業年度ごとに計算書額、事業報告、その附属明細書を作成しなければなりません。

計算書類とは、貸借対照表、損益計算書、株主資本等変動計算書、個別注記表をいいます。計算書類としての利益処分案は、廃止されています。

### ★計算書類というのは

株式会社は、各事業年度にかかる計算書類（貸借対照表、損益計算書、株主資本等変動計算書、個別注記表）、事業報告、これらの附属明細書を作成しなければなりません（会社法435②、計算規則91）。また、計算書類とその附属明細書を、作成の日から、10年間保存しなければなりません（会社法435④）。

事業報告と附属明細書は、計算書類に含まれません。

旧法で、計算書類とされていた利益処分案は、廃止されています。

### ★旧法の利益処分案の記載内容は

施行前に利益処分案（または損失処理案）として、株主総会で承認決議されていた事項については、剰余金の配当（会社法454）、役員賞与（会社法361①）、資本金等の係数の変動（会社法448、450～452）等として、別の規制により手続が整備され、利益処分案は、計算書類制度として廃止されています。

その内容は、図表148のとおりです。

### ★株主資本等変動計算書というのは

株主資本等変動計算書は、営業年度中に、分配可能額の範囲で、何回でも剰余金の分配が可能になったため、事業年度中の株主資本（資本金、準備金、余剰金、自己株式等）の変動に関する事項を明らかするために作成が義務づけられたものです。

図表149は、株主資本等変動計算書のモデルの一つです。

### ★計算書類の内容は

作成が義務づけられている計算書類の内容（科目）についても、改められています。

【図表148 計算書類の改正点】

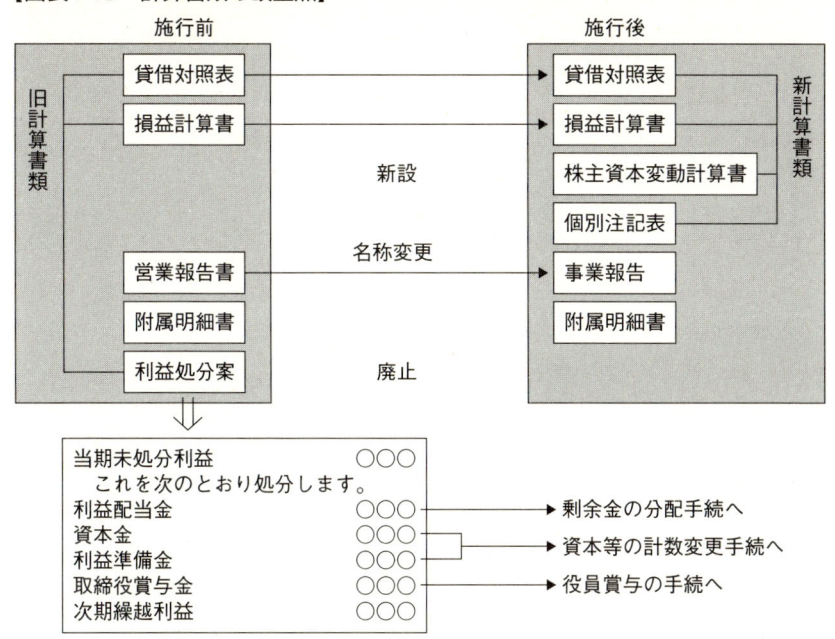

```
施行前                              施行後
┌─────────────┐                  ┌─────────────┐
│ 貸借対照表  │ ───────────→    │ 貸借対照表  │
│ 損益計算書  │ ───────────→    │ 損益計算書  │
│             │    新設    →    │株主資本変動計算書│
│             │            →    │ 個別注記表  │
│ 営業報告書  │  名称変更  →    │ 事業報告    │
│ 附属明細書  │ ───────────→    │ 附属明細書  │
│ 利益処分案  │    廃止          │             │
└─────────────┘                  └─────────────┘
  旧計算書類                       新計算書類
```

```
当期未処分利益           ○○○
  これを次のとおり処分します。
利益配当金               ○○○ → 剰余金の分配手続へ
資本金                   ○○○ ┐
利益準備金               ○○○ ┘→ 資本等の計数変更手続へ
取締役賞与金             ○○○ → 役員賞与の手続へ
次期繰越利益             ○○○
```

　各計算書類のイメージは、貸借対照表（計算規則104～117）は図表150、損益計算書（計算規則118～126）は図表150、株主資本等変動計算書（計算規則127）は前ページ図表149のとおりです。個別注記表（計算規則128～144）は、個別に作成されなくてもその内容が貸借対照表等に注記されていることで足ります。

【図表149 株主資本変動計算の例】

| | | 前期末残高 | 当期変動額 | | | | | 当期末残高 |
|---|---|---|---|---|---|---|---|---|
| | | | 新株の発行 | 剰余金の配当 | 当期純利益 | 自己株式 | 株主資本以外の変動額 | |
| 株主資本 | 資本金 | ○○○ | ○○○ | | | | | ○○○ |
| | 資本剰余金 資本準備金 | ○○○ | ○○○ | | | | | ○○○ |
| | 資本剰余金 その他資本剰余金 | ○○○ | | | | | | ○○○ |
| | 利益剰余金 利益準備金 | ○○○ | | ○○○ | | | | ○○○ |
| | 利益剰余金 その他利益剰余金 | ○○○ | | △○○○ | ○○○ | | | ○○○ |
| | 自己株式 | △○○○ | | | | ○○○ | | △○○○ |
| 評価・換算差額等 | | ○○○ | | | | | ○○○ | ○○○ |
| 新株予約権 | | ○○○ | | | | | | ○○○ |
| 総資産合計 | | ○○○ | ○○○ | ○○○ | ○○○ | ○○○ | ○○○ | ○○○ |

## 【図表150　賃借対照表・損益計算書の例】

| 貸借対照表（平成○○年○月○日現在） ||||
|---|---|---|---|
| **資産の部** || **負債の部** ||
| 流動資産 || 流動債権 ||
| 　現金及び預金 | ○○○ | 　支払手形 | ○○○ |
| 　受取手形 | ○○○ | 　買掛金 | ○○○ |
| 　売掛金 | ○○○ | 　短期借入金 | ○○○ |
| 　有価証券 | ○○○ | 　未払借用 | ○○○ |
| 　製品及び商品 | ○○○ | 　未払法人税など | ○○○ |
| 　短期貸付金 | ○○○ | 　賞与引当金 | ○○○ |
| 　前払費用 | ○○○ | 　その他 | ○○○ |
| 　繰延税金資産 | ○○○ | 　流動債権合計 | ○○○ |
| 　その他 | ○○○ | 固定負債 ||
| 　貸倒引当金（△） | ○○○ | 　社債 | ○○○ |
| 　流動資産合計 | ○○○ | 　長期借入金 | ○○○ |
| 固定資産 || 　退職給付引当金 | ○○○ |
| （有形固定資産） || 　その他 | ○○○ |
| 　建物 | ○○○ | 　固定負債合計 | ○○○ |
| 　建築物 | ○○○ | 　負債合計 | ○○○ |
| 　機械及び装置 | ○○○ | **純資産の部** ||
| 　工具,器具及び備品 | ○○○ | 株主資本 | ○○○ |
| 　土地 | ○○○ | 　資本金 ||
| （無形固定資産） || 　資本余剰金 | ○○○ |
| 　特許権 | ○○○ | 　　資本準備金 | ○○○ |
| 　ソフトウェア | ○○○ | 　　その他資本余剰金 | ○○○ |
| 　その他 | ○○○ | 　利益剰余金 | ○○○ |
| （投資その他の資産） || 　　利益準備金 ||
| 　子会社株式 | ○○○ | 　　その他利益剰余金 | ○○○ |
| 　投資有価証券 | ○○○ | 評価・換算差額等 ||
| 　長期貸付金 | ○○○ | 新株予約権 | ○○○ |
| 　長期前払費用 | ○○○ |  ||
| 　その他 | ○○○ |  ||
| 　貸倒引当金（△） | ○○○ |  ||
| 　固定資産合計 | ○○○ |  ||
| 繰越資産 | ○○○ | 　総資産合計 | ○○○ |
| 　資産合計 | ○○○ | 負債・純資産合計 | ○○○ |

| 損益計算書 ||
|---|---|
| 自　平成○○年○月○日 ||
| 至　平成○○年○月○日 ||
| 経常損益の部 ||
| 　営業損益の部 ||
| 　　売上高 | ○○○ |
| 　　売上原価 | ○○○ |
| 　　　売上総利益 | ○○○ |
| 　　販売費及び一般管理費 | ○○○ |
| 　　　営業利益 | ○○○ |
| 　営業外損益の部 ||
| 　　営業外収益 ||
| 　　　受取利息 | ○○○ |
| 　　　受取配当金 | ○○○ |
| 　　　雑収入 | ○○○ |
| 　　　営業外収益合計 | ○○○ |
| 　　営業外費用 ||
| 　　　支払利息 | ○○○ |
| 　　　雑支出 | ○○○ |
| 　　　営業外費用合計 | ○○○ |
| 　　　経常利益 | ○○○ |
| 特別損益の部 ||
| 　特別利益 ||
| 　　投資有価証券売却益 | ○○○ |
| 　　特別利益合計 | ○○○ |
| 　特別損失 ||
| 　　固定資産除却損 | ○○○ |
| 　　特別損益合計 | ○○○ |
| 　　税引前当期純利益 | ○○○ |
| 　　法人税、住民税及び事業税 ||
| 　　法人税等調整額 | ○○○ |
| 　　当期純利益 ||
| 　　前期繰越利益 | ○○○ |
| 　　当期未処分利益 | ○○○ |

# Q82 決算公告のやり方と文例は

**A** 有価証券報告書の提出義務会社以外のすべての会社に、決算公告が義務づけられています。

中小会社では、貸借対照表を公告する必要があります。

★決算公告を要する会社は

会社の規模や選択した機関設計のいかんにかかわらず、定時株主総会の終結後遅滞なく、貸借対照表を公告しなければなりません（会社法440①）。これを決算公告といいます。

中小会社では、貸借対照表を公告する必要があります。

大会社は、貸借対照表のほかに、損益計算書を公告しなければなりません（会社法440①括弧書）。

なお、特例有限会社には、決算公告の義務はありません（整備法28）。

★有価証券報告書提出義務会社の公告義務は

証券取引法の規定により有価証券報告書を内閣総理大臣に提出しなければならない株式会社（証券取引法24①）は、公告義務は課されません（会社法440④）。

証券取引法に基づく開示システムで、決算公告で開示されるよりも詳細な情報が開示されているためです。

★公告の内容・方法は

公告の方法は、官報等による公告と電磁的方法による公告があります。

(1) 官報等による公告

定款で定めた公告方法が官報または日刊新聞紙である会社（会社法939①一・二）の場合、公告する内容は、図表151のとおり貸借対照表の要旨で足ります（会社法440②）。要旨の内容は、計算規則166〜170条に記載されています。

(2) 電磁的方法による公告

電子公告を採用している会社（会社法939①三）や、(1)の公告方法を採用している会社でも、貸借対照表の内容全部を定時総会の終結日から5年間継続的に、電磁的方法により掲載公開する場合には、インターネットによる自

【図表151　貸借対照表の要旨例】

平成○○年度決算公告

平成○○年○○月○○日　　　　　東京都○○区○○○○丁目○番○号
　　　　　　　　　　　　　　　　○○株式会社
　　　　　　　　　　　　　　　　代表取締役社長　○○　○○

貸借対照表の要旨

（平成○○年3月31日現在）　　　　（単位：百万円）

| 資　産　の　部 | | 負債及び純資産の部 | |
|---|---|---|---|
| 科　　目 | 金　額 | 科　　目 | 金　額 |
| 流動資産 | ○○○ | 流　動　負　債 | ○○○ |
| 固定資産 | ○○○ | 固　定　負　債 | ○○○ |
| 　有形固定資産 | ○○○ | 引　当　金 | ○○○ |
| 　無形固定資産 | ○○○ | 負　債　合　計 | ○○○ |
| 　投資その他の資産 | ○○○ | 株　主　資　本 | ○○○ |
| 繰延資産 | ○○○ | 　資　本　金 | ○○○ |
|  |  | 　資　本　剰　余　金 | ○○○ |
|  |  | 　利　益　剰　余　金 | ○○○ |
|  |  | 評価・換算差額 | ○○○ |
|  |  | 　株式等評価差額金 | ○○○ |
|  |  | 　土地再評価差額金 | ○○○ |
|  |  | 　繰延ヘッジ損益 | ○○○ |
|  |  | 新株予約権 |  |
|  |  | 純　資　産　合　計 | ○○○ |
| 資　産　合　計 | ○○○ | 負債・純資産合計 | ○○○ |

動送信の方法により、公告します（施行規則175）。

　この場合は、要旨ではなく全文を公告します（会社法440③）。

★決算公告を怠ったときは

　決算公告をしない場合は、100万円以下の過料の制裁がありますので、注意が必要です（会社法976二）。

## Q83 株式の譲渡制限ってどういう制度のこと

**A** 株式の譲渡をする際に、会社の承認を要する旨を定款で定めることができます。承認機関については、定款に定めがないときは、取締役会を置かない会社では株主総会、取締役会設置株式会社では取締役会が、それぞれの決議で承認します。

なお、株主の合併や相続の場合に、会社が株式を買い取る相続人等に対する株式の売渡請求制度を設けることを定款で定めることができます。

### ★株式譲渡制限というのは

株主に対して投下資本の回収を確保する観点から、株式は自由に譲渡できるのが原則です（会社法127）。

しかし、小規模で社員の人的信頼関係が強い会社では、会社にとって好ましくない者が外部から株主として会社に参入するのを防止する必要があります。

そこで、他人に「株式の譲渡」をする際に、「株式会社の承認」を要する旨を定款で定めることができるものとしています（会社法107①一、同②一）。

会社が発行する一部の株式を譲渡制限することもできます（会社法108①四、同②四）。また、株主間の譲渡であっても、原則として会社の承認が必要となります。これが株式の譲渡制限の制度です。

なお、会社が発行するすべての株式を譲渡制限株式とした会社を、非公開会社と呼んでいます（会社法2五）。

### ★譲渡制限の承認機関は

譲渡制限の承認機関は、取締役会非設置会社では株主総会、取締役会設置会社では取締役会が、それぞれの決議で承認します（会社法139①）。

しかし、定款で別段の定めをすれば、取締役や代表取締役を承認機関することができます（図表152）。

後述のように、定款で、譲渡承認の内容について規定を置くことによって、施行前と比べ、会社の実態に合った、きめ細かい譲渡制限の対応が可能となっています。

（譲渡承認の請求の手続については、Q84参照）

**【図表152　譲渡制限の承認機関の定款の定め例】**

> 第○条（株式の譲渡制限）
> 　当社の発行する株式を譲渡により取得するには、当社の承認を得なければならない。その承認機関は、代表取締役とする。

★承認が必要な譲渡の範囲を定めることが可能

　承認が必要な譲渡の範囲についても、定款で定めることができます（図表153）。

　例えば、株主間の譲渡については承認を要しないと定款で定めることができます。逆に、株主の親族である等特定の者に対する譲渡については、承認権限を代表取締役等に委任したり、または承認を要しないとすることもできます（会社法139①）。

**【図表153　承認が必要な譲渡範囲の定款の定め例】**

> 第○条（承認が必要な譲渡）
> 　第○条の代表取締役の承認が必要な株式の譲渡は、株主が当社の株主以外の者に株式を譲渡するときとする。
> 　ただし、譲渡株主の二親等以内の親族に株式を譲渡するときは、この限りでない。

★譲渡を承認しない場合の指定買取人の事前指定は

　会社が譲渡制限株式の譲渡を承認しない場合には、株式を買い取る者を指定することができます。この者を指定買取人といいます（会社法140④）。

　図表154のとおり、定款で、事前に、この指定買取人をあらかじめ指定しておくことができます（会社法140⑤）。

**【図表154　譲渡を承認しない場合の指定買取人の事前指定の定款の定め例】**

> 第○条（指定買取人）
> 　第○条の規定により、代表取締役が株式の譲渡承認請求を承認しない場合は、その株式の指定受取人は株式会社○○○○とする。

★株主の合併・相続の場合の株式売渡請求権は

　譲渡制限株式について、株主の合併や相続が発生した場合も、株式譲渡と同様に会社にとって好ましくない者が株主となる可能性があります。

　そこで、このような場合、会社が合併や相続の対象となった株式を売り渡すよう請求できる権利を会社に認めています（会社法174。詳しくはＱ80参照）。

## Q84 譲渡制限株式の譲渡承認手続は

**A** 譲渡承認の請求があったときは、会社は譲渡承認をするか否かを決定し、承認したときは名義変更をすることになります。

譲渡を承認しないときは、会社自らが株式を買い取るか、会社が指定する指定買取人が株式を買い取るか、いずれかの手続を行います。

譲渡承認請求の手続の流れは、図表163のとおりです。

★株式の譲渡承認の請求手続は

譲渡制限株式の株主や譲渡制限株式を取得した株式取得者は、会社に対して、譲渡制限株式の譲渡承認の請求をすることができます（会社法136、137①）。

譲渡制限株式の取得者が譲渡承認の請求をするときは、取得株式の株主として株主名簿に記載・記録された者、または相続人等の一般承継人と共同してしなければなりません（会社法137②）。

★譲渡等承認請求の方法は

譲渡等承認請求は、図表155の事項を明らかにした株式譲渡承認請求書（図表156）でしなければなりません（会社法138）。

【図表155　譲渡等承認の請求事項】

譲渡等承認の請求事項
- ①譲渡承認の対象となる株式の数（種類株式発行会社は、譲渡制限株式の種類及び種類ごとの数）
- ②譲渡制限株式の譲受者の氏名または名称
- ③会社が譲渡の承認をしない場合に、会社または指定買取人が譲渡制限株式を買い取るべきことを請求するときはその旨

★譲渡等の承認の決定・通知は

譲渡制限株式の譲渡承認をするか否かは、原則として、取締役会を設置しない会社では株主総会の決議、取締役会設置会社では取締役会の決議により行います（会社法139①）。

会社が譲渡の承認をするか否かの決定をしたときは、譲渡等承認請求者に対し、図表157～162により決定内容を通知しなければなりません（会社法

【図表156　株式譲渡承認請求書の例】

株式譲渡承認請求書

　私は、下記の貴社株式を東京都〇〇区〇〇〇－〇－〇　〇〇〇〇氏に譲渡したいので承認を請求します。
　なお、承認がないときは、貴社で買い取るか他に株式の買受人を指定して下さい。

記

　　貴社　普通株式　　〇〇〇〇株
　　平成〇〇年〇〇月〇〇日

　　　　　　　　　　　　　　　　　　住所　〇〇県〇〇市〇〇〇－〇－〇

　　　　　　　　　　　　　　　　　　氏名　〇〇　〇〇　㊞

〇〇〇〇株式会社　御中

139②）。

　譲渡等承認請求から2週間以内に、この決定の通知がなされないときは、会社は株式の譲渡等の承認をしたものとみなされます（会社法145一）。

### ★会社か指定買取人による買取りの決定は

　譲渡等承認請求に買取請求の意思表示がなされていた場合に、会社が譲渡の承認をしない旨の決定をしたときは、譲渡等承認請求の対象である譲渡制限株式を買い取らなければなりません。

　この場合には、図表158の事項を株主総会の決議によって定めなければなりません（会社法140①②）。

　株式会社が自ら買い取るのではなく、対象株式の全部または一部を買い取

【図表157　株式譲渡承認の決定通知例】

```
                  株式譲渡承認のご通知

                                         平成○○年○○月○○日

    ○○○○殿
                                    ○○○○株式会社
                                    代表取締役　○○　○○　㊞


      貴殿より、別紙記載の株式について平成○○年○○月○○日○○○○氏に対
    する株式譲渡の承認請求を受けておりますが、平成○○年○○月○○日の取締
    役会（※）において、その承認をする旨の決定がなされましたので、ご通知申
    し上げます。
                                                       以上

    ※　譲渡承認機関が、株主総会や代表取締役である場合には、その機関。

    （以下　略）
```

る者（指定買取人）を指定することもできます（会社法140④。図表160）。

　指定買取人の指定は、定款に別の定めがなければ、取締役会を設置しない会社では株主総会の決議、取締役会設置会社では取締役会の決議によらなければなりません（会社法140⑤）。

【図表158　会社が譲渡制限株式を買い取る場合の株主総会の決議を要する事項】

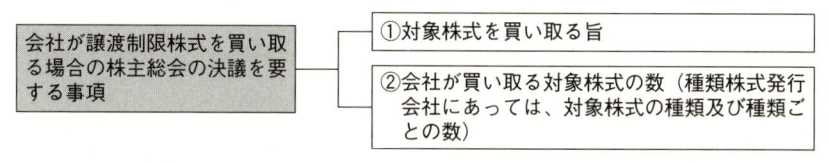

| 会社が譲渡制限株式を買い取る場合の株主総会の決議を要する事項 | ①対象株式を買い取る旨 |
| --- | --- |
| | ②会社が買い取る対象株式の数（種類株式発行会社にあっては、対象株式の種類及び種類ごとの数） |

★会社による買取りの通知は

　譲渡制限株式の買取りを決定したときは、図表161のように譲渡等承認請

【図表159　株式譲渡不承認の決定通知例】

## 株式譲渡不承認の決定のご通知 （※1）

平成○○年○○月○○日

○　○　○　○　殿

○○○○株式会社  
代表取締役　○○　○○　㊞

　貴殿より、別紙記載の株式について平成○○年○○月○○日　○○○○氏に対する株式譲渡の承認請求を受けましたが、平成○○年○○月○○日の取締役会（※2）において、その承認をしない旨の決定がなされましたので、ご通知申し上げます。

以上

※1　指定買受人を指定しない場合

※2　譲渡承認機関が、株主総会や代表取締役である場合にはその機関

（別紙略）

求者に対し、株主総会の決議事項を通知しなければなりません（会社法141①）。

　この通知が譲渡等の承認を拒絶する通知をしたときから40日以内になされないときは、会社は株式の譲渡等の承認をしたものとみなされます（会社法145二）。

　この通知をするときは、1株当たり純資産額に買取りの対象株式の数を乗じて得た額を供託し、その供託書面を譲渡等承認請求者に交付しなければなりません（会社法141②）。

　逆に、譲渡等承認請求者は、供託書面の交付を受けた日から1週間以内に、

【図表160　株式譲渡不承認及び買取人指定の通知例】

株式譲渡不承認及び買取人指定のご通知

平成〇〇年〇〇月〇〇日

〇〇〇〇殿

〇〇〇〇株式会社
代表取締役　〇〇　〇〇　㊞

　貴殿より、別紙記載の株式について平成〇〇年〇〇月〇〇日　〇〇〇〇氏に対する株式譲渡の承認請求を受けましたが、平成〇〇年〇〇月〇〇日の取締役会（※）において、その承認をしない旨の決定がなされましたので、ご通知申し上げます。なお、貴殿の請求により、別紙記載の株式の指定買受人として、

東京都〇〇区〇〇〇－〇—〇

株式会社〇〇〇〇

を指定いたしましたので、併せてご通知申し上げます。

以上

※　譲渡承認機関が株式総会や代表取締役である場合にはその機関

（別紙略）

対象株式の株券を供託しなければなりません（会社法141③）。

　譲渡等承認請求者がこの期間内に株券の供託をしなかったときは、株券発行会社は、対象株式の売買契約を解除することができます（会社法141④）。

### ★指定買取人による買取りの通知は

　会社が指定買取人による買取りの指定をしたときは、図表162のように指定買取人は、譲渡等承認請求者に対し、①指定買取人として指定を受けた旨②指定買取人が買い取る対象株式の数を通知しなければなりません（会社法142①）。

【図表161　株式譲渡承認請求にかかる株式買取の通知例】

株式譲渡承認請求にかかる株式の買取りのご通知

平成○○年○○月○○日

○○○○殿

○○○○株式会社<br>代表取締役　○○　○○　㊞

　貴殿より平成○○年○○月○○日なされました別紙記載株式についての譲渡承認請求につきましては、平成○○年○○月○○日その承認をしない旨のご通知をいたしておりますが、貴殿の請求により、今般、株主総会において、譲渡承認請求の対象である別紙記載の株式を弊社にて買い取る旨を決定いたしましたので、法定の供託証明書を添えて、ご通知申し上げます。

　つきましては、一週間以内に、別紙記載の株式の供託手続をしていただくようお願い申し上げます。

以上

（別紙略）

　この通知は、譲渡等の承認を拒絶する通知をしたときから10日以内にする必要があります（会社法145二括弧書）。

　この通知をするときは、1株当たり純資産額に買取の対象株式の数を乗じて得た額を供託し、その供託書面を譲渡等承認請求者に交付しなければなりません（会社法142②）。

　逆に、譲渡等承認請求者は、供託書面の交付を受けた日から1週間以内に、対象株式の株券を供託しなければなりません（会社法142③）。

　譲渡等承認請求者がこの期間内に株券の供託をしなかったときは、株券発行会社は、対象株式の売買契約を解除することができます（会社法142④）。

【図表162　指定買取人による買取りの通知例】

株式買取通知書

平成○○年○○月○○日

○○○○殿

東京都○○区○○○○－○－○<br>
株式会社　○○○○　㊞

　当社は、○○○○株式会社から貴殿の別紙記載の株式の指定買取人として指定を受けました。
　つきましては、貴殿の別紙記載の株式を当社にて、買い取りますので、法定の供託証明書を添えて、ご通知申し上げます。
　貴殿におかれましては、一週間以内に、別紙記載の株式の供託手続をしていただくようお願い申し上げます。

以上

（別紙略）

★譲渡等承認請求の撤回は

　譲渡等承認請求者は、会社や指定買取人による買取りの通知を受けた後は、会社または指定買取人の承諾を得なければ、その請求を撤回することができません（会社法143①②）。

★売買価格の決定は

　買取請求がなされた場合の株式の売買価格は、当事者の協議によって決定しますが（会社法144①）、会社による買取りの効力が生ずる日における分配可能額の範囲内で決定される必要があります（会社法461①一）。
　当事者間に売買価格の協議が調わないときは、買取通知の日から20日以内に裁判所に対する売買価格の決定の申立をすることができます（会社法144②）。

【図表163　譲渡制限株式の譲渡承認請求の手続】

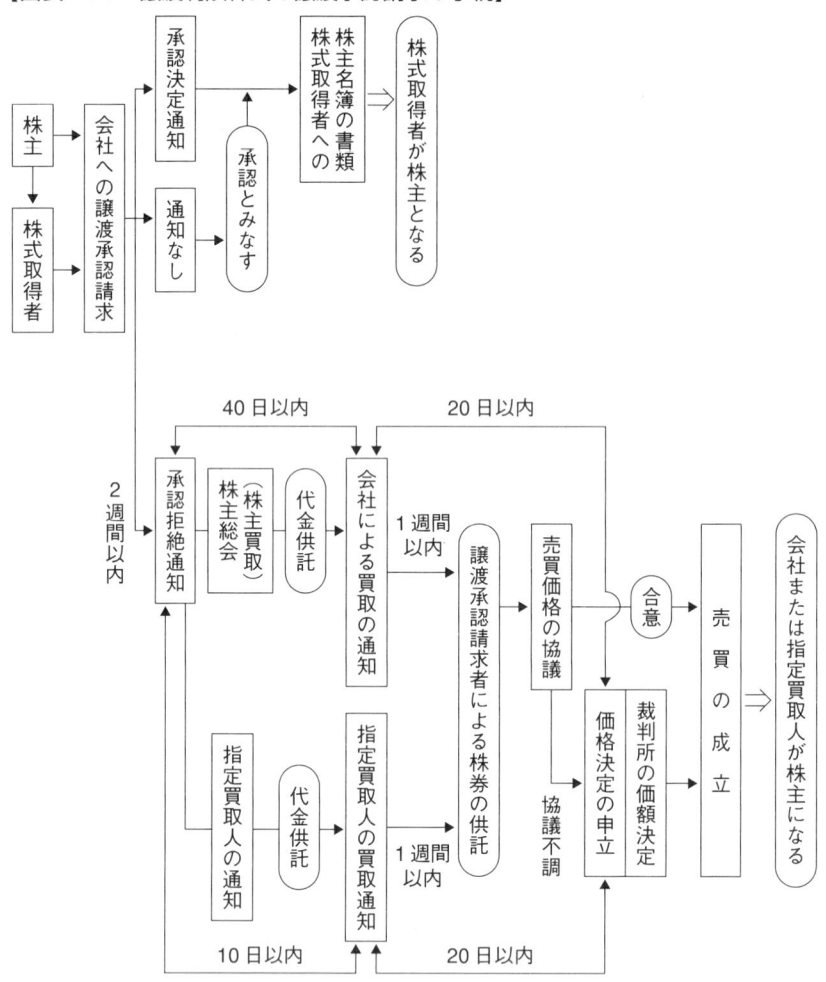

　裁判所は、株式会社の資産状況その他の一切の事情を考慮して、売買価格の額を決定します（会社法144③④）。

　買取通知の日から20日以内に裁判所に対する売買価格の決定の申立がないときは、供託された1株当たり純資産額に買取の対象株式の数を乗じて得た額が売買価格とされます（会社法144⑤）。

　会社または指定買受人への株式の移転は、売買代金が全額支払われたときに効力が発生すると解されます。

## Q85 譲渡制限株式の名義変更手続は

**A** 譲渡承認の請求があったときは、会社は譲渡承認をするか否かを決定し、承認したときは名義変更をすることになります。

★譲渡制限のない株式の名義書換請求の原則は

譲渡制限のない株式を取得した者は、株主名簿記載事項を株主名簿に記載・記録することを請求することができます（会社法133①）。

【図表164　株主名簿例】

株主名簿

○○○○株式会社　　　　　　　　　　　　　　基準日○○年○○月○○日

| 郵便番号 | 株主住所 | 株主氏名 | 株主番号 | 所有株数合計議決権個数 | 株式取得日 | 株券の移管株券の番号 | 株券の発行日 |
|---|---|---|---|---|---|---|---|
| ○○○-○○○○ | ○○○○○○ | 株式会社○○○○ | 0001 | ○○○○ | ○○/○○ | ○○株券A001-○○から○○ | ○○/○○ |
| ○○○-○○○○ | ○○○○○○ | 株式会社○○○○ | 0002 | ○○○○ | ○○/○○ | ○○株券A001-○○から○○ | ○○/○○ |
| ○○○-○○○○ | ○○○○○○ | 株式会社○○○○ | 0003 | ○○○○ | ○○/○○ | ○○株券A001-○○から○○ | ○○/○○ |
| ○○○-○○○○ | ○○○○○○ | 株式会社○○○○ | 0004 | ○○○○ | ○○/○○ | ○○株券A001-○○から○○ | ○○/○○ |
| ○○○-○○○○ | ○○○○○○ | 株式会社○○○○ | 0005 | ○○○○ | ○○/○○ | ○○株券A001-○○から○○ | ○○/○○ |

この請求は、原則として、株式取得者が、①取得株式の株主として株主名簿（図表164）に記載・記録された者か、②その相続人等の一般承継人のいずれかと共同してしなければなりません（会社法133②）。

しかし、図表165の場合、株式取得者が単独で株主名簿の名義書換を請求できます（施行規則122）。

★譲渡制限株式の名義書換請求は

譲渡制限株式でも、図表166の場合には、同様の手続で、株式の名義書換請求ができます（会社法134①）。

譲渡承認請求手続と名義書換請求手続は、同時に一体として行うことができ、その請求があったときはまず譲渡承認をするか否かを決定し、承認したときは名義変更の手続をすることになります。

【図表165 株主名簿の書換を株式取得者が単独でできる場合】

**株券発行会社の場合**
- ①株式取得者が株券を提示したとき。
- ②株式取得者が、株式交換によりその株式会社の発行済株式の全部を取得したとき。
- ③株式取得者が、株式移転によりその株式会社の発行済株式の全部を取得したとき。
- ④株式取得者が、会社法197条2項の規定により、行方不明の株主の株式を買い取った場合に、その代金の全部を支払ったことを証明する書面・資料を提出したとき。

**株券不発行会社の場合**
- ①株式取得者が、株主名簿に記載・記録された者（株主名簿上の名義人）またはその一般承継人に対し株式譲渡制限株式の譲渡承認請求をすべきことを命ずる確定判決の内容を証する書面・資料が提出されたとき。
- ②①の確定判決と同一の効力を有するものの（起訴前の和解、調停調書等）内容を証する書面・資料が提出されているとき。
- ③株式取得者が、指定買い受け人であるとき、売買代金の全部を支払ったことを証明する書面・資料が提出されたとき。
- ④株式取得者が、一般承継（相続・合併等）により取得したとき、その承継を証明する書面・資料が提出されたとき
- ⑤株式取得者が、その株式を競売により取得したとき、その競売による取得を証明する書面・資料が提出されたとき。
- ⑥株式取得者が、株式交換によりその株式会社の発行済株式の全部を取得したとき。
- ⑦株式取得者が、株式移転によりその株式会社の発行済株式の全部を取得したとき。
- ⑧株式取得者が、会社法197条2項の規定により、行方不明の株主の株式を買い取った場合に、その代金の全部を支払ったことを証明する書面・資料を提出したとき。
- ⑨株式取得者が、株券喪失登録者である場合に、その登録の日から1年を経過したとき。

【図表166 譲渡制限株式の名義書換請求】

**譲渡制限株式の名義書換請求**
- ①譲渡制限株式譲渡について会社の承認がされている場合
- ②株式取得者が会社が指定した指定買取人である場合
- ③相続等の一般承継により譲渡制限株式が取得された場合

7 会社運営のポイントは

## Q86 株主に相続・合併があったときの株式売渡請求権の請求手続は

**A** 譲渡制限株式について、相続や合併があった場合、会社は、定款の定めによって、会社がその相続や合併の対象となった譲渡制限株式を買い取ることを請求できます。これを株式売渡請求権といいます。

相続・合併による株式の承継の場合にも、会社にとって好ましくない者が株主となることがあるのは株式の譲渡の場合と同じであり、株式の譲渡制限と同様の目的のために認められた権利です。

### ★相続や合併のときの株式売渡請求権というのは

株式譲渡制限は、施行前は、株式の「譲渡」に関するものであり、それ以外の相続・合併等のいわゆる包括承継については、適用できませんでした。

しかし、これらの場合も会社に好ましくない者が株主となる可能性があり譲渡制限の必要があるのは株式の譲渡の場合と同様です。

会社法施行後は、定款で定めを置くことにより、相続人等に対する株式の売渡請求制度を設けて、このような株式移転についても好ましくない者が株主となることを防ぐため、会社が相続・合併の対象となった株式を買い取ることを請求できることにされています（会社法174）。

譲渡制限株式の譲渡承認請求の場合のように、会社が指定買取人を指定して、第三者にその株式を取得させる方法は認められていません。

【図表167　相続人等に対する株式売渡請求の定款の定め例】

| |
|---|
| 第○条（相続人等に対する株式売渡請求）<br>　当社の株主に相続または合併その他の一般承継による株式の取得が生じた場合は、当社は当該株式を取得した者に対し、その株式を売り渡すことを請求できる。 |

### ★売渡請求の手続は

会社が売渡請求権を行使するときは、会社が相続その他の一般承継があったことを知った日から１年を経過するまでに、取得者に対して売渡請求をしなければなりません（会社法176①ただし書）、

売渡請求をするには、その都度、①売渡請求の対象となる株式の種類および種類ごとの数や、②株式を有する者の氏名または名称について、株主総会の特別決議によって定めることが必要です（会社法175①、309②三）。

この株主総会では、売渡請求の相手方となる株式取得者は、他の株主全員が議決権行使できない場合を除き、議決権を行使することができません（会社法175②）。

★価格決定申立の手続は

売渡請求がなされた株式の売買価格は、当事者の協議によって決定しますが（会社法177①）、会社による買取りの効力が生ずる日における分配可能額の範囲内で決定される必要があります（会社法461①五）。

当事者間に売買価格の協議が調わないときは、売渡請求の日から20日以内に裁判所に対する売買価格の決定の申立をすることができます（会社法177②）。

裁判所は、株式会社の資産状況その他の一切の事情を考慮して、その額を決定します（会社法177③④）。

売渡請求の日から20日以内に裁判所に対する売買価格の決定の申立がないときは、売渡請求はその効力を失い、相続・合併等による承継人が新たな株主になります（会社法177⑤）。

【図表168　売渡請求の手続】

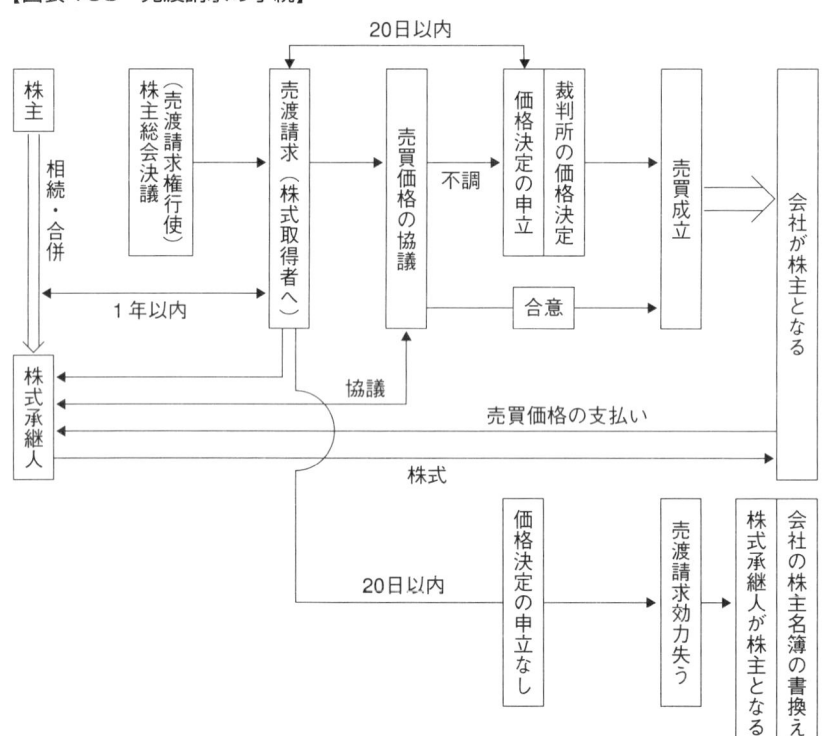

## Q87 株式の発行・不発行の手続は

**A** 株券不発行制度とは、会社が株券を発行しないことを自ら決めることができる制度をいいます。会社法では、原則として株券は発行されず、定款株式の発行を定めた場合にのみ、株券の発行が認められることになります。

非公開会社は、株券を発行する旨の定款の定めがある場合であっても、株主からの請求があるまでは株券を発行しないことができます。

なお、株券不発行制度に類似する制度として株券不所持制度が認められています。

### ★株券の発行は

会社法では、平成16年で認められた株券不発行制度の趣旨をさらに進め、株券の不発行を原則とし、定款に定めがある場合にのみ株券の発行を認めることになりました（会社法214）。

会社は、定款に定めることにより株券を発行するか、株券を発行しないことにするかを選択することができます。

なお、株券不発行制度に類似する制度として、株主の請求による株券不所持制度が認められています（会社法217）。

### ★会社法施行前の既存会社の株券発行は

会社法施行前に設立された既存会社については、会社法施行と同時に、株式を発行する旨の定款の記載があるとみなされ（整備法76④）、その旨のみなし登記が行われます（整備法113④、商登法136⑫）。

したがって、既存会社は、会社法施行後も、特に何の手続をしなくてもそのまま、株券を発行することが認められます。

### ★株券発行会社の株券発行は

株券を発行する定款の定めのあるときは、会社は株式を発行した日以後遅滞なく、株券を発行しなければなりません（会社法215①）。

また、非公開会社では、株券を発行する旨の定款の定めがある場合についても、株主からの請求があるときまでは、株券を発行しないこととすること

ができます(会社法215④)。

#### ★株券の記載事項は

株券には、図表169の事項を記載し、代表取締役がこれに署名または記名押印しなけれがなければなりません(会社法216)。

なお、株主の名前は記載事項ではありません。

【図表169　株券の記載事項】

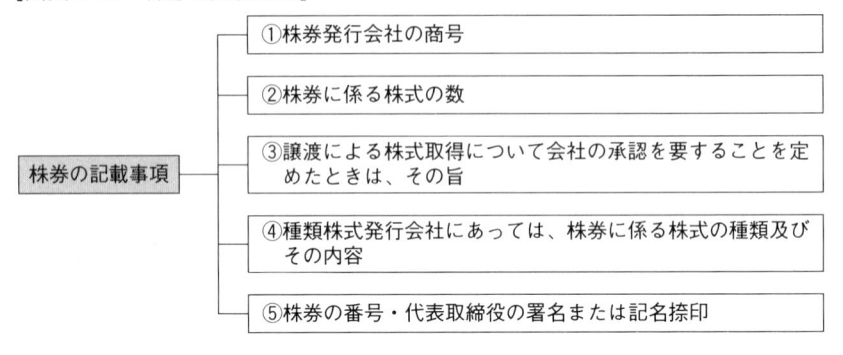

株券の記載事項
- ①株券発行会社の商号
- ②株券に係る株式の数
- ③譲渡による株式取得について会社の承認を要することを定めたときは、その旨
- ④種類株式発行会社にあっては、株券に係る株式の種類及びその内容
- ⑤株券の番号・代表取締役の署名または記名捺印

#### ★株券不発行にするための手続は

他方、従前株券の発行を定めていた会社でも、定款の変更を行ったうえで、株券を発行する旨の定款の定めを廃止し、株券不発行会社になることもできます(会社法218)。ただし、この場合、株主の権利行使等に重大な影響がありますので、事前の公告・通知等が必要となります。

株券発行会社は、その株式に係る株券を発行する旨の定款の定めを廃止しようとするときは、当該定款の変更の効力が生ずる日の2週間前までに、図表170の事項を公告(図表171)し、かつ、株主及び登録株式質権者には、各別にこれを通知(図表172)・公告をしなければなりません(会社法218①④)。

【図表170　株券発行の定款の定めを廃止しようとするときの公告事項】

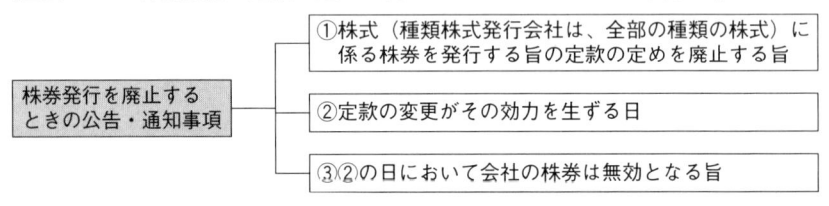

株券発行を廃止するときの公告・通知事項
- ①株式(種類株式発行会社は、全部の種類の株式)に係る株券を発行する旨の定款の定めを廃止する旨
- ②定款の変更がその効力を生ずる日
- ③②の日において会社の株券は無効となる旨

株券発行会社の株式に係る株券は、定款の変更が効力を生じた日に無効となります(会社法218②)。

【図表171　株券廃止公告の例】

> 株券廃止公告
> 当社は、平成〇〇年〇〇月〇〇日開催の定時株主総会において、株券を発行する旨の定款の規定を廃止する決議をしたので、当社の株券は平成〇〇年〇〇月〇〇日において無効となります。
> 　平成〇〇年〇〇月〇〇日
> 　東京都〇〇区〇〇〇〇丁目〇番〇号
> 　　　　〇〇〇〇株式会社
> 　　　　　代表取締役　〇〇

【図表172　株券廃止の通知例】

株券廃止のご通知

株主各位

　　　　　　　　　　　東京都〇〇区〇〇〇〇丁目〇番〇号
　　　　　　　　　　　〇〇〇〇株式会社
　　　　　　　　　　　　代表取締役　〇〇　〇〇

拝啓
　株主様には時下ますますご清栄のことと、お慶び申し上げます。平素は格別のご高配を賜り、厚くお礼申し上げます。
　弊社は、株式管理を時代に即し合理的なものとするため、平成〇〇年〇〇月〇〇日開催の定時株主総会において、株券を発行する旨の定款の規定を廃止する決議をいたしましたので、弊社株券は平成〇〇年〇〇月〇〇日において無効となります。
　以後、株式の名義書換等のお手続は弊社定款規定の方法によりお届出いただくことになりますので、ご通知申し上げます。
　この件につきご不明の点は、弊社ホームページ（〇〇〇〇〇〇〇〇〇）をご覧いただくか、総務部（電話〇〇-〇〇〇〇-〇〇〇〇）までお問い合わせ下さるようお願い申し上げます。
　　　　　　　　　　　　　　　　　　　　　　　　　　　敬具

### ★株券不所持の申出は

　株券の不発行は、会社の株式全部を発行しないこととする制度ですが、株券発行会社において、株主が、自分の特定の株式について株券を発行しないことを請求できる制度が、株券不所持の制度です。

　株券発行会社の株主は、株券発行会社に対し、自ら有する株式の株券所持を希望しない旨を申し出ることができます（会社法217①）。

　この申出をする場合、株券が発行されているときは、株券を株券発行会社に提出してしなければなりません（会社法217②）。

　この申出を受けた株券発行会社は、遅滞なく、その株券を発行しない旨を株主名簿に記載・記録しなければなりません（会社法217③）。

　株主名簿に、この記載や記録がなされたときは、その株式について株券を発行することができず、提出された株券は、無効となります（会社法217④⑤）。

　株主は、株主名簿に氏名住所が記載されているため、株券がなくても、権利行使が可能となります。

　なお、株主は、いつでも、株券発行会社に対し、新たに株券を発行することを請求することができます（会社法217⑥）。株券の再発行に要する費用は、その株主の負担となります。

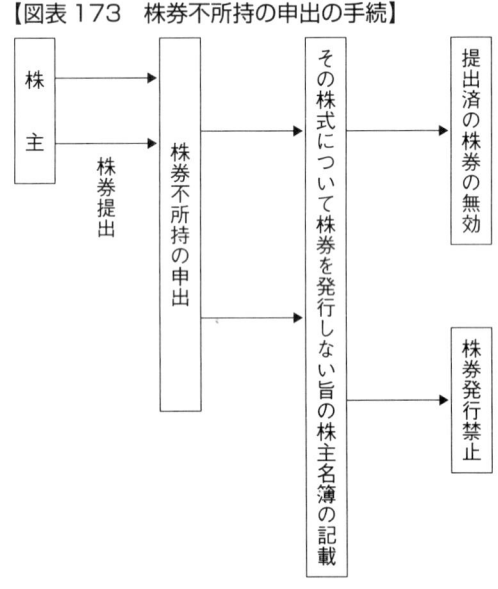

【図表173　株券不所持の申出の手続】

株主 →（株券提出）→ 株券不所持の申出 → その株式について株券を発行しない旨の株主名簿の記載 → 提出済の株券の無効／株券発行禁止

## Q88 株券を喪失したときの手続は

**A** 発行している株券を、株主が喪失したときは、株券を喪失したことを会社に登録し、その株券を一定の手続によって無効としたうえで、株券の再発行をすることができます。この制度が、株券喪失登録制度です。

株券喪失登録の日の翌日から1年間、株券に関して権利を主張する者が現れないときは、その株券は無効となり、新たに株券が再発行されます。

### ★株券喪失登録制度というのは

株券喪失登録制度とは喪失した株券の所持人が、株券を喪失したことを株券発行会社に登録し、その株券を一定の手続により無効としたうえで、株券の再発行をするというものです。

平成17年の商法改正前は、そのような喪失株式を無効にするには、裁判所の手続である公示催告、除権判決の制度が必要でしたが、より簡便な手続として、株券喪失登録制度が設けられたものです。

### ★株券の喪失登録請求は

株券を喪失した者は、株券発行会社に対し、図表174により喪失株券の株券喪失登録をすることを請求することができます（会社法223）。

### ★株券喪失登録は

株券発行会社は、株券喪失登録の請求があったときは、株券喪失登録簿を作成し、図表175の「株券喪失登録簿の記載事項」を記載・記録しなければなりません（会社法221）。

### ★株券喪失登録の通知は

株式の名義人以外の者の請求により株券喪失登録をしたときは、株券発行会社は、遅滞なく、株式名義人に対し、株券喪失登録をしたことと株券喪失登録簿の記載事項を通知しなければなりません（会社法224①。図表176）。

株式についての権利を行使するために株券が株券発行会社に提出された場合に、その株券について株券喪失登録がされているときは、株券発行会社は、遅滞なく、株券提出者に対し、株券喪失登録がされている旨を通知しなけれ

【図表174　株券喪失登録請求書の例】

株券喪失登録請求書

平成〇〇年〇〇月〇〇日

〇〇〇〇株式会社　御中

東京都〇〇区〇〇〇〇－〇－〇<br>
請求者　〇　〇　〇　〇　　㊞

　下記のとおり株券を喪失しましたので、会社法223条に基づき、株券喪失登録を請求します。
　なお、本請求により下記株券が無効になったときは、株券を再発行されたく請求いたします。

記

1．貴社普通株式　　〇〇〇〇株
　内訳

| 券種 | 記号 | 番号 | 枚数 | 最終名義人 |
|---|---|---|---|---|
| 〇〇株株券 | 〇〇 | 〇〇〇〇 | 〇 | 〇〇〇〇 |

2．喪失年月日　　〇〇年〇〇月〇〇日

3．喪失理由　　〇　〇　〇　〇　〇　〇　〇　〇

以上

ばなりません（会社法224②）。
　これは、株式の名義人や株式の所持人に権利行使の機会を与えるためです。

★株券喪失登録による株券の無効・再発行は
　株券喪失登録がされた株券は、株券喪失の登録日の翌日から起算して1年

**【図表175　株券喪失登録簿の記載事項】**

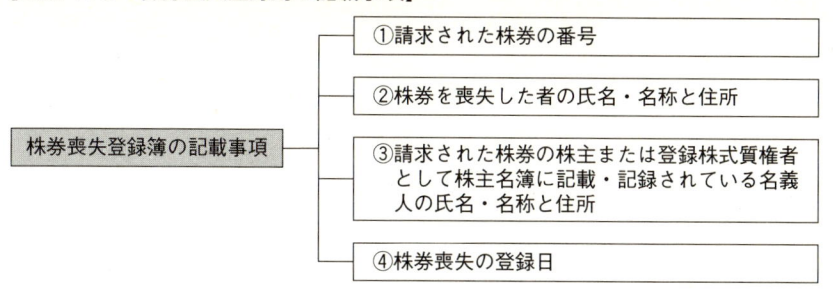

株券喪失登録簿の記載事項
- ①請求された株券の番号
- ②株券を喪失した者の氏名・名称と住所
- ③請求された株券の株主または登録株式質権者として株主名簿に記載・記録されている名義人の氏名・名称と住所
- ④株券喪失の登録日

を経過した日に無効となります（会社法228①）。

株券が無効となったときは、株券発行会社は株券喪失登録者に対し、株券を再発行しなければなりません（会社法228②）。

**★株券を所持する者による抹消の申請は**

株券喪失登録がされた株券を所持する者は、株券喪失の登録日の翌日から起算して1年を経過するまでは、株券発行会社に対し、所持する株券を提出し、株券喪失登録の抹消を申請することができます（会社法225①②）。

図表177の申請をすることによって、株券を有する権利者は、その株券が無効となることを防止することができます。

この株式所持者からの申請を受けたときは、会社は遅滞なく、株券喪失登録者に対し、この申請をした者の氏名・名称と住所、その株券の番号を通知（図表179）しなければなりません（会社法225③）。

株券発行会社は、この通知の日から2週間を経過した日に、提出された株券についての株券喪失登録を抹消しなければなりません（会社法225④）。この場合には、株券喪失登録制度の手続は終了し、その株券が無効にされることはありません。

**★株券喪失登録の効力等は**

株券喪失登録制度の手続中は、株主名簿の名義書換えをすることができません（会社法230）。

また、株券発行会社は、株券喪失登録簿を備置き、請求があったときは閲覧・謄写をさせなければなりません（会社法231）。

株券発行会社は、定款で定めることにより、株主名簿管理人に株券喪失登録簿に関する事務を委託することができます（会社法222）。

【図表176　株券喪失登録の通知例】

株券喪失登録のご通知

平成○○年○○月○○日

○○○○殿

東京都○○区○○○○－○－○
株式会社○○○○
代表取締役　○○○○　㊞
(担当部署　○○○○－○○○○)

　拝啓　時下ますますご清栄のこととお喜び申し上げます。さて、今般、貴殿を株券の名義人とする下記株券について、下記の株券喪失登録請求者から、株券喪失登録請求がなされましたので、会社法224条の規定により、ご通知申し上げます。
　貴殿より株券喪失登録に対し、登録抹消の手続がなされない場合は、下記株券は株券が無効となる予定日に無効となりますので、ご注意下さるようお願い申し上げます。

敬具

記

1. 株券喪失登録請求者
　　住所　東京都○○区○○○○－○－○
　　氏名　○　○　○　○
2. 株券の表示
　　○○○○株式会社普通株式　○○○○株
　内訳

| 券種 | 記号 | 番号 | 枚数 | 最終名義人 |
|---|---|---|---|---|
| ○株株券 | ○○ | ○○○○ | ○ | ○○○○ |

3. 株券喪失登録日　　　　平成○○年○○月○○日
4. 株券が無効となる予定日　平成○○年○○月○○日

【図表177 株券喪失登録抹消申請書の例】

株券喪失登録抹消申請書

平成○○年○○月○○日

○○○○株式会社　御中

○○○県○○○市○○○－○－○
　○　○　○　○　㊞

　私は、下記株券喪失登録のなされた株券を所持しておりますので、会社法225条の規定に基づき、株券を提出して、株券喪失登録の抹消を申請いたします。

記

　　貴社普通株式　　○○○○株
　内訳
　　券種　　　　記号　　番号　　枚数　　最終名義人
　　○○株株券　○○　　○○○○　○　　○○○○

以上

【図表178 株券喪失登録簿に関する事務委託の定款の定め例】

第○条（株式名簿管理人）
1．当社は、株式につき株式名簿管理人を置く。
2．当社の株式名簿管理人及びその事務取扱場所は、取締役会において選定する。
3．当社の株主名簿、株券喪失登録簿は、株式名簿管理人の事務取扱場所に備置き、株式の名義書換、株式名簿、株券喪失登録簿その他の株式に関する事務は、株式名簿管理人に取り扱わせ、当社はこれを取り扱わない。

Q88　株券を喪失したときの手続は

【図表179　株券喪失登録抹消申請の通知例】

株券喪失登録抹消申請のご通知

平成○○年○○月○○日

○○○○殿

東京都○○区○○○○－○－○
○○○○　株式会社
代表取締役　○○○○　㊞
（担当部署　○○○○－○○○○）

　拝啓　時下ますますご清栄のこととお喜び申し上げます。
　さて、貴殿からの請求により、平成○○年○○月○○日なされました、下記株券についての株券喪失登録に対し、下記申請人より、下記株券を提出して、株券喪失登録の抹消申請がなされましたので、会社法225条の規定に基づき、ご通知申し上げます。
　この通知の日より２週間を経過した日に、上記株券喪失登録は抹消され、提出されました株券は抹消申請人に返還されることになりますので、併せてご通知申し上げます。

敬具

記

1．株券喪失登録抹消申請人
　　住所　　○○○県○○市○○○－○－○
　　氏名　　○　○　○　○
2．株券の表示
　　　　○○○○株式会社普通株式　○○○○株
　　内訳

| 券種 | 記号 | 番号 | 枚数 | 最終名義人 |
|---|---|---|---|---|
| ○○株株券 | ○○ | ○○○○ | ○ | ○○○○ |

3．株券喪失登録抹消申請日　平成○○年○○月○○日

# Q89 特例有限会社の運営は

**A** 特例有限会社は、株式会社ですが、旧有限会社と同様の運営が一部できるように、経過措置が認められています。

★**特例有限会社の運営の一部は旧有限会社の運営方法が採用される**

特例有限会社は、有限会社との商号を使わなくてはなりませんが、株式会社であり、新会社法の適用があるのが原則です。

しかし、会社法における株式会社の規制は、旧有限会社法の規制と異なる点も多いので、経過措置が認められ、特例有限会社には従来の有限会社と同様の運営ができるように特別の規定がなされています。

その内容は、図表180のとおりです。（特例有限会社の機関設置や運営については、Q43参照）

【図表180　特例有限会社の会社運営の特例】

| | | 株式会社 | 特例有限会社 |
|---|---|---|---|
| 1 | 商号 | 株式会社の表示必要（会社法6②）。 | 有限会社の表示必要（整備法3）。 |
| 2 | 株式譲渡制限 | ①株式の譲渡制限は選択、株式の一部譲渡制限も自由（新法108①四）、②株主による他の株式の取得を承認しないことができる（会社法136、137）。 | ①発行済み株式全部について、譲渡制限が強制（整備法9）②株主が株式を取得する場合は、特例有限会社は承認したものとみなすことを強制（整備法9）。 |
| 3 | 機関設置 | 株主総会、取締役のほか、取締役会、会計参与、監査役、監査役会、会計監査人または委員会を置くことができる（会社法326②）。 | 株主総会、取締役のほかは、監査役のみを置くことができる（整備法17①）。 |
| 4 | 取締役・監査役の任期 | 取締役選任後2年内の最終の事業年度の定時株主総会終結時まで。監査役選任後4年内の同定時株主総会終結時まで。ただし、双方とも非公開会社では定款で10年内に延長可（会社法332、336）。 | 取締役・監査役の任期に関する規定は適用されない（整備法18）。 |
| 5 | 監査役選任議案 | 監査役の選任議案について監査役の同意が必要（会社法343）。 | 監査役の選任議案について監査役の同意不要（整備法18）。 |
| 6 | 取締役に関する規定 | 取締役の他の取締役への委任の制限（会社法348③）、大会社の内部統制システムに関する事項の決定義務（会社法348④）、取締役の会社に著しい損害を与えることにを発見したときの報 | 左の規定の適用なし（整備法21）。 |

| | | | |
|---|---|---|---|
| | | 告義務（会社法357）。 | |
| 7 | 監査役の権限 | 非公開会社（監査役会、会計監査人設置会社以外）で、監査役の権限を会計監査に限定することができる（会社法389①）。 | 監査役設置会社の場合、監査役の権限を会計に関するものに限定する定めがあるものとみなす（整備法24）。 |
| 8 | 会計監査人 | 大会社には会計監査人の設置が義務（会社法328②）。 | 大会社であっても会計監査人の設置を強制されない（整備法17②）。 |
| 9 | 会計帳簿の閲覧等の請求、役員の解任の訴え | 非公開会社の場合は、総株主の議決権の100分の3以上の議決権をもつ株主（会社法433①、854①②）。 | 総株主の議決権の10分の1以上の議決権をもつ株主（整備法26、39）。 |
| 10 | 決算公告の有無 | 有価証券報告書提出会社以外は決算公告必要（会社法440）。 | 決算公告なし（整備法28）。 |
| 11 | 休眠会社の規定 | 休眠会社のみなし解散（会社法472）。 | 左の規定の適用なし（整備法32）。 |
| 12 | 吸収合併・吸収分割 | 吸収合併（会社法749①）吸収分割（会社法757）。 | 吸収合併の存続会社、吸収分割の承継会社にはなれない（整備法37）。 |
| 13 | 株式交換・株式移転 | 株式交換（会社法767〜771）株式移転（会社法772〜774）。 | 左の規定の適用なし（整備法38）。 |
| 14 | 特別清算 | 特別清算（会社法510〜574）。 | 左の規定の適用なし（整備法35）。 |

　なお、経過措置といっても、これらの規定の適用の終期は定められていませんので、特例有限会社は、新たな立法がなされない限り、図表180のような運営が可能であることになります。

**★経過措置がない点については株式会社の規定が適用される**

　図表180のような経過措置が定められていない事項については、特例有限会社にも通常の株主総会の規定が適用されます。特例有限会社で、旧有限会社とは異なる運用がなされるのは、主として図表181のような点です。

【図表181　従前の有限会社と異なる規定】

| | 特例有限会社 | 旧有限会社 |
|---|---|---|
| ①資本金 | 最低資本金の規制なし | 最低資本金の額300万円（旧有法9） |
| ②株券・社員券 | 株券発行可能（会社法214） | 社員券の発行禁止（旧有法21） |
| ③株主・社員の人数 | 1人以上<br>上限の制限はない（会社法471） | 1人以上50人以下であることを要する（旧有法8、69） |
| ④社債 | 発行が認められる（会社法676） | 発行が認められない（旧有法59④等） |

> 巻末資料

# 株式会社の機関選択・運営関係の主要改正点一覧

| 改正項目 | 改正点の要旨 | 会社法条文 |
|---|---|---|
| ❶ 株式会社　総論 | | |
| 総論 | ① 現行の株式会社と有限会社の会社類型を統合し、株式会社として規律し、有限会社は廃止する。会社法施行後に設立される株式会社については、「株式会社」の文字を商号中に使用する。<br>② 旧有限会社については、会社法施行後は特例有限会社とし、引き続き従前の規律を維持するための所要の経過措置を設ける。特例有限会社は「有限会社」の文字を商号中に使用する。<br>　特例有限会社が会社法に基づく株式会社に移行するための経過措置を設ける。 | 整備法3～ |
| 設立 | | |
| (1) 株式会社の設立に際して出資すべき額 | ① 株式会社の設立時には、定款で「株式会社の設立に際して発行する株式の総数」ではなく、「株式会社の設立に際して出資すべき額又はその下限額」を定める。<br>② 株式会社の設立に際して出資すべき額については、下限額の制限を設けないものとし、最低資本金制度は廃止する。 | ― |
| ❷ 株式会社の機関 | | |
| 1 機関設計 | | |
| (1) 必須の機関 | ① すべての株式会社には、株主総会と取締役を設置しなければならない。<br>② 取締役の権限等に関する規律については、取締役会を設置しない会社では、次のとおりとする。<br>　a 各取締役が株式会社の業務執行・代表権を有する。<br>　b 複数の取締役を設置する場合には、原則として、業務執行の意思決定は、取締役の過半数をもって決する。<br>　c 定款や株主総会の決議をもって一部の取締役を代表すべき取締役とすること、定款をもって取締役の互選により代表すべき取締役を定めるものとすることができる。 | 326①<br>348<br>349 |
| (2) 任意の機関 | 会社は、定款の定めによって、取締役会、会計参与、監査役、監査役会、会計監査人または委員会を、下記の制限のもとに、任意に設定できる（機関設計の柔軟化）。<br>① a公開会社、b監査役会設置会社、c委員会設置会社には、取締役会を置かなければならない。 | |

| 改正項目 | 改正点の要旨 | 会社法条文 |
|---|---|---|
| | ② 取締役会設置会社（委員会設置会社を除く）は、監査役を置かなければならない。ただし、非公開会社で会計参与を設置している会社については、監査役を置く必要がない。<br>③ 会計監査人設置会社（委員会設置会社を除く）は、監査役を置かなければならない。<br>④ 委員会設置会社は、監査役を置くことができない。<br>⑤ 委員会設置会社は、会計監査人を置かなければらない。<br>⑥ 大会社は、会計監査人を置かなければならない。<br>⑦ 公開会社である大会社（委員会設置会社を除く）は、監査役会を置かなければらない。<br>⑧ 非公開会社でない株式会社（監査役会設置会社及び会計監査人設置会社を除く）は、その監査役の監査の範囲を会計に関するものに限定することができる。 | 326〜328 |
| 2 株主・株主総会 | | |
| (1) 取締役会を置かない株式会社の株主総会 | 取締役会を置かない会社は、次のとおり、旧有限会社的規律を行う。<br>a 取締役会を設置しない株式会社における株主総会については、株主総会は最高かつ万能の機関となる。<br>b 株主総会の招集通知は、会日の1週間前（定款で短縮可能）までに発すれば足りる。<br>c 株主総会の招集通知については、書面または電磁的方法によらないことができる。<br>d 株主総会招集通知への会議の目的事項の記載または記録を要しない。<br>e 各株主は、単独株主権として総会における議題提案権を有する（議題提案権の行使は制限されない）。<br>f 株主総会招集通知への計算書類及び監査報告書の添付を要しない。<br>g 議決権の不統一行使については、事前通知を要しない。 | 295① |
| (2) 株主提案権の行使期限 | 株主提案権の行使期限（8週間前）は、定款をもって短縮することができる。 | 303②<br>305① |
| (3) 招集地 | 株主総会の招集地に関する制限は廃止 | ― |
| (4) 総会検査役等 | a 株式会社からの選任請求 | |

| 改正項目 | 改正点の要旨 | 会社法条文 |
|---|---|---|
| | 少数株主の他、株式会社も総会検査役の選任を請求することができる。<br>b　検査役の選任と報告<br>　裁判所が選任した検査役は、調査の結果を書面または電磁的方法により裁判所に報告する。<br>c　裁判所による総会招集命令<br>　総会検査役の調査結果の報告を受けた裁判所は、必要があると認めるときは、総会招集命令（）のほか、株式会社に対し、その調査結果の内容を総株主に対して通知するよう命ずることができる。 | 306① |
| (5)　書面投票・電子投票 | ①　書面投票制度と電子投票制度<br>　イ　書面投票制度が義務づけられる株式会社は、招集通知を電磁的方法により受領することを承諾した株主に対しては、原則として、議決権行使書面に記載すべき事項を電磁的方法により提供すれば足り、議決権行使書面の交付を要しない。この場合においても、株主から請求があるときは、議決権行使書面の交付を要する。<br>　ロ　書面投票と電子投票とによる議決権の重複行使がされた場合においていずれの議決権行使を有効なものとして取り扱うかについて、株式会社があらかじめ定めることができること、及び議決権行使を受け付けるべき期間について、株式会社があらかじめ合理的な定めを設けることができることを明確化し、それらの定めについては、議決権行使書面等への記載を要する。<br>②　書面投票制度の義務づけの範囲<br>　大会社以外の株式会社であっても、議決権を有する株主数が1,000人以上のものについては、書面投票制度を義務づける。 | 301②<br>298② |
| 3　取締役・取締役会 | | |
| (1)　取締役の資格 | ①　非公開会社では、定款をもって取締役の資格を株主に限ることができる。一方、株式譲渡制限会社以外の株式会社は、定款をもっても取締役の資格を株主に限ることはできない。<br>②　「破産手続開始の決定を受け復権していない者」を、欠格事由から外す。 | 331①② |
| (2)　取締役の員数 | 取締役会を置かない会社の取締役の員数は、1人で足りる | 326① |

| 改正項目 | 改正点の要旨 | 会社法条文 |
|---|---|---|
| (3) 取締役の任期 | ① 取締役・会計参与の任期は、原則として選任後2年以内の最終の決算期に関する定時総会の終結の時までする。<br>② 監査役の任期は選任後4年以内の最終の決算期に関する定時総会の終結の時までとするものとする。<br>③ ただし、株式譲渡制限会社については、定款で、これらの任期を最長選任後10年以内の最終の決算期に関する定時総会の終結の時まで伸長することができる。会計参与及監査役の任期についても、同様とする。<br>④ 委員会等設置会社の取締役の任期は、選任後1年以内の最終の決算期に関する定時総会の終結の時までとするものとする。<br>⑤ 次に掲げる定款変更をした場合には、取締役の任期は、当該定款変更の効力が生じた時に満了したものとみなすものとする。<br>　イ　委員会等設置会社となる旨の定款変更<br>　ロ　委員会等設置会社となる旨の定款を廃止する旨の定款変更<br>　ハ　全株式について譲渡制限を廃止する定款変更 | 332<br>334<br>336 |
| (4) 取締役等の選解任 | ① 取締役（累積投票によって選任されたものを除く）の解任決議の要件は、普通決議とする。<br>② 取締役等の選任決議の定足数は、定款でも、議決権の総数の3分の1未満とすることができない。 | 341<br>339①<br>342④<br>309②七 |
| (5) 内部統制システムの構築に関する決定・開示 | ① 内部統制システムの構築の基本方針については、取締役会が設置された株式会社においては取締役会の専決事項とする。<br>② 大会社については、内部統制システムの構築の基本方針の決定を義務づける。 | 348③四・④<br>362④六<br>362⑤ |
| (6) 取締役会の書面決議 | ① 取締役会の決議の目的である事項につき、各取締役が同意をし、かつ、業務監査権限をもつ監査役が設置されている場合に、各監査役が異議を述べないときは、書面または電磁的方法による決議をすることができる旨を定款で定めることができる。<br>　なお、監査役会及び委員会等設置会社の各委員会については、書面決議は認められない。<br>② 取締役、会計参与、監査役、会計監査人、取締役及び監査役の全員に、書面で取締役会に通 | 370<br>372<br>395 |

| 改正項目 | 改正点の要旨 | 会社法条文 |
|---|---|---|
| | 知すべき事項を報告したときは、取締役会への報告を省略できる。ただし、代表取締役（代表執行役）等による取締役会への定期的な業務執行状況の報告に関する取締役会については、取締役会を省略できない。同様に監査役会への報告の省略も認められる。 | |
| (7) 取締役等に係る登記 | ① 共同代表取締役、共同代表執行役、共同支配人の制度は、廃止する。<br>② 社外取締役の登記は、<br>　a）責任限度額をあらかじめ定める契約を締結した社外取締役及び社外監査役、<br>　b）委員会等設置会社<br>　c）特別取締役の選定をした株式会社の社外取締役については、その旨を登記事項とし、その余の株式会社の社外取締役については、その旨を登記事項から削除する。 | 373<br>400③<br>427<br>911③二十一、二十二、二十五 |
| (8) 取締役の責任 | ① 取締役の責任について、決議に賛成した取締役はその行為をしたものとみなす旨の規定は廃止する。<br>② 任務懈怠責任<br>　取締役・会社参与・監査役・執行役・会計監査人（以下、役員等といいます）の任務懈怠責任については、次のとおりとする。<br>　a）責任の一部免除<br>　　イ　役員等の任務懈怠責任についても、一部免除制度を設ける。<br>　　ロ　一部免除の限度額は、原則として、報酬等（新株予約権による利益を含む）の6年分を限度とする。<br>　　ハ　代表取締役以外の取締役の一部免除の限度額は、報酬等の4年分を限度とする。<br>　　ニ　社外取締役・会計参与・監査役・会計監査人の責任の一部免除の限度額は、報酬等の2年分を限度とする。<br>　　ホ　取締役を複数設置し、かつ、業務監査権限を有する監査役を設置している場合には、定款の定めに基づき、当該取締役以外の取締役の過半数の同意をもって（取締役会設置会社では取締役会の決議で）、取締役の責任の一部免除をすることができる。<br>　　ヘ　社外取締役・会計参与・社外監査役・会 | 423、428<br>120④<br>462　427 |

| 改正項目 | 改正点の要旨 | 会社法条文 |
|---|---|---|
| | 計監査人に、事前の契約に基づき責任限度額をあらかじめ定める責任限定契約も認める。<br>b）利益相反取引に係る責任<br>　イ　過失責任化<br>　　取締役を含む役員の任務懈怠責任は、過失責任とするものとする。ただし、自己のために株式会社と直接に利益相反取引をした取締役については、無過失責任とする。<br>　ロ　一般の任務懈怠責任との関係<br>　　一般の任務懈怠責任に関する規定に加え、取締役会の同意の有無にかかわらず、株式会社と直接に利益相反取引をした取締役、間接取引により利益を受けた取締役、株式会社を代表した取締役並びに取締役会の決議に賛成した取締役について、任務懈怠があったものと推定する。<br>　ハ　責任の一部免除<br>　　責任の一部免除を認める。ただし、自己のために株式会社と直接に利益相反取引をした取締役については、一部免除を認めない。<br>　ニ　取締役会を置かない株式会社における利益相反取引<br>　　株主総会の承認を要するものとしたうえ、その承認決議は普通決議で足りるものとし、対会社責任については、取締役会を設置した株式会社と同様の取扱いとする。<br>　ホ　競業取引<br>　　取締役会を置かない株式会社における取締役の競業取引についても、利益相反取引と同様の取扱いとする。<br>c）株主の権利行使に関する利益供与に係る取締役の責任<br>　イ　過失責任化<br>　　過失責任とする。ただし、取締役は、自己の無過失を立証しなければ、その責任を免れることができない。<br>　ロ　供与額の弁済責任を負うべき者の範囲<br>　　利益供与をした取締役に加え、取締役会の決議に賛成した取締役についても、供与された額について弁済責任を負う。 | |

| 改正項目 | 改正点の要旨 | 会社法条文 |
|---|---|---|
| (9) 株主代表訴訟 | ① 株主代表訴訟を提起することができない場合<br>　株主は、当該訴えの提起につき、当該株主が自己若しくは他人の不正な利益を図り、または会社に損害を加える目的を有する場合には、株主代表訴訟に係る訴えを提起することができない。<br>② 不提訴理由の通知<br>　株式会社が株主から取締役の責任について提訴請求を受けた場合において、提訴期間中（60日以内）に訴えを提起しなかったときは、当該株式会社は、当該株主または取締役の請求により、遅滞なく、当該株主または取締役に対し、訴えを提起しなかった理由を、書面（不提訴理由書）をもって通知しなければならない。<br>③ 株式交換・株式移転による原告適格の喪失の見直し<br>　イ 完全子会社となる会社につき係属中の株主代表訴訟の原告が、株式交換・株式移転により完全子会社となる会社の株主たる地位を喪失する場合であっても、当該株式交換・株式移転により完全親会社となる会社の株主となるときは、当該原告は、当該株主代表訴訟の原告適格を喪失しないものとする。<br>ロ 合併の消滅会社につき係属中の株主代表訴訟の原告が、合併により消滅会社の株主たる地位を喪失する場合であっても、当該合併により存続会社等の株主となるときは、当該原告は、当該株主代表訴訟の原告適格を喪失しないものとする。 | 847①④<br>847④<br>851 |
| 4　監査役・監査役会 | | |
| (1) 監査役の権限 | ① 監査役は、原則として、業務監査権限及び会計監査権限をもつ。<br>② 非公開会社（監査役会または会計監査人を設置する株式会社を除く）では、定款で当該株式会社における監査役の権限を会計監査権限に限定することができる。<br>③ 業務監査権限を有する監査役が設置されていない株式会社（委員会等設置会社を除く）における株主の権限等について、次のような取扱いをする。<br>　イ 株主は、裁判所の許可を得ることなく、取締役会の議事録を閲覧することができる。 | ①381①<br>②389①<br>③371②<br>367<br>357<br>426<br>360①② |

| 改正項目 | 改正点の要旨 | 会社法条文 |
|---|---|---|
| | ロ　株主は、取締役が株式会社の目的の範囲内にない行為その他法令若しくは定款に違反する行為を行いまたは行うおそれがある場合には、取締役会の招集を請求すること、及び一定の場合には、自ら取締役会を招集することができる。<br>ハ　株主は、自己の請求または招集により開催された取締役会については、これに出席し、意見を述べることができる。<br>ニ　定款に基づく取締役の過半数の同意（取締役会を設置する場合には、取締役会の決議）による取締役等の責任の一部免除制度は、適用しない。<br>ホ　取締役は、株式会社に著しい損害を及ぼすおそれのある事実を発見した場合には、株主（監査役設置会社では監査役）にこれを報告しなければならない。<br>ヘ　株主の取締役の違法行為差止請求権の行使要件につき、監査役が同請求権を行使する場合の行使要件と同様の要件に緩和する。 | |
| (2)　補欠監査役等 | 定款の定めがなくても補欠監査役・補欠取締役・補欠会計参与を選任することができる。 | 329② |
| (3)　監査役全員の同意 | 会計監査人の解任決議等、会社法で監査役会の全員一致の決議が要求されている事項については、監査役の全員の同意（書面による同意を含む。）をもって行うことができる。 | 340② |
| 5　会計参与 | | |
| (1)　会計参与の設置 | 会計参与を新設　定款で会計参与を設置する旨を定めることができる。 | 326② |
| (2)　会計参与の資格・選任等 | ①　会計参与は、公認会計士（監査法人を含む）または税理士（税理士法人を含む）でなければならない。<br>②　会計参与は、株式会社またはその子会社の取締役、執行役、監査役、会計監査人、支配人その他の使用人を兼ねることができない。<br>③　会計参与は、株主総会で選任し、その任期・報酬等については取締役と同様の規律に従う。 | 333①③ |
| (3)　会計参与の職務等 | a　計算書類の作成<br>　会計参与は、取締役・執行役と共同して、計算書類を作成し、会計参与報告を作成する。 | 374① |

| 改正項目 | 改正点の要旨 | 会社法条文 |
|---|---|---|
| | b　株主総会における説明義務<br>　会計参与は、株主総会において、計算書類に関して株主が求めた事項について説明しなければならない。<br>c　計算書類の保存<br>　会計参与は、株式会社とは別に、計算書類を5年間保存しなければならない。<br>d　計算書類の開示<br>　株主及び株式会社の債権者は、会計参与に対して、計算書類の閲覧等を請求することができる。<br>e　その他<br>　会計参与は、そのほか、計算書類の作成等に必要な権限を有する。 | |
| (4)　会計参与の責任 | ①　会計参与の会社・第三者に対する責任については、社外取締役と同様の規律を適用する。<br>②　その責任を株主代表訴訟の対象とする。 | 425<br>427<br>847 |
| (5)　会計参与の登記 | 会計参与を設置した旨及び当該会計参与の氏名又は名称は登記事項とする。 | 911③十六 |
| 6　会計監査人 | | |
| (1)　会計監査人の任意設置の範囲 | 中小会社は、定款で、会計監査人の設置を定めることができるものとし、みなし大会社の制度は、廃止する。 | 326② |
| (2)　会計監査人の欠格事由 | 公認会計士法の規定により当該株式会社に係る監査をすることができない者を会計監査人の欠格事由として規定する。 | 337③ |
| (3)　会計監査人の報酬 | 監査役会（監査役の過半数）又は監査委員会に、会計監査人の報酬の決定に関する同意権限を付与する。 | 399 |
| (4)　会計監査人の株式会社に対する責任 | a　会計監査人の株式会社に対する責任の一部免除<br>　会計監査人の株式会社に対する責任について、社外取締役と同様の一部免除制度を導入する。<br>b　株主代表訴訟<br>　会計監査人の会社に対する責任について株主代表訴訟の対象とする。 | 425<br>427<br>847 |
| (5)　会計監査人の登記 | 会計監査人を設置した旨及び当該会計監査人の氏名又は名称を登記事項とする。 | 911③十九 |
| 7　その他 | | |
| (1)　特別取締役制度 | ①　a）取締役のうち1人以上が社外取締役であ | |

| 改正項目 | 改正点の要旨 | 会社法条文 |
|---|---|---|
| | り、b）取締役の数が6人以上である取締役会設置会社では、あらかじめ選定した3人以上の特別取締役の決議で、重要な財産の処分譲り受け、多額の借財を決定できる旨を定款で定めることができる。特別取締役会の決議については、特別取締役のうち議決に加わることができる者の過半数が出席し、その過半数をもって行うことができる。<br>② 複数の監査役が設置された株式会社における特別取締役会については、監査役会の決議又は監査役の互選により特別取締役会に出席すべき監査役を定めたときは、その定められた監査役以外の監査役は出席義務を負わない。 | 373<br>383① |
| (2) 委員会設置会社の使用人兼務取締役等 | ① 委員会設置会社の取締役は、使用人を兼務することはできない。<br>② 使用人兼務執行役の報酬は全額、報酬委員会が決定する。 | 331③<br>404③ |
| ❸ 株式 | | |
| 1 株式の譲渡制限制度 | | |
| (1) 一部の種類株式についての譲渡制限 | ① 株式会社は、定款で一部の種類株式の譲渡について承認を要することを定めることができる。<br>② 譲渡制限株式については、株主間の譲渡についても原則として承認を要するものとし、承認機関は株主総会（取締役会を設置する株式会社にあっては、取締役会）とする。<br>③ 定款で次に掲げる事項を定めることもできる。<br>　a　株主間の譲渡につき承認を要しないこと。<br>　b　特定の属性を有する者に対する譲渡については、承認権限を代表取締役等に委任し、または承認を要しないこと。<br>　c　譲渡を承認しない場合において先買権者の指定の請求があったときの先買権者をあらかじめ指定しておくこと。<br>　d　取締役会を設置する株式会社において、承認機関を株主総会とすること。 | 108①<br>139①<br>140⑤ |
| (2) 種類株式の発行後に譲渡制限の定めをする場合 | 種類株式の発行後に譲渡制限の定めをする場合、その種類株主総会の特別決議を要する。（決議要件は、その種類の株主の半数以上、かつ、その種類の株主の議決権の3分の2以上とするものとし、反対した株主には買取請求権が与えられる。） | 111②<br>324③ |

| 改正項目 | 改正点の要旨 | 会社法条文 |
|---|---|---|
| (3) 譲渡制限の定めがある株式を発行する場合 | 譲渡制限の定めがある場合における株式の発行は株主総会の決議による。一定の場合は、取締役会の決議による。 | 199～202 |
| (4) 取得者からの承認請求 | ① 譲渡制限株式の取得者から株式会社に対する取得の承認を請求する手続は、通常の名義書換請求で行うものとし、承認なく株式を取得した者からの名義書換請求については、株式会社はその取得を承認せず名義書換を拒むことができる。<br>② 承認を拒否された取得者は、株式会社に対し、買受人の指定を請求することができる。 | 133<br>134<br>137<br>138 |
| (5) 相続や合併の場合の売渡請求権 | 相続や合併による譲渡制限の定めのある株式の移転についても、株式会社がその移転を承認しないときは、その株式を買い取ることができる旨を定款で定めることができる。 | 174 |
| 2 株主 | | |
| (1) 剰余金分配・議決権等に関する別段の定め | 非公開会社においては、剰余金の分配、議決権等に関し、定款をもって別段の定めを置くことができる。この定款の定めをした場合には、その定めごとにその定めに係る株主をそれぞれ種類株主とみなして、法定種類株主総会の制度を適用する。 | 109② |
| (2) 少数株主権等 | ① 会社の財産会計帳簿閲覧請求権、業務財産調査のための検査役選任請求権等は、議決権総数に対して一定割合以上の議決権を有する株主または一定の割合の株式数を有する株主が行使することができる。<br>② 株主総会に関連する少数株主権(株主提案権、総会招集権及び総会検査役選任請求権)は、株主が議決権数を行使することができる事項についてはその行使を定款で制限できず、議決権を行使することができない事項についてはその行使をすることができない。<br>③ 取締役等の解任請求権は、それぞれの解任の決議につき行使することができる議決権総数に対して一定の割合以上の議決権数を有する株主または一定の割合の株式数を有する株主が行使することができる。<br>④ 非公開会社においては、単独株主権・少数株主権における6か月の保有期間制限は課さない。<br>⑤ 議決権行使書面・代理権を証する書面等の閲覧・謄写請求権等の株主総会に関連する単独株 | 358①<br>433①<br>833①<br>297①<br>303①<br>306①<br>854①<br>479②<br>297②<br>303③<br>310③<br>311④<br>312⑤ |

| 改正項目 | 改正点の要旨 | 会社法条文 |
|---|---|---|
| | 主権は、株主が議決権を行使することができる事項についてはその行使を定款で制限できず、議決権を行使することができない事項についてはその行使をすることができない。 | |
| (3) 基準日 | ① 基準日後に株主となった者を、株式会社の判断により、議決権を行使できる株主と定めることができる。<br>② 基準日における株主は、その有する株式の発行時期にかかわらず、同一に配当その他の財産・株式等の割当てを受ける。 | 124④<br>454③ |
| (4) 株式譲渡制限会社における株主に対する通知・公告 | 非公開会社においては、取締役等の責任の一部免除に関する公告、株主代表訴訟に係る公告、簡易組織再編の公告及び自己株式の取得の公告については、その公告をもって、株主に対する通知を省略することはできない。 | 426④ |
| (5) 株主名簿の閲覧請求権 | 株主名簿、社債原簿及び新株予約権原簿の閲覧・謄写請求権については、次に掲げる拒絶事由を定めるものとする。<br>　a　株主の権利の確保または行使のための請求ではないとき。<br>　b　株主が書類の閲覧・謄写によって知り得た事実を利益を得て他人に通報するために請求をしたとき。<br>　c　請求の日の前2年内においてその会社または他の会社の書類の閲覧・謄写によって知り得た事実を利益を得て他人に通報した者が請求をしたとき。 | 125③ |
| 3　株券 | | |
| (1) 株券不発行の原則 | 株券は、定款の定めがある場合にのみ発行することができる。 | 214 |
| (2) 非公開会社の場合 | 非公開会社では、株券発行の定款の定めがある場合でも、株主からの請求があるまでは株券を発行しないことができる。 | 215④ |
| 4　端株・単元株 | | |
| (1) 端株制度の廃止 | 端株制度は廃止し、単元株に制度に一本化 | 整86.88 |
| (2) 単元株への変更 | 株式の分割と同時に、一単元の株式の数を設定する場合は、一単元の株式の数の設定の定款変更は、株主総会の決議によらないで行うことができる。 | 191 |
| ❹　計算 | | |

| 改正項目 | 改正点の要旨 | 会社法条文 |
|---|---|---|
| 1　剰余金の分配 | | 461 |
| | 株主に対する金銭等の分配（現行の利益の配当、中間配当、資本及び準備金の減少に伴う払戻し）及び自己株式の有償取得を「剰余金の分配」として整理して、統一的に財源規制をかける。利益配当は、剰余金の分配となる。 | |
| 2　財源規制における分配可能額の算定方法 | | |
| (1)　分配可能額の計算方法 | ①　分配可能額については、最終の貸借対照表上の期間の利益等から最終の貸借対照表上の自己株式の価額等及び当期に分配した金銭等の価額を控除する方法で算定する。<br>②　最終の決算期に係る貸借対照表から算出される分配可能額に、最終の決算期後その分配を行う時までの分配可能額の増減（期間損益による変動は含まないものとする）を反映させる。 | 461②<br>466 |
| (2)　純資産額による制限 | 資本金の額にかかわらず、純資産額が300万円未満の場合には、剰余金があってもこれを株主に分配することができない。 | 458 |
| (3)　期間損益の反映 | 期中において決算手続に準じた手続を行うことにより、分配可能額に、その時までの期間損益を反映させる制度を設ける。 | 441<br>461②五 |
| 3　剰余金分配に係る取締役等の責任 | | |
| (1)　違法配当の責任 | 分配可能額を超えて剰余金の分配をした取締役または執行役及び分配議案を作成した取締役又は執行役は、分配をした額について弁済責任を負う。ただし、自己の無過失を立証すれば、責任を負わない。 | 462 |
| (2)　責任の減免 | 分配額に係る取締役等の違法配当の責任は、①　一部免除の対象とはならず、②　分配可能額を超えて分配された部分については、株主全員の同意による免除を認めない。 | 462③ |
| 4　剰余金分配手続 | | |
| (1)　原則 | 株式会社は、いつでも株主総会の決議によって、剰余金の分配を決定することができる。取締役会設置会社では、取締役の決議で中間配当ができる旨を定款で定めることもできる。 | 454①⑤ |

| 改正項目 | 改正点の要旨 | 会社法条文 |
|---|---|---|
| (2) 決議要件が加重される場合 | 株主に対して金銭以外の財産の分配をする場合においては、株主総会の特別決議を要する。ただし、株主からの請求があれば当該財産に代えてその財産の価額に相当する額の金銭を分配することとする場合は普通決議で足りる。 | 309②十<br>454④ |
| (3) 取締役会の決議による株主に対する剰余金の分配 | 取締役会を設置する株式会社であって、会計監査人を設置し、かつ、取締役の任期をその選任後1年以内とするもの（委員会等設置会社以外の株式会社にあっては、監査役会を設置したものに限る）は、定款で剰余金の分配（特別決議を要するものとされる事項を除く）を取締役会の決議をもって決定することができる旨を定めることができる。 | 459 |
| 5　その他 | | |
| (1) 定時総会の開催時期 | 監査役、会計監査人等に貸借対照表等を提出してから一定期間を経過しなければ定時総会を開催することができないとする規制は、廃止する。 | ― |
| (2) 取締役会の設置されていない株式会社の貸借対照表等 | 取締役会の設置されていない株式会社の貸借対照表及び損益計算書については、会計監査人を設置している場合であっても、株主総会の承認を要する。 | 438②<br>439 |
| (3) 株主資本等変動計算書 | 株式会社は、貸借対照表、損益計算書、事業報告及び附属明細書に加え、株主資本等変動計算書を作成し、これらの書類（附属明細書を除く）を株主に送付しなければならない。 | 435<br>301 |
| (4) 役員賞与 | 委員会設置会社以外の株式会社におけるいわゆる「役員賞与」その他の取締役等に対して与える財産上の利益については、株主総会の決議により定める。 | 361 |
| (5) 決算公告 | 株式会社は、有価証券報告書を提出している株式会社を除き、決算公告をしなければならない。 | 440 |

---
著者略歴 ─────────

卜部　忠史（うらべ　ただし）

昭和54年（1979年）3月　早稲田大学法学部卒業。
昭和58年（1983年）4月　弁護士登録（東京弁護士会）。
昭和62年（1987年）～平成12年（2000年）早稲田大学法学部法職課程
　教室非常勤講師（手形小切手法）。
平成18年（2006年）1月から司法研修所教官（民事弁護）、現在に至る。
弁護士（東京弁護士会所属）。
主な著作は、
「弁護士実務シリーズ　4再建・倒産篇」（東京法令出版　共著）
「こんなときどうする会社役員の責任Q＆A」（第一法規出版　共著）
「こんなときどうする企業賠償責任Q＆A」（第一法規出版　共著）
「コンプライアンス入門」、「債権管理回収の実務」、「実戦ビジネス
　コンプライアンス」（以上いずれも日経ビデオ、共同監修）
「新会社法の実務ポイントと対応策Q＆A」（セルバ出版　共著）など。

## 非公開中小会社の会社機関の選び方・運営の仕方Q＆A

2006年3月14日　発行

著　者　卜部　忠史　©Tadashi Urabe

発行人　森　忠順

発行所　株式会社セルバ出版
　　　　〒113-0034
　　　　東京都文京区湯島1丁目12番6号高関ビル3A
　　　　☎ 03（5812）1178　FAX 03（5812）1188
　　　　http://www.seluba.co.jp／

発　売　株式会社創英社／三省堂書店
　　　　〒101-0051
　　　　東京都千代田区神田神保町1丁目1番地
　　　　☎ 03（3291）2295　FAX 03（3292）7687

印刷・製本所　中和印刷株式会社

●乱丁・落丁の場合はお取り替えいたします。著作権法により無断転載、
　複製は禁止されています。
●本書の内容に関する質問はFAXでお願いします。

Printed in JAPAN
ISBN4-901380-47-8